Ingeborg Henzler, Henning Hues,
Sandra Sonnleitner, Uta Wilkens (Hg.)

EXTENDED VIEWS

Gesellschafts- und wirtschaftswissenschaftliche
Perspektiven auf die Covid-19-Pandemie

BÖHLAU

Der Zweck der Dr. Hans Riegel-Stiftung und der Gemeinnützigen Privatstiftung Kaiserschild besteht u. a. in der Förderung der wissenschaftlichen Forschung. Die Stiftungen initiieren Forschungsvorhaben und bieten Plattformen für die Ergebnispräsentation. Die Forschenden sind in ihrer Arbeit frei.
Die Beiträge des Bandes wurden im Rahmen eines Peer Review-Verfahrens begutachtet.

Bibliografische Information der Deutschen Nationalbibliothek:
Die Deutsche Nationalbibliothek verzeichnet diese Publikation in der Deutschen Nationalbibliografie; detaillierte bibliografische Daten sind im Internet über https://dnb.de abrufbar.

© 2024 Böhlau, Lindenstraße 14, D-50674 Köln, ein Imprint der Brill-Gruppe
(Koninklijke Brill NV, Leiden, Niederlande; Brill USA Inc., Boston MA, USA; Brill Asia Pte Ltd, Singapore; Brill Deutschland GmbH, Paderborn, Deutschland; Brill Österreich GmbH, Wien, Österreich)
Koninklijke Brill NV umfasst die Imprints Brill, Brill Nijhoff, Brill Schöningh, Brill Fink, Brill mentis, Brill Wageningen Academic, Vandenhoeck & Ruprecht, Böhlau, und V&R unipress.

Alle Rechte vorbehalten. Das Werk und seine Teile sind urheberrechtlich geschützt. Jede Verwertung in anderen als den gesetzlich zugelassenen Fällen bedarf der vorherigen schriftlichen Einwilligung des Verlages.

Umschlagabbildung: „Masken", Susi Vetter 2022 www.susivetter.art
Lektorat: Sandra Nowack (Aachen) und Dr. Wendy Anne Kopisch (Braunschweig)
Satz: satz&sonders GmbH, Dülmen
Druck und Bindung: Hubert & Co, Göttingen
Printed in the EU

Vandenhoeck & Ruprecht Verlage | www.vandenhoeck-ruprecht-verlage.com

ISBN 978-3-412-52918-5

Inhalt

Vorwort 7

Ingeborg Henzler, Henning Hues, Sandra Sonnleitner, Uta Wilkens
Einführung. Extended Views. Gesellschafts- und
wirtschaftswissenschaftliche Perspektiven auf die Covid-19-Pandemie 9

Challenged well-being – Individuum und Gesellschaft

Andreas Tutić, Ivar Krumpal und Friederike Haiser
Faire Verteilung knapper medizinischer Ressourcen in der COVID-
19-Pandemie. Ethische Aspekte und empirische Evidenz zum
Problem der Triage 21

Sebastian Sattler, Shannon Taflinger, André Ernst, Fabian Hasselhorn
Ein moderiertes Mediationsmodell zur Erklärung der Beziehung
zwischen Risikogruppenzugehörigkeit, Wahrnehmung der
Bedrohung, Wissen und Einhaltung der COVID-
19-Verhaltensmaßnahmen 33

Giulia Zerbini, Shannon Taflinger, Philipp Reicherts, Miriam Kunz,
Sebastian Sattler
Das wahrgenommene Risiko einer COVID-19-Exposition und eines
schweren COVID-19-Verlaufs beeinträchtigt den Schlaf. Die
mediierenden und moderierenden Rollen von Ängstlichkeit und
Wissen in Bezug auf COVID-19 71

Martin Ebers und Annika Endres
Situation und Rollen von Eltern in der Kommunikationsförderung
ihrer Kinder mit Komplexer Behinderung während der COVID-
19-Pandemie 97

Robert Gruber and Sven Kachel
Dressing through Crisis. Does Clothing Symbolically Protect Us from
Existential Threats? 105

Economic change – Wirtschaft und Strukturen

Jakob Fraisse, Lars Hochmann und Florian Wagner
Kontingenzgestaltungsfähigkeiten. Empirische Explorationen zum
ökonomischen Problem der Gegenwart 119

Michael P. Schlaile, Veronica Hector, Johannes Dahlke, Luis Peters,
Annette Hilt, and Silja Graupe
Crisis-driven Economic Change. Insights into Innovation,
Fundamental Human Needs, and Sensemaking during the COVID-
19 Pandemic 127

Christoph Küffner, Christopher Münch, and Georg Kessler
An Industry in the Spotlight of a Global Crisis. Insights on How
COVID-19 Impacted the Transportation Industry 143

Between life and work – Arbeiten und Leben

Christina Fuchs und Petra Eggenhofer-Rehart
Homeoffice, Sweet Homeoffice?. Effekte von Telearbeit auf das
Empfinden von Isolation während des Lockdowns 151

Kyra Voll, Felix Gauger, and Andreas Pfnür
Turnover Intention during COVID-19. Learnings for HR on Better
Understanding Working from Home 161

Lukas Heidt, Felix Gauger und Andreas Pfnür
Zentrale Herausforderungen und der Einfluss von organisatorischer
Unterstützung bei hybrider Arbeit 185

Daniel Nölleke, Phoebe Maares und Sandra Banjac
Von Euphorie und Ernüchterung. Journalistisches Arbeiten aus dem
Homeoffice während der COVID-19-Pandemie 195

Elisabeth Gruber
Sociospatial Implications of Rural Coworking. Evidence from Austria 207

Autor*innenverzeichnis 219

Vorwort

Die Förderung von Bildung, Forschung und Lehre, Bildender Kunst und Mildtätigkeit sind satzungsgemäße Aufgaben der deutschen Dr. Hans Riegel-Stiftung sowie der österreichischen Gemeinnützigen Privatstiftung Kaiserschild.

Zielsetzung ist, vor allem junge Menschen bei der Gestaltung von Zukunft zu unterstützen und nachhaltig zu begleiten. Zu den Stiftungsschwerpunkten gehören der Fokus auf die MINT-Bildung sowie die Initiierung von wirtschafts- und sozialwissenschaftlicher Forschung.

Bereits zu Beginn der Covid 19-Pandemie ging es in beiden Stiftungen nicht nur um Anpassung bestehender Aktivitäten in Bezug auf die bisherigen Formate und deren weitere Umsetzbarkeit.

Vielmehr gab es ab dem ersten Lockdown im März 2020 Diskussionen zur Frage, wie wir einen gesellschaftlich relevanten Beitrag zur perspektivischen Aufarbeitung der Covid-19-Pandemie leisten könnten.

Daraus resultierte eine kurzfristig aufgelegte Förderlinie zu Covid-19 und den Folgen aus wirtschafts- und sozialwissenschaftlicher Sicht.

Mit unserer Ausschreibung ab Frühsommer 2020 in Deutschland und Österreich wollten wir zeitnah am Geschehen sein, um – theoretisch fundiert und empirisch belegt – erfassen und bewerten zu lassen, wie sich über die vielfach untersuchten medizinischen, spezifisch virologischen, epidemiologischen und infektiologischen Ursachen und Wirkungen hinaus die wirtschaftlichen und gesellschaftlichen Zusammenhänge und Konsequenzen der Pandemie darstellen.

Denn: Die uns alle betreffenden Folgen wurden in der öffentlichen Diskussion meist eng gefasst thematisiert, konzentriert auf Gesundheitswesen und Politik und eher nur allgemein betrachtet im Hinblick auf Wirtschaft, Bildung und Kultur.

Beide Stiftungen wollten wesentlich weiter gefasst Forschungsvorhaben anstoßen, die den Austausch von Nachwuchswissenschaftler*innen stärken sollten.

Die Ausschreibung war daher darauf ausgelegt, diese Zielgruppe aufzufordern, aus jeweils mehreren Universitäten und / oder Forschungsinstituten teamorientiert und interdisziplinär, möglicherweise methodisch innovativ die weltweite Corona-Krise auf wirtschafts- und sozialwissenschaftliche Implikationen zu untersuchen.

Als Ergebnis wurden von 93 Antragstellungen 33 Forschungsprojekte gefördert.

Die große Bandbreite der Themen und Untersuchungsgegenstände hat uns überrascht und beeindruckt. Die Vielfalt umfasst Analysen und vorläufige Bewertungen von spürbaren Veränderungen, signifikanten Spannungsverhältnissen und sich abzeichnenden Transformations-Prozessen in unterschiedlichen Bereichen. Themenzentriert betrifft dies Gesellschaft und Gesundheit, Kultur, Bildung und

Erziehung, aber auch Konsument*innen-Entscheidungen sowie Kommunikationsgeschehen.

Im Rahmen einer – den pandemie-geschuldeten Umständen entsprechend – digitalen Konferenz stellten zwischenzeitlich zahlreiche Wissenschaftler*innen ihre Arbeiten, Methoden und Ergebnisse einer interessierten Fachwelt vor.

In diesem Sammelband sind 13 Forschungsbeiträge enthalten; die Herausgeber*innen haben dafür die folgende Strukturierung gewählt:

– Individuum und Gesellschaft
– Wirtschaft und Strukturen
– Arbeit und Leben.

Im Einführungstext zu „Extended Views" wird – in Anknüpfung an allgemein gültige Charakteristika des Krisenbegriffs – Corona als Krise besonders gekennzeichnet und eingeordnet. Das Spektrum der gesellschafts- und wirtschaftswissenschaftlichen Diskurse verdeutlicht nicht nur die Relevanz dieser Perspektiven auf die Covid-19-Pandemie, sondern dient der Erkenntnisgewinnung für zukünftige Krisen.

Zudem wird durch die Beiträge die Bedeutung der induktiven Vorgehensweise sowie der empirischen Case Studies hervorgehoben. Denn: Bei den Forschungsaktivitäten im gesellschafts- und wirtschaftswissenschaftlichen Kontext erscheinen Forschung im Echtzeitlabor von besonderem Stellenwert.

Bemerkenswert ist das Buchcover von Susi Vetter, denn die Künstlerin war für eines der geförderten Projekte, das in diesem Band nicht berücksichtigt wurde, da bereits anderweitig publiziert, gestalterisch aktiv. Die Visualisierungen bildet Assoziationen zur Pandemie plakativ ab.

Wir danken allen Beitragenden, Gutachter*innen und Herausgeber*innen für ihr Engagement sowie das hohe Maß an Sorgfalt und den Autor*innen ausdrücklich für den Ideenreichtum bei den behandelten Fragestellungen.

Den Leser*innen wünschen wir gute Einsichten und Erkenntnisse bei der Lektüre und hoffen, damit zur gesellschaftlichen Reflexion dieser für uns alle außergewöhnlichen Krise beizutragen.

Bonn und Wien, im Oktober 2023

Dr. Reinhard Schneider
Vorsitzender des Vorstandes
Dr. Hans Riegel-Stiftung
Bonn

Marco Alfter
Vorsitzender des Vorstandes
Gemeinnützige Privatstiftung Kaiserschild
Hieflau

Einführung
Extended Views. Gesellschafts- und wirtschaftswissenschaftliche Perspektiven auf die Covid-19-Pandemie

Ingeborg Henzler, Henning Hues, Sandra Sonnleitner, Uta Wilkens

Dieser Sammelband beschäftigt sich mit gesellschafts- und wirtschaftswissenschaftlichen Perspektiven auf die Covid-19-Pandemie. Die Pandemie und insbesondere die Mittel zu ihrer Bekämpfung hatten neben medizinischen Implikationen von Beginn an auch Bedeutung für Wirtschaft und Gesellschaft. Die daraus erwachsenen Veränderungen werden in diesem Band betrachtet.

Bereits im Jahr 2020, als der Fokus der wissenschaftlichen Auseinandersetzung mit der Covid-19-Pandemie noch ein primär medizinischer war, haben die Dr. Hans Riegel-Stiftung und die Kaiserschild-Stiftung die Covid-19-Sonderförderung ins Leben gerufen. Über diese Förderschiene wurden 2020 und 2021 Forschungsvorhaben von Nachwuchswissenschaftler*innen initiiert, die sich aus wirtschafts- und sozialwissenschaftlicher Perspektive mit den Folgen der Pandemie beschäftigt haben.

Für die Stiftungen war offenkundig, dass die Maßnahmen zur Bekämpfung der Pandemie Auswirkungen auf etablierte gesellschaftliche Praktiken haben würden, die eingehender untersucht werden sollten. Die Förderungen von pandemiebezogenen Forschungsvorhaben durch die Dr. Hans Riegel-Stiftung und die Kaiserschild-Stiftung zielten bewusst auf Nachwuchskräfte aus den Gesellschafts- und Wirtschaftswissenschaften ab. Die Texte in diesem Band sind Ergebnisse dieser Förderung und beleuchten Teilbereiche des gesellschaftlichen und wirtschaftlichen Lebens, die von der Pandemie betroffen waren oder sind. Die Beiträge verbindet die Beschäftigung mit einer krisenhaften Situation im Kontext der Pandemie, mit deren Auswirkungen und den darauf bezogenen Bewältigungsstrategien.

Krise als Gegenstand wissenschaftlicher Betrachtung

Krisen zeichnet aus, dass etablierte Routinen und gängige Praxis durch neue Realitäten in Frage gestellt werden und sich nicht mehr aufrechterhalten lassen (Mergel 2012). Dabei ist die Krise nicht ohne Normalität zu denken. Das Konstrukt Krise beschreibt Diskontinuität. Eine als Normalität empfundene Phase wird abrupt durch einen krisenhaften Zustand unterbrochen, bevor wieder Entspannung und das Empfinden von Normalität eintritt (Koselleck 1989, Mergel 2012). Hierbei muss es jedoch nicht um den ursprünglichen Ausgangszustand handeln – schließlich spricht man mittlerweile von einer neuen Normalität. Rosenthal et al. (2001) verdeutlichen, dass es im Zuge von Krisen und ihrer Bewältigung zu neuen Denk- und Handlungsmustern in Wirtschaft und Gesellschaft kommen kann, weil angesichts veränderter Rahmenbedingungen bestehende Strukturen, politische wie soziale Handlungspraktiken bis hin zu Werten und Normen auch fundamental hinterfragt werden, da sie unter Krisenbedingungen nicht mehr zielführend und effizient erscheinen. Vor diesem Hintergrund können sich neue, zuvor nicht denkbare Routinen etablieren. In dieser Phase des Gewahr-Werdens, dass Routinen kontingent und veränderbar sind, rücken sie zugleich stärker ins Bewusstsein (Beuerbach et al. 2022).

Ein weiteres Merkmal von Krisen ist das hohe Maß an Unsicherheit und Verunsicherung, unter dem Entscheidungen getroffen werden müssen. Das Wissen über die Angemessenheit von Entscheidungen und Entscheidungsalternativen ist begrenzt und von kurzer Halbwertzeit. Es gibt unterschiedliche Situationsbewertungen, aber eine Notwendigkeit der Entscheidung und Intervention, sodass hoher Entscheidungsdruck bei mehrdeutiger Entscheidungslage besteht. Es ist also nicht die Unsicherheit allein, sondern ihr Einhergehen mit einer hohen Dringlichkeit Entscheidungen zu treffen, die die Krisenwahrnehmung auslöst. Es mangelt an Zeit, alle Entscheidungswege und ihre Konsequenzen hinreichend abzuwägen (Koselleck 1989, Rosenthal et al. 2001; Mergel 2012). Das individuelle und das kollektive Stressniveau sind entsprechend hoch, ebenso das Risiko, dass eine getroffene Entscheidung im Nachgang bei hinreichender Zeit für eine vollumfängliche Bewertung als Fehler eingestuft wird und an Legitimation verliert (Hasse 2012). Alles zusammen wirkt sich als starker Belastungsfaktor aus, der in hohem Maße emotionale Reaktionsmuster hervorruft (Rosenthal et al. 2001).

In modernen Gesellschaften, bei transnationaler Verflechtung und Mobilität, kommen eine hohe Interdependenz und ein systemischer Charakter der Krise und Krisenbewältigung hinzu (Rosenthal et al. 2001). Entscheidungen in einem Verantwortungsbereich, wie z. B. der Medizin, wirken sich unmittelbar auch auf andere Verantwortungsbereiche von Wirtschaft und Gesellschaft aus, darunter Beschäftigung, Bildung, Teilhabe, Informationsversorgung u. v. m. Die Entscheidungen in einem Teilbereich, die die Krise eindämmen sollen, können in einem anderen Bereich krisenverstärkend wirken.

So geschehen zu Beginn der Corona-Pandemie. Der Notfall hat es notwendig gemacht, rasch Entscheidungen zu treffen, auf die weder die Entscheidungsträger*innen noch die Betroffenen vorbereitet waren. Die Auswirkungen dieser Entscheidungen auf Wirtschaft und Gesellschaft waren kaum abzusehen. Der medizinische Ausnahmezustand in der Pandemie hat das Setzen von Maßnahmen notwendig gemacht, die gefährdete Personen schützen und das Gesundheitssystem vor

Überlastung bewahren sollten. Diese beiden Ziele zu erreichen, war die Legitimationsgrundlage hierfür. Diese Maßnahmen wurden gesetzt, ohne abschätzen zu können, über welchen Zeitraum hinweg sie notwendig sein werden, um ihren Zweck zu erfüllen. Somit war auch nicht abzuschätzen, wie sie sich auf andere gesellschaftliche Bereiche auswirken werden. In der Priorisierung wurden mögliche negative Auswirkungen den medizinischen Zielen zunächst untergeordnet und dann im weiteren Verlauf sukzessive mit in den Blick genommen. Solch negative Auswirkungen, bis hin zur Verursachung neuer Krisen für nicht-medizinische Handlungsfelder, ließen sich mit dem Verweis auf die Hauptziele rechtfertigen. Beispielsweise sind durch Maßnahmen zur medizinischen Bekämpfung der Pandemie Probleme der ungleichen Teilhabe an Bildungschancen verschärft worden, weil sozial schwächere Haushalte den temporär eingeschränkten Zugang zu Bildung weniger ausgleichen konnten.

In anderen Bereichen wiederum wurden die angestoßenen Veränderungen als Fortschritt gesehen und sukzessive Teil einer sogenannten *neuen Normalität*. In der Arbeitswelt zum Beispiel wurden und werden die neuen Formen ortsflexiblen und hybriden Arbeitens, die sich während der Lockdowns verbreitet haben, vielfach positiv bewertet und beibehalten. Damit generierte die Corona-Krise auch Fortschrittsoptimismus. Die Hoffnung auf Verbesserung richtete sich nicht mehr nur auf die Wiederherstellung der Situation vor der Krise, sondern auch auf ein besseres Danach. Gülker (2022: 36–37) verweist in diesem Zusammenhang auf die Semantik von Krise. Krise scheint im Gegensatz zu Katastrophe, Einbruch oder Verfall die Möglichkeit einer Verbesserung nach oder durch die Krise zu implizieren (s. auch Rosenthal et al. 2001). Alltagssprachliche Wendungen wie „Die Krise als Chance sehen" oder „Gestärkt aus einer Krise hervorgehen" haben diesen Punkt von jeher hervorgehoben. Wer über Krise spricht, spricht also auch über das Danach.

Dieses Danach scheint jedoch immer rascher wieder zum Davor zu werden, denn der idealtypischen Vorstellung einer Abfolge von langer Normalität und plötzlicher kurzer Krise steht das Wesen der Moderne entgegen, die eine permanente Abfolge von Übergängen und damit kontinuierlichen Wandel darstellt (Koselleck 1989). Der Krisenbegriff wird zu einem „Beschreibungsmodus für Beschleunigungsgesellschaften" (Mergel 2012: 14). Dabei folgen die Krisen nicht nur rascher aufeinander, sondern existieren nebeneinander, beeinflussen sich wechselseitig und bedingen einander auch. Dies beschreibt der Begriff der Polykrise, der Ende des 20. Jahrhunderts erstmals aufkam (Morin & Kern 1999) und zuletzt wieder verstärkt Einzug in den Diskurs zu Krisen hielt (Tooze 2022). Deshalb sollten die wechselseitigen Einflüsse von Krisen aufeinander stärker in den Fokus der Forschung gerückt werden, um mehr über den Mechanismus Krise zu lernen (Hasse 2012: 43).

Hier hat die Covid-19-Sonderförderung der beiden Stiftungen angesetzt und es ermöglicht, mehr über Mechanismen von Krisen zu erfahren, um für zukünftige Krisen daraus zu lernen.

Gesellschafts- und wirtschaftswissenschaftliche Erkenntnisgewinnung im Zuge der Corona-Krise

In den Gesellschafts- und Wirtschaftswissenschaften wurden die Ansteckungsrisiken und Gesundheitsbeeinträchtigungen, z. B. bei der Berufsausübung (Geiser et al. 2020; Kuhn & Seidlein 2021) ebenfalls thematisiert. Im Mittelpunkt der Befassung standen aber die Folgen für das Zusammenleben in der Gemeinschaft, das Lernen, das Arbeiten, das Wirtschaften und die Fürsorge für andere Menschen, die mit den Maßnahmen zur Begrenzung von Ansteckungsrisiken einhergingen (Sachverständigenrat 2021/22; Hövermann & Kohlrausch 2020; Möhring et al. 2020; Arntz et al. 2020; Hüther et al. 2021). Dabei bleibt einzuordnen, dass ein Fehlen der Maßnahmen weitaus gravierendere wirtschaftliche und soziale Folgen impliziert hätte (Atalan 2020). Gegenstand der Analyse und Bewertung waren die eingetretenen Effekte, die in Kauf zu nehmenden Nebenwirkungen oder auch nicht-intendierten Folgen der Schutzmaßnahmen für andere als die medizinischen Bereiche, die jedoch von vergleichbar hoher gesellschaftlicher Relevanz sind, darunter Bildung, Beschäftigung oder soziale Teilhabe. Die Arbeiten der Gesellschafts- und Wirtschaftswissenschaften folgen ihren fachimmanenten Diskursen und nutzen das je etablierte Repertoire an Forschungsmethoden.

Blickt man exemplarisch auf die Bildungsforschung stand hier vor allem die Beschäftigung mit den Folgen von Lockdown und Homeschooling im Mittelpunkt. Die Forschungen zeigten Bildungsrückstände im Allgemeinen (Sachverständigenrat 2021/22) ebenso wie eine wachsende Differenzierung zwischen sozial privilegierten und unterprivilegierten Schüler*innen im Speziellen (Lampert et al. 2021; Wrana et al. 2022), da der Zugang zu digitalen Medien im Lernprozess und das Nutzungsverhalten von den sozialen Gegebenheiten des Umfeldes stark beeinflusst werden. Die sozialwissenschaftliche Forschung hat die Fragen der gesellschaftlichen Teilhabe und möglichen Spreizung infolge der Corona-Maßnahmen mit Blick auf alle Bevölkerungsgruppen betrachtet und wiederum auf besondere Gefahren für sozial schwächere Teile der Bevölkerung aufmerksam gemacht (Butterwegge & Butterwegge 2021; Hurrelmann & Dohmen 2020; Lessenich 2020). Geschaut wurde aber auch auf die Gruppe der jungen Erwachsenen, die selbst nur gering durch das pandemische Geschehen gefährdet war, durch Kontaktbeschränkungen in der individuellen Entfaltung als unabhängige und selbständige Persönlichkeit aber in einer wichtigen Lebensphase deutliche Einschränkungen erfahren hat (Dahlke & Hirschbeck 2021; Werner et al. 2021; Egger & Huber 2022). Die Wirtschaftswissenschaften haben sich u. a. mit Produktivitätseffekten infolge von Lockdown und global geänderter Lieferketten (Pichler & Farmer 2021), Beschäftigungseffekten, einschließlich der Wirkung beschäftigungssichernder Maßnahmen, wie der Verlängerung des Kurzarbeitergeldes (Bauer & Weber 2021), dem Homeoffice als außerbetriebliche Arbeitsform sowohl hinsichtlich des arbeitspolitischen Erneuerungspotenzials (Arntz et al.

2020; Wilkens 2020) als auch der Produktivitätseffekte (Etheridge et al. 2021) befasst. Es wurde aber auch das in der Disziplin sehr genuine Feld der Krisenforschung weiterentwickelt mit erkennbarem Fokus auf die Stärkung von Resilienz, um die Widerstandsfähigkeit und Adaptionsfähigkeit von Betrieben bei kontinuierlich wiederkehrenden Krisen und unvorhersehbaren Ereignissen zu erhöhen (Hynes et al. 2020; Cheema-Fox et al. 2021). Sukzessive wurden die Querbezüge und sich wechselseitig verstärkenden Effekte der in den Teildisziplinen untersuchten Bereiche hervorgehoben, sodass sich die Aufmerksamkeit auch auf die multiple Verflechtung der Krisen bzw. sich verstärkenden Effekte zwischen den gesellschaftlichen Teilbereichen richten konnte (Vázquez-Martínez et al. 2021; Branicki 2020).

Bereits im Laufe des Jahres 2020 wurden erste empirische Ergebnisse veröffentlicht, die in einer Art Reallabor entstanden, da die Auswirkungen der Interventionen und neuen Rahmenbedingungen unmittelbar beobachtet wurden (Koloma Beck 2020). Die Befunde dienten nicht nur der Generierung wissenschaftlicher Erkenntnis, sondern wurden auch genutzt, um im politischen Diskurs die Auswirkungen auf Wirtschaft und Gesellschaft zu betonen. Auffällig war das Bemühen politischer Mandatsträger*innen um Transparenz und die Legitimation ihrer Entscheidungen. Wissenschaftlich gesicherte Erkenntnisse wurden für die Entscheidungsfindung bei der medizinischen Bewertung der pandemischen Lage herangezogen. Ebenso dienten empirische Befunde als ein wichtiges argumentatives Vehikel, um auf weitere gesellschaftliche Handlungsfelder aufmerksam zu machen.

Mittlerweile hat die Forschung einen Stand erreicht, der es ermöglicht, über das Berichten von Befunden aus unterschiedlichen Teildisziplinen hinauszugehen. Denn es stellt sich bei der Sicherung von Erkenntnissen auch die Frage der Verdichtung der Diskurse aus einer übergeordneten Perspektive. Dieser Sammelband erlaubt angesichts der Vielzahl vertretener Disziplinen einen ersten Schritt der Verdichtung im Bereich der Gesellschafts- und Wirtschaftswissenschaften. Die nachfolgenden Beiträge beleuchten Prozesse, die erkennen lassen, dass alte Routinen zwar verlassen werden, neue aber zumeist noch nicht etabliert sind. In der Übergangsphase entstehen Spannungsfelder, die aus einer wahrgenommenen und erlebten Ambivalenz rühren. In den betrachteten Ausschnitten des Zusammenlebens und Zusammenarbeitens wird die Notwendigkeit von Veränderung und diesbezüglicher Maßnahmen gesehen, allerdings ohne tragfähige Lösungsansätze immer schon greifen zu können und dennoch gefordert zu sein, Neues zu praktizieren. Das erzeugt den Spannungszustand zum System, aber auch zum eigenen Rollenverständnis. Erst wenn Mechanismen greifbar werden, das Neue anzunehmen und positiv zu erleben, kann sich Innovation entfalten. Diesen Einblick in Spannungszustände, ihr Erscheinen, Erleben und möglicherweise Auflösen ermöglichen die Beiträge in diesem Band.

Der erste Abschnitt bündelt Beiträge zum Spannungsfeld von *Individuum und Gesellschaft*. Hier wird erkennbar, wie Individuen Rollenkonflikte erleben und versuchen diese aufzulösen, ohne dass eine Gesamtperspektive bereits existiert.

Der zweite Abschnitt beleuchtet das Spannungsfeld *Wirtschaft und Strukturen*. Hier deuten die Beiträge an, dass in Strukturveränderungen letztlich ein Innovationspotenzial sichtbar wird, das Orientierung stiftet.

Ähnlich sind auch die Arbeiten im dritten Abschnitt zum Spannungsfeld *Arbeit und Leben* einzuordnen. Dieses Spannungsfeld wurde bereits vor der Pandemie erforscht. Die Beiträge veranschaulichen, wie sich im Zuge der Krisenbedingungen Innovationspotenziale freisetzen ließen und sukzessiv erfahrbar wurden. Je stärker das einzelne Individuum sich einem gesamthaften wirkmächtigen System gegenübersieht, desto weiter entfernt erscheinen neue, verlässliche und vertrauensbildende Praktiken zu liegen.

Der Prozess der Etablierung von Neuem wird über die drei Abschnitte sukzessive erkennbar.

Extended Views

Die Beiträge dieses Bandes lassen über Disziplingrenzen hinweg die Auseinandersetzung mit Spannungsfeldern erkennen, die eine inhaltliche Klammer bilden, obgleich sie in methodischer Hinsicht ganz unterschiedliche Herangehensweisen wählen und den Konventionen ihrer jeweiligen Teildisziplin folgen.

Im ersten Abschnitt zum Spannungsfeld *Individuum und Gesellschaft* erscheint in allen fünf Beiträgen dazu dieses Verhältnis besonders herausgefordert zu sein, weil neue Lösungswege dringend erforderlich sind, diese jedoch für die Individuen noch nicht greifbar werden und in der Gesellschaft noch keine Verankerung haben.

Tutic, Krumpal, Haiser bringen mit der Untersuchung zu: „Faire Verteilung knapper medizinischer Ressourcen in der COVID-19-Pandemie: Ethische Aspekte und empirische Evidenz zum Problem der Triage" in Erinnerung, dass ursprünglich medizin-ethische Themen der Triage-Entscheidung bei überlastetem Versorgungssystem auch zum gesellschaftlichen Diskurs unter medizinischen Laien wurden. Übersetzt in ein experimentelles Untersuchungsdesign, der Conjoint-Analyse, zeigt das Autor*innenteam, wie nah die Urteilsbildung durch Laien der durch Expert*innen kommt.

Mit der Bedrohung durch eine Infektion setzen sich Sattler, Taflinger, Hasselhorn in: „Ein moderiertes Mediationsmodell zur Erklärung der Beziehung zwischen Risikogruppenzugehörigkeit, Wahrnehmung der Bedrohung, Wissen und Einhaltung der COVID-19-Verhaltensmaßnahmen" auseinander. Die Autor*innen kommen zu dem Ergebnis, dass zunehmendes Wissen über Covid-19 bei der untersuchten Personengruppe mit erhöhtem Covid-19-Expositionsrisiko „ein zweischneidiges Schwert" sei, da es einerseits die Einhaltung von Schutzmaßnahmen, andererseits aber auch die wahrgenommene Bedrohung verstärke.

Im Beitrag „Das wahrgenommene Risiko einer COVID-19-Exposition und eines schweren COVID-19-Verlaufs beeinträchtigt den Schlaf: Die mediierenden und moderierenden Rollen von Ängstlichkeit und Wissen in Bezug auf COVID-19" von Zerbini, Taflinger, Reicherts, Kunz und Sattler geht es um Schlafprobleme aufgrund persönlicher Ängste und Wahrnehmungen. Die Autor*innen zeigen anhand verschiedener Untersuchungen auf, dass die bewusste Zugehörigkeit zu einer Risikogruppe korreliert mit stärkeren Schlafproblemen und höherer Beeinträchtigung der Tagesform. Daneben dämpft jedoch vermehrtes Wissen über Covid-19 bei dieser Personengruppe mit erhöhtem Risiko die negativen Auswirkungen auf die Ängstlichkeit und somit auch auf den Schlaf.

Ebers und Endres beschreiben zu „Situation und Rollen von Eltern in der Kommunikationsförderung ihrer Kinder mit komplexer Behinderung während der COVID-19-Pandemie" die multiple Belastung von Erziehungsberechtigten, die unter den Bedingungen des Lockdowns extremen Herausforderungen ausgesetzt waren. Die besondere Belastung vulnerabler Gruppen wird hier auch in ihrer sozialen Dimension greifbar.

Der individuellen Herausforderung, dem Selbstkonzept unter Bedingungen rein digitaler Zusammenarbeit Ausdruck zu verleihen, gehen Gruber und Kachel in: „Dressing through Crisis: Does Clothing Symbolically Protect Us from Existential Threats?" nach. Das Autorenteam arbeitet auf der Basis von Bildinhaltsanalysen geschlechtsspezifische Unterschiede heraus, wonach Frauen infolge rein digitaler Austauschmöglichkeit eher enger anliegende und Männer eher lässigere Kleidung wählen. Die gesellschaftlichen Rahmenbedingungen erzeugen einen Spannungszustand, unter dem Individuen durch Adaption des Kleidungsstils versuchen, ihr Selbstkonzept zu behaupten.

Der zweite Teil zum Spannungsfeld *Wirtschaft und Strukturen* zielt ab auf Potenziale, relevante Gegenstandsbereiche neu zu betrachten und zu bewerten, auf multiple Zusammenhänge aufmerksam zu machen und Lösungsansätze und -möglichkeiten auch für vergleichbare Herausforderungen zu generieren.

Die Arbeit von Fraisse, Hochmann und Wagner zu: „Kontingenzgestaltungsfähigkeiten. Empirische Explorationen zum ökonomischen Problem der Gegenwart" stellt eine grundsätzliche Befassung mit Krisen ins Zentrum; es geht um dynamische Fähigkeiten von Unternehmen, kreativ-schöpferische Antworten auf Krisen zu geben. Der Blick auf Unumkehrbares in Krisenzeiten mündet in einem Plädoyer für „Räume der Ermöglichung und Befähigung", um Wirtschaft anders und Wertschöpfung „neu" zu denken.

Einen ähnlichen Ansatz verfolgen Schlaile, Hector, Dahlke, Peters, Hilt und Graupe in ihrem Beitrag: „Crisis-driven Economic Change: Insights into Innovation, Fundamental Human Needs, and Sensemaking during the COVID-19 Pandemic". Das Autor*innenteam stellt menschliche Bedürfnisse und wirtschaftliche Innovation anhand zweier Studien gegenüber. Im Ergebnis zeigt sich, dass beide

Studien den Wert dieses bedarfsorientierten Ansatzes unterstreichen, und dass ein differenzierteres Verständnis von Innovationen als „Befriediger" sinnvoll und notwendig ist, um Gelegenheiten wie Krisen als Fenster für Veränderungen zu verstehen.

Einen konkreten Anwendungsbereich wählen Küffner, Münch und Kessler in ihrem Beitrag: „An Industry in the Spotlight of a Global Crisis: Insights on How COVID-19 Impacted the Transportation Industry". Auf Basis eines Strukturgleichungsmodells wird untersucht, wie sich Covid-19 auf die Logistikdienstleister hinsichtlich ihrer Arbeitsweise ausgewirkt hat. Es zeigt sich eine relativ geringe Anfälligkeit der Branche für die Pandemie, was insbesondere auf die Arbeitskräfte und ihr Engagement zurückgeführt wird.

Im dritten Teil geht es um das Spannungsfeld *Arbeit und Leben* in pandemischen Zeiten. Die Beiträge beinhalten Fragen der Entgrenzung, aber auch organisatorische und emotionale Aspekte veränderter Rahmenbedingungen des Arbeitens und davon berührter Entwürfe des Lebens. Die Tätigkeit im Homeoffice – gemeint ist das Arbeiten von zu Hause aus, auch ohne vollständige Büroausstattung – ist dabei das zentrale Beispiel, um dieses Spannungsfeld näher zu beleuchten.

„Zentrale Herausforderungen und der Einfluss von organisatorischer Unterstützung bei hybrider Arbeit" sind Fragestellungen von Heidt, Gauger, Pfnür. Sie identifizieren 36 relevante Aspekte, die als zentrale Herausforderungen gesehen werden können, wobei der jeweilige Stellenwert unterschiedlich ist. Sie plädieren in jedem Fall für eine bestmögliche Integration des Arbeitens von zu Hause in die Arbeitsorganisation.

In: „Home Office, sweet Home Office? Effekte von Telearbeit auf das Empfinden von Isolation während des Lockdowns" von Fuchs und Eggenhofer-Rehart geht das Autorinnenteam davon aus, dass vor dem Hintergrund eines Wertewandels in der Arbeitswelt Telearbeit als irreversibel gegeben ist. Diese Entwicklung sollte daher in Unternehmen und von Führungskräften gezielt gefördert werden. Um jedoch sozialer Isolation entgegenzuwirken, sind gezielte Maßnahmen erforderlich. Das bedeutet individuelle Vereinbarung des jeweils passenden Ausmaßes an Telearbeit, um unterschiedlichen Bedürfnissen nach direktem Kontakt zu entsprechen.

Voll, Gauger und Pfnür untersuchen in ihrem Beitrag: „Turnover Intention during COVID-19: Learnings for HR on Better Understanding Working from Home" die Arbeit im Homeoffice in Abhängigkeit von der Ausstattung und Gestaltung der Arbeitsplätze in der eigenen Wohnung. Basierend auf einem partiellen Strukturgleichungsmodell wird der Einfluss der physischen Arbeitsumgebung auf die Fluktuationsabsicht untersucht. Die Ergebnisse zeigen für alle getesteten Arbeitsplatzmerkmale einen signifikanten Einfluss auf die Fluktuationsabsicht. Die stärkste Beziehung besteht zwischen Ausrüstung, Einrichtungen und Zufriedenheit. Die Autor*innen betonen vor diesem Hintergrund die Relevanz von Führung und Steuerung seitens der Arbeitgeber*innen.

Nölleke, Maares, Banjac berichten in ihrem Beitrag über das Spannungsverhältnis: „Von Euphorie und Ernüchterung: Journalistisches Arbeiten aus dem Homeoffice während der COVID-19-Pandemie". Österreichische Journalist*innen – so zeigt die Studie – sehen die Arbeit im Homeoffice als gravierenden Einschnitt in ihre etablierten Arbeitsroutinen und äußern sich ambivalent im Hinblick auf Vor- und Nachteile, wobei die Sorge um die Qualität (und Vertrauenswürdigkeit) der Arbeit im Fokus steht. Aus dieser Interviewstudie mit dem Ergebnis einer stark divergierenden Einschätzung zur „Tauglichkeit des Homeoffice" folgt die Heraus-Forderung eines hybriden Arbeitsmodells für die Redaktionsorganisation der Zukunft.

Auf neue Chancen für strukturschwache Regionen konzentriert sich der Beitrag von Gruber. Mit der Untersuchung zu: „Sociospatial Implications of Rural Coworking: Evidence from Austria" werden Möglichkeiten durch den spezifischen Einsatz von Telearbeit für den ländlichen Raum herausgearbeitet. Aufgezeigt wird, dass und wie unter dem pandemiebedingt verstärkten Druck zur Digitalisierung in der Peripherie neue Arbeitsplätze geschaffen werden können und Zusammenarbeit neuartig gestaltet werden kann.

Dieser Band vereint innovative und transdisziplinäre Zugänge aus den Gesellschafts- und Wirtschaftswissenschaften zur krisenhaften Phase der Corona-Jahre 2020 bis 2022, durch die wichtige medizinische und virologische Forschung ergänzt und bereichert wird. Einerseits entsteht so ein Zeitdokument, das sich auf eine bestimmte Krise und ihre Besonderheiten bezieht. Andererseits offenbaren sich aber detaillierte Einblicke in Prozessverläufe und Mechanismen der gleichzeitigen Neuausrichtung und Stabilisierung, die wichtige Erkenntnisse für die Einordnung und Bewältigung von Krisen im Allgemeinen beinhalten und in dieser Hinsicht weit mehr sind als die Dokumentation rund um ein Ereignis der jüngsten Vergangenheit. Diese Extended Views können zu einem Verständnis beitragen, um aus der Retrospektive auch für die Zukunft zu lernen.

Literatur

Arntz, M., Berlingieri, F., & Yahmed, S. B. (2020). Working from Home and COVID-19: The Chances and Risks for Gender Gaps. *Intereconomics, 55*(6), 381–386. https://doi.org/10.1007/s10272-020-0938-5

Atalan, A. (2020). Is the lockdown important to prevent the COVID-19 pandemic? Effects on psychology, environment and economy-perspective. *Annals of Medicine and Surgery, 56*, 38–42. https://doi.org/10.1016/j.amsu.2020.06.010

Bauer, A., & Weber, E. (2021, Oktober). *Lockdown length and strength: labour-market effects in Germany during the COVID-19 pandemic*. (IAB-Diskussionspapier). Institut für Arbeitsmarkt- und Berufsforschung (IAB).

Beuerbach, J., Gülker, S., Karstein, U., & Rösener, R. (2022). Kulturwissenschaftliche Perspektiven auf die Covid-19-Pandemie: Eine Einleitung. In J. Beuerbach, S. Gülker, U. Karstein & R. Rösener (Hrsg.), *Covid-19: Sinn in der Krise – Kulturwissenschaftliche Analysen der Corona-Pandemie*. De Gruyter (1–13).

Branicki, L. J. (2020). COVID-19, ethics of care and feminist crisis management. *Gender, Work & Organization, 27*(5), 872–883. https://doi.org/10.1111/gwao.12491

Butterwegge, C., & Butterwegge, C. (2021). Hinterlässt die Pandemie eine „Generation Corona"? Prekarisierungstendenzen unter Kindern und Jugendlichen. *Der pädagogische Blick, 29*(3), 155–166.

Cheema-Fox, A., LaPerla, B. R., Wang, H., & Serafeim, G. (2021). Corporate Resilience and Response to COVID-19. *Journal of Applied Corporate Finance, 33*(2), 24–41. https://doi.org/10.1111/jacf.12457

Dahlke, J., & Hirschbeck, W. (2021). Junge Erwachsene – Soziale Teilhabe auch in Krisenzeiten verwirklichen, Diskurs Kindheits- und Jugendforschung. *Journal of Childhood and Adolescence Research, 16*(2), 255–260. https://doi.org/10.3224/diskurs.v16i2.09

Egger, M., & Huber, S. G. (2022). Consequences of COVID-19 on Education and Work of Adults: An Expert and Peer Interview Study in Germany, Austria, and Switzerland of Their Perspectives on the Past, Present and Future. *Youth, 2*(4), 610–632. https://doi.org/10.3390/youth2040043

Etheridge, B., Wang, Y., & Tang, L. (2020). Worker productivity during lockdown and working from home: Evidence from self-reports. *ISER Working Paper Series, 12*. Institute for Social and Economic Research.

Geiser, T., Müller, R., & Pärli, K. (2020). *Klärung arbeitsrechtlicher Fragen im Zusammenhang mit dem Coronavirus*. Jusletter.

Gülker, S. (2022). Krise und Utopie: Das Ende vom Fortschrittsoptimismus? In J. Beuerbach, S. Gülker, U. Karstein & R. Rösener (Hrsg.), *Covid-19: Sinn in der Krise – Kulturwissenschaftliche Analysen der Corona-Pandemie*. De Gruyter *(36–50)*.

Hasse, R. (2012). In T. Mergel (Hrsg.), *Krisen verstehen: Historische und kulturwissenschaftliche Annäherungen*. Campus Verlag (29–45).

Hövermann, A., & Kohlrausch, B. (2020). Soziale Ungleichheit und Einkommenseinbußen in der Corona-Krise – Befunde einer Erwerbstätigenbefragung. *WSI-Mitteilungen, 73*(6), 485–492. http://dx.doi.org/10.5771/0342-300X-2020-6-485

Hurrelmann, K., & Dohmen, D. (2020). Die Krise schwächt die Schwachen. Warum die Corona-Pandemie die Bildungsungleichheit verstärkt. *Zeitschrift für Soziologie der Erziehung und Sozialisation, 40* (3), 313–320.

Hüther, M., Diermeier, M., Goecke, H. (2021). Ökonomische Einordnungen zu Covid-19: Globalisierung im Lockdown. In: Erschöpft durch die Pandemie . Springer, Wiesbaden. https://doi.org/10.1007/978-3-658-34345-3_3

Hynes, W., Trump, B., Love, P., & Linkov, I. (2020). Bouncing forward: A resilience approach to dealing with COVID-19 and future systemic shocks. *Environment Systems and Decisions, 40*(2), 174–184. https://doi.org/10.1007%2Fs10669-020-09776-x

Koloma Beck, T. (2020). Alltag im Reallabor. Pandemie und Bürgerkrieg als existentielle gesellschaftliche Krisen. *Leviathan*, *48*(3), 451–469. http://dx.doi.org/10.5771/0340-0425-2020-3-451

Koselleck, R. (1989). *Kritik und Krise:Eine Studie zur Pathogenese der bürgerlichen Welt.* Suhrkamp.

Kuhn, E., & Seidlein, A. H. (2021). Intensivpflege in Zeiten der COVID-19 Pandemie: Zur Frage des Verhältnisses von Fürsorge und Selbstsorge. *Ethik in der Medizin, 33*(1), 51–70. https://doi.org/10.1007%2Fs00481-021-00606-5

Kuhn, E. & Seidlein, A.-H. (2021). Intensivpflege in Zeiten der COVID-19 Pandemie: Zur Frage des Verhältnisses von Fürsorge und Selbstsorge. Ethik Med. 2021; 33(1): 51–70. doi: 10.1007/s00481-021-00606-5

Lampert, C., Thiel, K., & Güngör, B. (2021). *Mediennutzung und Schule zur Zeit des ersten Lockdowns während der Covid-19-Pandemie 2020: Ergebnisse einer Online-Befragung von 10- bis 18-Jährigen in Deutschland.* (Arbeitspapiere des Hans-Bredow-Instituts, 53). Verlag Hans-Bredow-Institut. https://doi.org/10.21241/ssoar.71712

Lessenich, S. (2020). Soziologie – Corona – Kritik. *Berliner Journal für Soziologie*, *30*(2), 215–230. https://doi.org/10.1007/s11609-020-00417-3

Mergel, T. (2012). Einleitung: Krisen als Wahrnehmungsphänomene. In T. Mergel (Hrsg.), *Krisen verstehen: Historische und kulturwissenschaftliche Annäherungen*. Campus Verlag (9–22).

Morin, E., & Kern, B. (1999). *Homeland Earth: A Manifesto for the New Millenium.* Hampton Press.

Möhring, K., Naumann, E., Reifenscheid, M., Blom, A. G., Wenz, A., Rettig, T., Lehrer, R., Krieger, U., Juhl, S., Friedel, S., Fikel, M., & Cornesse, C. (2020). *Die Mannheimer Corona-Studie: Schwerpunktbericht zu Erwerbstätigkeit und Kinderbetreuung.* Universität Mannheim.

Pichler, A., & Farmer, J. D. (2021). Simultaneous supply and demand constraints in input-output networks: The case of Covid-19 in Germany, Italy, and Spain. *Economic Systems Research, 34*(3), 273–293. https://doi.org/10.1080/09535314.2021.1926934

Rosenthal, U., Boin, A., & Comfort, L. K. (2001). *Managing crises: Threats, dilemmas, opportunities.* Charles C. Thomas Publisher, LTD.

Sachverständigenrat zur Begutachtung der gesamtwirtschaftlichen Entwicklung (2021/22). Transformation gestalten: Bildung, Digitalisierung und Nachhaltigkeit. Jahresgutachten.

Tooze, A. (2022*). Zeitwende oder Polykrise? Das Modell Deutschland auf dem Prüfstand.* Schriftenreihe der Bundeskanzler-Willy-Brandt-Stiftung, H. 36.

Vázquez-Martínez, U. J., Morales-Medianob, J., & Leal-Rodríquez, A. L. (2021). The impact of the COVID-19 crisis on consumer purchasing motivation and behavior. European Research on Management and Business Economics, 27(3), 100166. https://doi.org/10.1016/j.iedeen.2021.100166

Werner, A. M., Tibubos, A. N., Mülder, L. M., Reichel, J. L., Schäfer, M., Heller, S., Pfirrmann, D., Edelmann, D., Dietz, P., Rigotti, T., & Beutel, M. E. (2021). The impact of lockdown stress and loneliness during the COVID-19 pandemic on mental health among university students in Germany. *Scientific Reports, 11*, 22637. https://doi.org/10.1038/s41598-021-02024-5

Wilkens, U. (2020). Homeoffice vor, während und nach der Corona-Krise. Lessons learned für den resilienzförderlichen Personaleinsatz. In Freitag, M. (Hrsg.), *Mensch-Technik-Interaktion in der digitalisierten Arbeitswelt. Schriftenreihe der Wissenschaftlichen Gesellschaft für Arbeits- und Betriebsorganisation*. GITO-Verlag (131–152). https://doi.org/10.30844/wgab_2020_7

Wrana, D., Schmidt, M., & Schreiber, J. (2022). Pädagogische Krisendiskurse. Reflexionen auf das konstitutive Verhältnis von Pädagogik und Krise angesichts der Covid 19-Pandemie. *Zeitschrift für Pädagogik, 68*(3), 362–380. https://doi.org/10.3262/ZP2203362

Faire Verteilung knapper medizinischer Ressourcen in der COVID-19-Pandemie
Ethische Aspekte und empirische Evidenz zum Problem der Triage

Andreas Tutić, Ivar Krumpal und Friederike Haiser

English Abstract

In light of the COVID-19 pandemic, we report results from a choice experiment on hypothetical triage decisions. Respondents were asked to decide which of two patients should be ventilated. Patients were characterized by a number of attributes including short-term survival, long-term life expectancy, and their current ventilatory status, among others. It is found that non-experts conform relatively well to official triage guidelines in their decisions by giving high weight to attributes that reflect utilitarian principles of utility maximization. At the same time, a patient's ventilatory status is weighted only weakly in their decisions, even though this attribute receives much more attention in expert discourse on the problem of "ex post triage."

Einleitung

Triage bezeichnet die Priorisierung knapper medizinischer Ressourcen in sozialen Ausnahmesituationen und Katastrophen wie Kriegen, Terroranschlägen, Naturkatastrophen und Pandemien. Die COVID-19-Pandemie hat die Gesundheitsinfrastruktur in vielen Gesellschaften überfordert. Die Notwendigkeit, begrenzte medizinische Ressourcen wie Intensivbetten und Beatmungsgeräte zu rationieren und fair zu verteilen, stellt Notfallmediziner und Ärzte vor ein ethisches Dilemma.[1] Sie sind gezwungen, Entscheidungen über Leben und Tod zu treffen. Vor diesem Hintergrund führen wissenschaftliche Gemeinschaften, Ärztekammern und Ethikkommissionen einen kontroversen Diskurs über ethische Leitlinien für die Praxis der Triage im Umgang mit Pandemien (Brown et al., 2020; Emanuel et al., 2020).

---

[1] In diesem Beitrag wird aus sprachökonomischen Gründen das generische Maskulinum gebraucht. Damit soll selbstverständlich kein Gender Bias intendiert werden.

Der vorliegende Beitrag rekonstruiert die ethische Debatte und veranschaulicht die normative Grundlage der Entscheidung, wer medizinisch behandelt werden soll und wessen unausweichlicher Tod durch Vorenthaltung oder Entzug einer medizinischen Behandlung in Kauf genommen wird. Die ethischen Werte und moralischen Prinzipien für solche Entscheidungen betreffen die Nutzenmaximierung, die Förderung instrumenteller Werte für die Gesellschaft (z. B. Priorisierung von Gesundheitspersonal), die Gleichbehandlungs- und Antidiskriminierungsnormen und die Priorisierung der Schwächsten (Emanuel et al., 2020, S. 2052). Andere Kriterien wie die Berücksichtigung des Alters oder die Belohnung prosozialen Verhaltens werden kontrovers diskutiert (Joebges & Biller-Andorno, 2020).

Unsere empirische Studie untersucht die vorherrschenden ethischen Orientierungen von Nicht-Experten in der deutschen Gesellschaft und vergleicht diese mit dem ethischen Diskurs, der von Experten geführt wird. Im Folgenden berichten wir über die Ergebnisse eines Choice-Experimentes zur Messung von Handlungsentscheidungen. Von zentralem Interesse ist die Frage, ob bei Entscheidungen von Nicht-Experten dieselben Triage-Kriterien hoch gewichtet werden, die auch aus Sicht von Experten relevant sind, oder ob Entscheidungen von Nicht-Experten anderen Prioritäten folgen. Zudem explorieren wir, ob es zwischen Gruppen von Befragten Unterschiede gibt. Den Befragten wird ein Triage-Szenario mit Paaren zweier hypothetischer Patienten, welche sich in mehreren Attributen (wie Alter, Überlebenswahrscheinlichkeit oder Beatmungsstatus) unterscheiden, präsentiert. Diese werden dann aufgefordert, denjenigen Patienten auszuwählen, der mit dem einzigen verfügbaren Beatmungsgerät behandelt werden soll („Paired Conjoint Design with Forced Choice"; Hainmüller et al., 2014). Für die Auswahl von Triage-Kriterien, die wir in unserem Experiment variieren, dienen uns offizielle Triage-Richtlinien. Die anschließende Conjoint-Analyse erlaubt simultane Schätzungen von kausalen Effekten mehrerer Attribute auf die Wahrscheinlichkeit, eine medizinische Behandlung zu erhalten.

Ethischer Diskurs zur Triage

Die Lösung des Problems einer gerechten Verteilung knapper intensivmedizinischer Ressourcen beinhaltet nicht nur medizinische Kriterien, sondern auch normative Bewertungen. Im Folgenden geben wir einen kurzen Überblick über die ethische Debatte zu Triage-Entscheidungen und identifizieren Schlüsselattribute unserer hypothetischen Patienten, die wir in unserem Choice-Experiment variieren.

Das utilitaristische Kriterium der Nutzenmaximierung bei Triage-Entscheidungen zielt sowohl auf die Maximierung der Überlebenschancen (kurzfristige Perspektive) als auch auf die Maximierung der Lebensjahre (langfristige Perspektive) ab. Die Nutzenmaximierung ist fokussiert auf die klinische Erfolgsaussicht und auf die voraussichtlichen Konsequenzen der Behandlung. Dies geschieht durch die Bewertung des Gesamtzustands der Patienten und die Prognose nach der Behandlung (Emanuel et al., 2020, S. 2052). In unserem Choice-Experiment operationalisieren wir die beiden zentralen utilitaristischen Kriterien mit den Attributen „Überlebenschance mit Beatmung" (mit den Ausprägungen: 20 %, 50 %, 80 %) und „Alter" (mit den Ausprägungen: 20, 45, 70 Jahre). Das Alter ist hierbei ein Proxy für die verbleibende Lebenserwartung. Es wird kontrovers diskutiert, ob die prognostizierte Lebenserwartung und insbesondere das Alter legitime Kriterien für Triage-Entscheidungen sind, da sie im Widerspruch zu den Grundsätzen der Gleichbehandlung aller Menschen und der Vermeidung von Diskriminierung stehen (De Castro-Hamoy & De Castro, 2020).

Neben der klinischen Erfolgsaussicht wird die Förderung instrumenteller Werte für die Gesellschaft als weiteres Kriterium für Triage-Entscheidungen diskutiert. So sollen bestimmte Patienten aufgrund ihres Nutzens für andere Menschen in einer Pandemie priorisierten Zugang zu begrenzten medizinischen Ressourcen erhalten (Emanuel et al., 2020, S. 2052 f.). Obwohl die Priorisierung von Patienten auf der Grundlage ihres sozialen Status oder ihres sozialen Wertes eindeutig verboten ist, werden in der ethischen Debatte familiäre Pflichten thematisiert und es wird argumentiert, dass Betreuer von Kindern in Triage-Situationen priorisiert werden sollten (Biddison et al., 2019, S. 851). Darüber hinaus findet man auch die Empfehlung, medizinisches Personal zu priorisieren, da dieses für die Pandemiebekämpfung unerlässlich ist. In unseren Choice-Experimenten operationalisieren wir diese zusätzlichen Kriterien mit dem Attribut „Beruf", das angibt, ob ein Intensivpatient einen medizinischen Beruf ausübt oder nicht, und dem Attribut „Kinder", das angibt, ob der Patient Kinder hat oder nicht.

Eine der umstrittensten ethischen und rechtlichen Fragen ist, ob es in einer Triage-Situation gerechtfertigt sein kann, Patienten von Beatmungsgeräten zu entfernen, um diese anderen Patienten mit besseren Überlebenschancen oder einer höheren Lebenserwartung zur Verfügung zu stellen. Vor dem Hintergrund der Europäischen Menschenrechtskonvention kann argumentiert werden, dass der Entzug einer bereits aufgenommenen medizinischen Behandlung, um sie anderen Patienten mit einer besseren klinischen Erfolgsaussicht zur Verfügung zu stellen („Ex-Post-Triage"), eine rechtswidrige Praxis der Diskriminierung darstelle (Gelinsky, 2020). Utilitaristische Nutzenerwägungen in Triage-Situationen seien nicht mit Grundrechten zum Schutz des Lebens, der Achtung der Menschenwürde und dem Schutz vor Diskriminierung vereinbar (Brown et al., 2020). Bedürftigen die medizinische Behandlung ohne deren Einverständnis zu entziehen, widerspricht zudem dem „sickest first"-Prinzip (Emanuel et al., 2020, S. 2052). In unserem Choice-Experiment operationalisieren wir das Problem der Ex-Post-Triage mit dem Attribut „Beatmungsstatus", das angibt, ob der Patient bereits beatmet wird oder nicht. Wir operationalisieren zudem das „sickest first"-Prinzip mit dem Attribut „Schmerz", das angibt, ob der Patient über Schmerzen klagt oder nicht.

Stichprobe und Studiendesign

Wir haben einen experimentellen Online-Survey durchgeführt. Die Auswahlgrundlage unserer Stichprobe liefert der Online-Access-Panel-Anbieter „Respondi". Die Gesamtgröße des Access-Panels in Deutschland umfasste laut Respondi im Februar 2021 ca. 100.000 Probanden.[2] Einladungen zur Teilnahme wurden an 4.530 zufällig aus dem Panel ausgewählte Personen versandt. 1.155 Personen antworteten auf den Einladungslink, was einer Gesamtrücklaufquote von 25,5 % entspricht. Der gesamte Fragebogen wurde von $N = 881$ Studienteilnehmern ausgefüllt. Die Interviews wurden auf Deutsch geführt. Die Datenerhebung erfolgte im Februar 2021 mittels SoSci-Survey.[3]

Jeder Befragte wurde mit zehn hypothetischen Triage-Situationen konfrontiert, bei denen entschieden werden musste, welcher von zwei Patienten beatmet werden soll. Gemäß den methodischen Vorgaben der Conjoint-Analyse erfolgte die Auswahl der zehn hypothetischen Triage-Situationen rein zufällig und variiert zwischen den Befragten; es handelt sich also um ein voll randomisiertes „within-participant"-Design, bei dem auch die Reihenfolge der Attribute zwischen den Befragten variiert wurde. Eine Conjoint-Analyse hat gegenüber alternativen Varianten von Survey-Experimenten den Vorzug, eine kausale Interpretation der Attribute zu ermöglichen (Hainmüller et al., 2014). Wir haben die Befragten mit jeweils zehn Choice-Sets konfrontiert, weil sich bei einer höheren Belastung typischerweise Ermüdungserscheinungen und damit ein Qualitätsverlust der Daten einstellt (Auspurg & Liebe, 2011, S. 308). Tabelle 1 gibt einen Überblick über alle Patienteneigenschaften (Attribute) und deren Ausprägungen, während in Tabelle 2 ein beispielhaftes Choice-Set abgebildet ist. Andere potenzielle Eigenschaften der Patienten, wie etwa ihr Geschlecht, wurden im experimentellen Design nicht berücksichtigt. Um die kausalen Effekte von Patientenattributen auf die Wahrscheinlichkeit, eine Beatmung zu erhalten, abzuschätzen, stützen wir uns auf eine einfache lineare Regressionsroutine (Hainmüller et al., 2014). Dieses Verfahren erfordert, dass jede Entscheidung als zwei Zeilen im Datensatz erscheint, für den die Regression durchgeführt wird (eine Zeile für jeden hypothetischen Patienten). Folglich ist die Anzahl der Zeilen (N) in diesen Regressionen sehr groß. So basiert Abbildung 1 auf einer Regression mit $N = 881 \times 10 \times 2 - 46 \times 2 = 17.528$.

---

[2] https://www.respondi.com/access-panel
[3] https://www.soscisurvey.de

Tabelle 1 Patienteneigenschaften (Attribute), Ausprägungen und ethische Prinzipien (Darstellung durch die Autoren)

Attribute	Ausprägungen	Ethische Prinzipien
Überlebenschance mit Beatmung	„20%-, 50%-, 80%-Überlebenschance"	Maximierung des Nutzens
Alter	„20, 45, 70 Jahre"	Maximierung des Nutzens
Beruf	„Medizinischer Beruf", „Kein medizinischer Beruf"	Wert für die Gesellschaft
Kinder	„Hat Kinder", „Hat keine Kinder"	Wert für die Gesellschaft
Schmerzen	„Klagt über Schmerzen", „Klagt nicht über Schmerzen"	„sickest first"-Prinzip
Beatmungsstatus	„Wird beatmet", „Wird noch nicht beatmet"	Gleichbehandlungsgebot; „sickest first"-Prinzip

Anmerkung. Durch das experimentelle Design sind alle Variablen, die sich auf Patienteneigenschaften beziehen, gleich verteilt und statistisch unabhängig.

Tabelle 2 Beispielhaftes Choice-Set aus dem Experiment (Darstellung durch die Autoren)

Attribute	Patient A	Patient B
Überlebenschance mit Beatmung	„20%-Überlebenschance"	„80%-Überlebenschance"
Beruf	„Medizinischer Beruf"	„Medizinischer Beruf"
Kinder	„Hat keine Kinder"	„Hat Kinder"
Beatmungsstatus	„Wird noch nicht beatmet"	„Wird noch nicht beatmet"
Alter	„70 Jahre"	„20 Jahre"
Schmerzen	„Klagt über Schmerzen"	„Klagt über Schmerzen"

Anmerkung. Durch das experimentelle Design sind alle Variablen, die sich auf Patienteneigenschaften beziehen, gleich verteilt und statistisch unabhängig.

Variablen

Gemäß den nachfolgenden teilgruppenspezifischen Analysen gehen wir auf die folgenden soziodemographischen Merkmale der Befragten ein: Geschlecht, Bildung und Religiosität.

Das Geschlecht der Befragten wurde mit einer geschlossenen Frage erhoben, wobei als Antwortmöglichkeiten „männlich", „weiblich" und „divers" zur Verfügung standen. In unserer Stichprobe befinden sich genau 440 Männer, 440 Frauen und ein Befragter, der „divers" angegeben hat.

Die Bildung der Befragten wurde auf der Grundlage eines im *European Social Survey* verwendeten Instruments gemessen, das schulische und universitäre Bildungserfahrungen mit der Berufsausbildung kombiniert und für das duale Bildungssystem in Deutschland geeignet ist (ESS 2017). Unsere Variable „Bildung" unterscheidet zwischen drei Gruppen, wobei keine fehlenden Werte vorliegen. Die Gruppe mit geringer Bildung (39,73 %) besteht aus Befragten, die weder eine spezialisierte Berufsausbildung noch einen Abschluss erworben haben, der zur Teilnahme an einer höheren Bildung berechtigt. Die Gruppe mit mittlerer Bildung (35,98 %) besteht aus Befragten, die eine spezialisierte Berufsausbildung erhalten haben oder einen eingeschränkten Zugang zur Hochschulbildung haben. Die Gruppe mit hoher Bildung (24,29 %) umfasst Befragte, die eine intensive Berufsausbildung erhalten oder einen Hochschulabschluss erworben haben.

Die Religiosität der Befragten haben wir mit einem Instrument erhoben, bei dem die Befragten aus einer Liste mit verschiedenen religiösen Gemeinschaften eine auswählen konnten, der sie sich „angehörig" fühlen. Auch die Angabe von „Nein, nicht angehörig" war selbstverständlich möglich. Bei dieser Variablen liegen keine fehlenden Werte vor. In den Analysen werden wir lediglich zwischen Befragten, welche „Nein, nicht angehörig" ausgewählt haben (46,65 %), und Befragten, die sich einer religiösen Gemeinschaft angehörig fühlen (53,35 %), unterscheiden.

Empirische Befunde

Auf der Grundlage unseres Choice-Experiments schätzen wir kausale Effekte der Patientenattribute auf die Wahrscheinlichkeit, beatmet zu werden. Abbildung 1 visualisiert nichtparametrische Schätzungen von „average marginal component effects" (AMCEs; Hainmüller et al., 2014). Die abgebildeten 95 %-Konfidenzintervalle basieren auf robusten Standardfehlern, die das „Clustering" von Entscheidungen innerhalb der Befragten berücksichtigen.

Es zeigen sich starke kausale Effekte für die Indikatoren der klinischen Erfolgsaussicht, die aus utilitaristischer Perspektive das Kriterium der Nutzenmaximierung betonen. Sowohl die kurzfristigen Überlebenschancen als auch die langfristige Lebenserwartung des Patienten (gemessen am Alter) zeigen starke Effekte. Patienten, die eine Überlebenschance von 80 % aufweisen, haben eine im Durchschnitt um 32,9 % höhere Wahrscheinlichkeit, beatmet zu werden, als Patienten mit einer Überlebenschance von 20 %. 70-jährige Patienten haben eine um 27,2 % geringere Wahrscheinlichkeit, beatmet zu werden, als 20-jährige Patienten. Attribute, die den Wert für die Gesellschaft repräsentieren, zeigen im Vergleich zum utilitaristischen Kriterium der Nutzenmaximierung deutlich schwächere Effekte: So liegt die Beatmungswahrscheinlichkeit bei Patienten, die für Kinder verantwortlich sind, um 10,2 % höher als bei kinderlosen Patienten. Patienten, die in einem medizinischen Beruf tätig sind, haben nur eine 2,4 % höhere Beatmungswahrscheinlichkeit

Faire Verteilung knapper medizinischer Ressourcen in der COVID-19-Pandemie 27

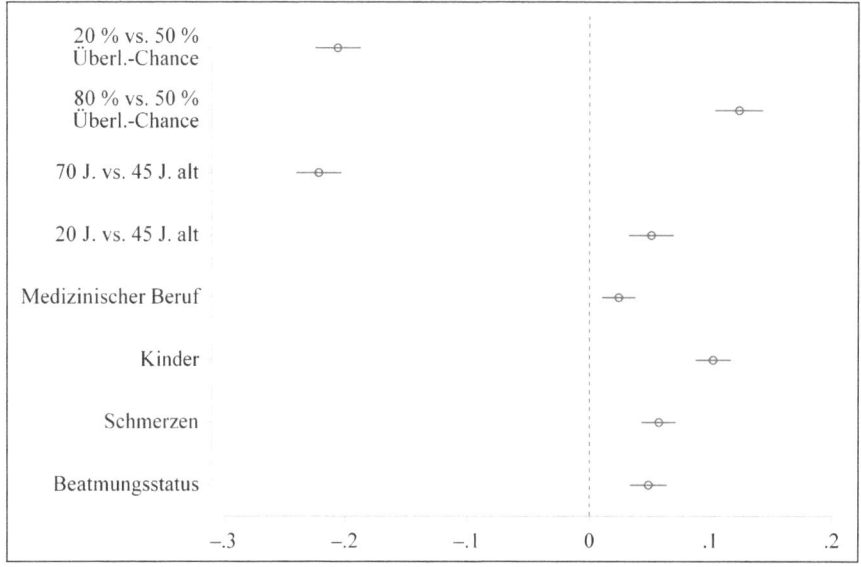

Abbildung 1 Kausale Effekte der Patientenattribute auf die Wahrscheinlichkeit, beatmet zu werden (Darstellung durch die Autoren)

als Patienten mit einem anderen Beruf. Klagen Patienten über Schmerzen, haben sie eine 5,7 % höhere Wahrscheinlichkeit, ein Beatmungsgerät zugesprochen zu bekommen („sickest first"-Prinzip). Schließlich zeigt sich ein positiver, aber schwacher Effekt des Attributs „Beatmungsstatus" auf die Beatmungswahrscheinlichkeit (4,8 %).

In einem weiteren Schritt explorieren wir mögliche Interaktionseffekte von Patientenattributen und Befragteneigenschaften. Die Abbildungen 2–4 zeigen teilgruppenspezifische Analysen nach Geschlecht, Bildung und Religiosität:

Abbildung 2 zielt auf die Unterschiede zwischen den Geschlechtern ab. Empirisch zeigt sich: Hinsichtlich der Effektstärken der Patientenattribute bestehen quasi keine Unterschiede zwischen den Geschlechtern. Ein statistisch schwach signifikanter Unterschied findet sich lediglich beim Vergleich von 70-jährigen mit 45-jährigen Patienten ($\chi2 = 3,46; p < 0,0629$). Weibliche Befragte entscheiden sich seltener dafür, ältere Patienten zu beatmen, als männliche Befragte.

Abbildung 3 bildet die Ergebnisse des Einflusses der Patientenattribute nach dem Bildungsstand der Befragten ab. Empirisch lässt sich kein klares Muster erkennen. Es zeigt sich lediglich, dass Befragte mit hoher Bildung dem Attribut „Überlebenschance" etwas mehr Gewicht einräumen als Befragte mit weniger Bildung. Im Falle des Vergleichs von Patienten mit 20 % Überlebenschance und Patienten mit 50 % Überlebenschance ist der Unterschied statistisch schwach signifikant

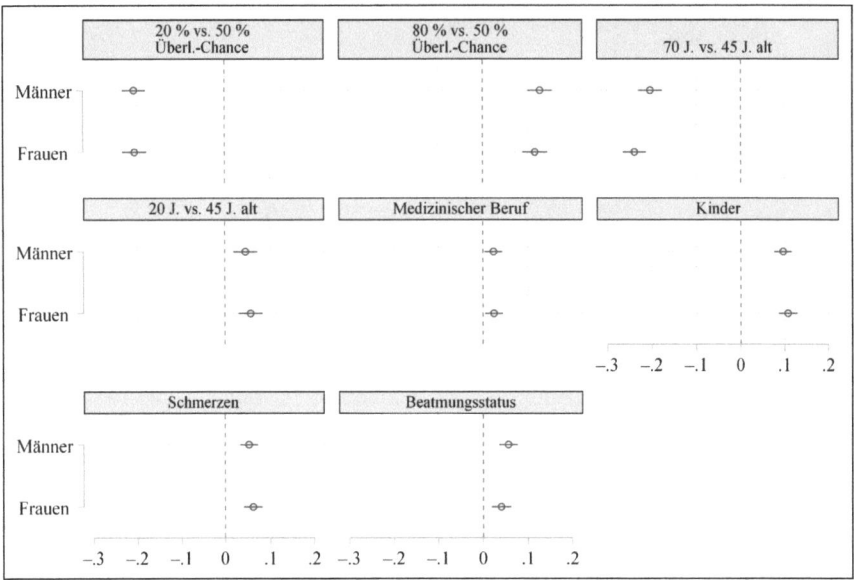

Abbildung 2 Teilgruppenspezifische Analyse nach Geschlecht. Kausale Effekte der Patientenattribute auf die Wahrscheinlichkeit, beatmet zu werden (Darstellung durch die Autoren)

($\chi2=3{,}20$; $p < 0{,}0738$), beim Vergleich von Patienten mit 80% Überlebenschance und Patienten mit 50% Überlebenschance jedoch nicht ($\chi2 = 2{,}57$; $p < 0{,}1086$).

In Abbildung 4 betrachten wir, wie sich die Religiosität der Befragten auf ihre Entscheidungen in den hypothetischen Triage-Situationen auswirkt. Empirisch zeigt sich, dass die Kausaleffekte sämtlicher Attribute bei religiösen Befragten etwas geringer ausfallen als bei nicht religiösen Befragten. Statistisch schwach signifikant sind diese Unterschiede beim Vergleich von Patienten mit 20% Überlebenschance und Patienten mit 50% Überlebenschance ($\chi2 = 8{,}25$; $p < 0{,}0041$), beim Attribut „medizinischer Beruf" ($\chi2 = 3{,}46$; $p < 0{,}0628$) und beim Attribut „Kinder" ($\chi2 = 4{,}32$; $p < 0{,}0376$).

Diskussion

Vor dem Hintergrund der COVID-19-Pandemie berichten wir über die Ergebnisse aus einem Choice-Experiment. Die Befragten wurden mit einem hypothetischen Triage-Szenario konfrontiert, in dem sie aufgefordert wurden zu entscheiden, wer von zwei Patienten beatmet werden soll. Patienten wurden durch eine Reihe von Eigenschaften, wie unter anderem die kurzfristige Überlebenschance, die langfristige

Faire Verteilung knapper medizinischer Ressourcen in der COVID-19-Pandemie

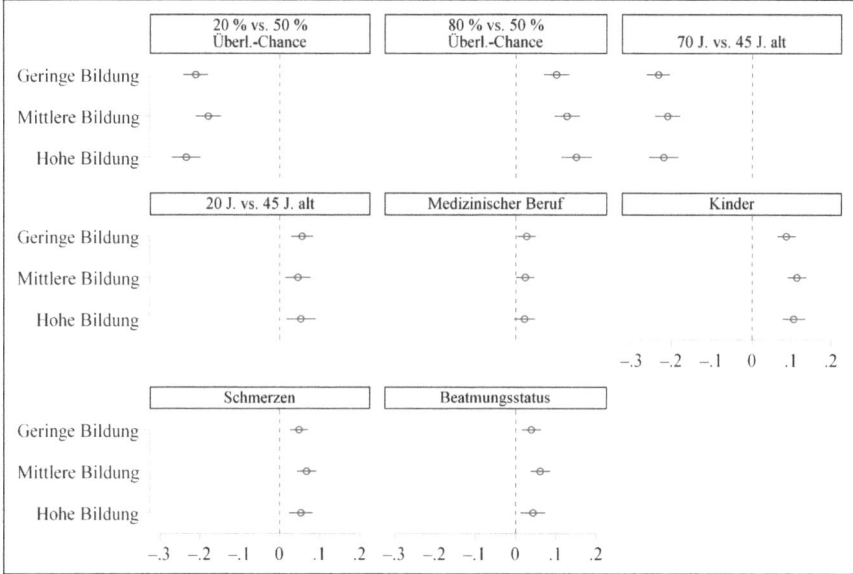

Abbildung 3 Teilgruppenspezifische Analyse nach Bildung. Kausale Effekte der Patientenattribute auf die Wahrscheinlichkeit, beatmet zu werden (Darstellung durch die Autoren)

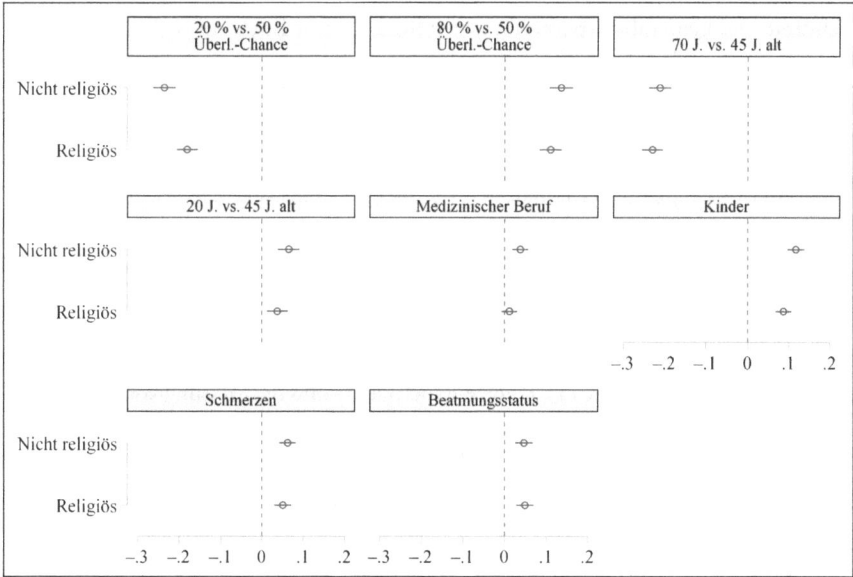

Abbildung 4 Teilgruppenspezifische Analyse nach Religiosität. Kausale Effekte der Patientenattribute auf die Wahrscheinlichkeit, beatmet zu werden (Darstellung durch die Autoren)

Lebenserwartung und ihren aktuellen Beatmungsstatus, charakterisiert. Die Attribute wurden auf der Grundlage des aktuellen ethischen Expertendiskurses ausgewählt (Emanuel et al., 2020).

Es zeigt sich, dass Nicht-Experten bei ihren Entscheidungen relativ gut mit den offiziellen, von Experten entwickelten Triage-Richtlinien übereinstimmen (Gelinsky, 2020). So werden Attribute, die utilitaristische Prinzipien der Nutzenmaximierung widerspiegeln (d.h. die kurzfristige Überlebenschance und die langfristige Lebenserwartung), bei den Entscheidungen hoch gewichtet. Gleichzeitig wird der Beatmungsstatus eines Patienten bei den Entscheidungen nur schwach gewichtet, obwohl dieses Attribut im Expertendiskurs zum Problem der „Ex-Post-Triage" und den damit zusammenhängenden Gleichbehandlungsgeboten und Antidiskriminierungsnormen eine deutlich stärkere Beachtung erfährt (Brown et al., 2020). Zudem fanden wir keine empirischen Belege für Unterschiede zwischen ausgewählten Gruppen von Befragten.

Unser experimentelles Forschungsdesign zeichnet sich durch eine hohe interne Validität aus und erlaubt simultane Schätzungen von kausalen Effekten mehrerer Attribute auf die Wahrscheinlichkeit, eine medizinische Behandlung zu erhalten. Zu den Limitationen unserer Studie zählen einerseits die Rekrutierung von Probanden eines Online-Access-Panels, das trotz Zufallsstichprobe keine repräsentative Auswahlgesamtheit der allgemeinen Bevölkerung der BRD darstellt. Andererseits werden Entscheidungen in fiktiven Triage-Situationen beobachtet, was die externe Validität und Generalisierbarkeit unserer Befunde mit Blick auf reale Triage-Situationen einschränkt. Zukünftige Forschung ist eingeladen, diese Limitationen zu überwinden und unsere Studie in realistischeren Triage-Szenarien zu replizieren. Zudem könnten Entscheidungen medizinischer Nicht-Experten direkt mit Entscheidungen von medizinischem Fachpersonal oder mit Entscheidungen verschiedener Statusgruppen innerhalb des Gesundheitssystems verglichen werden.

Literatur

Auspurg, K. & Liebe, U. (2011). Choice-Experimente und die Messung von Handlungsentscheidungen in der Soziologie. *Kölner Zeitschrift für Soziologie und Sozialpsychologie*, 63, 301–314. https://doi.org/10.1007/s11577-011-0136-3

Biddison, E. L. D., Faden, R., Gwon, H. S., Mareiniss, D. P., Regenberg, A. C., Schoch-Spana, M., Schwartz, J. & Toner, E. S. (2019). Too many patients … a framework to guide statewide allocation of scarce mechanical ventilation during disasters. *Chest*, 155(4), 848–854. https://doi.org/10.1016/j.chest.2018.09.025

Brown, M. J., Goodwin, J., Liddell, K., Martin, S., Palmer, S., Firth, P., Eyal, N., Hyder, A. A., Persad, G., Phillips, J. & Emanuel, E. (2020). Allocating medical resources in the time of Covid-19. *The New England Journal of Medicine, 382*(22), e79. https://doi.org/10.1056/NEJMc2009666

De Castro-Hamoy, L. & De Castro, L. D. (2020). Age matters but it should not be used to discriminate against the elderly in allocating scarce resources in the context of COVID-19. *Asian Bioethics Review, 12*(3), 331–340. https://doi.org/10.1007/s41649-020-00130-6

Emanuel, E. J., Persad, G., Upshur, R., Thome, B., Parker, M., Glickman, A., Zhang, C., Boyle, C., Smith, M. & Phillips, J. P. (2020). Fair allocation of scarce medical resources in the time of Covid-19. *New England Journal of Medicine, 382*(21), 2049–2055. https://doi.org/10.1056/NEJMsb2005114

Gelinsky, K. (2020). *Triage Recommendations: A Cross-Border Perspective – A Survey of European Intensive Care Physician.* Konrad Adenauer Stiftung.

Hainmueller, J., Hopkins, D. J. & Yamamoto, T. (2014). Causal inference in conjoint analysis: Understanding multidimensional choices via stated preference experiments. *Political analysis, 22*(1), 1–30. https://doi.org/10.1093/pan/mpt024

Joebges, S. & Biller-Andorno, N. (2020). Ethics guidelines on COVID-19 triage – an emerging international consensus. *Critical care, 24*(1), 201. https://doi.org/10.1186/s13054-020-02927-1

Ein moderiertes Mediationsmodell zur Erklärung der Beziehung zwischen Risikogruppenzugehörigkeit, Wahrnehmung der Bedrohung, Wissen und Einhaltung der COVID-19-Verhaltensmaßnahmen[1]

Sebastian Sattler, Shannon Taflinger, André Ernst, Fabian Hasselhorn

Summary

Background: COVID-19 is a threat to individual and global health, thus, reducing the disease's spread is of significant importance. However, adherence to behavioral measures against the spread of COVID-19 is not universal, even within vulnerable populations who are at higher risk of exposure to the virus or severe COVID-19 infection. Therefore, this study investigates how risk-group membership relates to adherence to COVID-19 behavioral measures, whether perceived threat of COVID-19 is a mechanism explaining this relationship, and whether knowledge about COVID-19 moderates these effects.

Methods: We conducted a web-based survey (N = 4,096) representative of the adult population in Germany with regard to gender, age (18 to 74), and province. Therein, we assessed risk group membership with two indicators (risk of exposure to COVID-19 and risk of severe COVID-19 infection), perceived COVID-19 threat with the Perceived Coronavirus Threat Questionnaire, knowledge about COVID-19 with a knowledge test; and adherence to six behavioral measures to protect against the spread of COVID-19 (e.g., keeping distance, using mouth-nose protection, and following contact restrictions). We used moderated mediation models to test whether perceived threat mediates the relationship between risk-group membership and adherence and whether knowledge about COVID-19 moderates this relationship.

Results: We found that risk group members had more perceived COVID-19 threat and that knowledge about COVID-19 increased perceived threat. Moreover, risk group membership had a positive direct effect on adherence to most behavioral

---

[1] Dieser Artikel stellt eine Übersetzung dieses Aufsatzes dar: Sattler, Sebastian, Taflinger, Shannon, Ernst, André, Hasselhorn, Fabian (2022). A Moderated Mediation Model Explaining the Relationship between Risk-Group Membership, Threat Perception, Knowledge, and Adherence to COVID-19 Behavioral Measures. *Frontiers in Public Health* 10: 842368. https://doi.org/10.3389/fpubh.2022.842368. Diese Verwertung deckt sich mit der Verwendungslizenz beim Frontiers-Verlag.

measures and risk group members with less knowledge about COVID-19 violated measures more frequently. Risk-group membership also had positive indirect effects on adherence via perceived COVID-19 threat. The moderated indirect effects of threat indicate that threat led to more adherence when knowledge was low, but lost relevance as knowledge increased.

Conclusion: The results may help to evaluate disease-regulation measures and to combat the pandemic more effectively. For example, increasing COVID-19 knowledge in the general population could increase adherence to COVID-19 behavioral measures. However, policy makers should be mindful that this could also have negative mental health implications as knowledge increases perceived COVID-19 threat.

1 Einleitung

Seit seinem Auftreten 2019 ist das Coronavirus (COVID-19) weltweit eine Bedrohung für das Leben von Menschen. Seit 1. Juli 2021 gab es 274 Millionen bestätigte COVID-19-Fälle und 5,3 Millionen Todesfälle weltweit (Weltgesundheitsorganisation, 2021). Des Weiteren leiden etwa 20 % der Infizierten unter anhaltenden Gesundheitsproblemen, wie geschädigte Lungen, Depressionen und Erschöpfung (Huang et al., 2021). Obwohl die Langzeitfolgen von COVID-19 für die Gesundheit noch weitgehend unbekannt sind, hat die Weltgesundheitsorganisation „Long COVID" als lange andauernden und schwächenden Zustand mit Symptomen wie Kurzatmigkeit und kognitiver Dysfunktion anerkannt (Rajan et al., 2021).

Bis vor Kurzem gab es noch keine Impfungen, um COVID-19 vorzubeugen. Deshalb war es in vielen Ländern verpflichtend, an öffentlichen Orten Masken zu tragen; Geschäfte, Restaurants, Schulen und Staatsgrenzen wurden geschlossen, und der Bevölkerung war es nur für unverzichtbare Zwecke erlaubt, ihr Zuhause zu verlassen (Hale et al., 2021). Die sozialen und wirtschaftlichen Kosten solcher Maßnahmen betreffen unter anderem negative Auswirkungen auf den Schulerfolg von Schüler*innen (Engzell et al., 2021), Kurzarbeit sowie Arbeitsplatzverlust (Internationale Arbeitsorganisation, 2021). Infolgedessen haben Länder mehrere Milliarden Dollar ausgegeben, um ihre Wirtschaft und Gesundheitssysteme zu unterstützen (Committee for a Responsible Budget, 2021; National Audit Office, 2021).

Andauernde Impfskepsis (Cascini et al., 2021), neu auftretende Virusvarianten (Europäisches Zentrum für die Prävention und die Kontrolle von Krankheiten, 2021) und die Tatsache, dass 20 Prozent der COVID-19-Infektionen nicht zur Bildung von Antikörpern führten (Gattinger et al., 2021), erforderte Verhaltensmaßnahmen, um die Verbreitung des Virus zu verlangsamen und weitere Todesfälle zu vermeiden. Solche Maßnahmen beinhalteten unter anderem eine Maskenpflicht, Hygieneempfehlungen und Kontaktbeschränkungen. Obwohl Verhaltensmaßnahmen geringere Kosten verursachen als umfassende Lockdowns, werden diese national und international nicht von allen befolgt (Margraf et al., 2020). Die Nichteinhaltung der präventiven Verhaltensmaßnahmen ging einher mit einem Anstieg der COVID-19-Infektionszahl (Fischer et al., 2021). Daher ist es notwendig, dass politische Entscheidungsträger*innen die Motivation für die Befolgung der Verhaltensmaßnahmen verstehen, um so effektive Strategien für Gesundheitskampagnen für die aktuelle, aber auch für zukünftige Pandemien entwickeln zu können (Jørgensen et al., 2021).

Die Befolgung der Maßnahmen von Personen mit besonders hohem COVID-19-Expositionsrisiko (z. B. Fachkräfte in Krankenhäusern oder Schulen) bzw. von Personen, die ein erhöhtes Risiko für einen schweren Verlaufs bei einer COVID-19-Infektion haben (z. B. Personen, die unter Diabetes oder einer Herzerkrankung leiden), ist besonders wichtig. Die erste Gruppe wird möglicherweise eher infiziert bzw. infiziert andere (aufgrund ihrer sozio-strukturellen Position), wohingegen die zweite Gruppe im Falle einer Infektion wahrscheinlicher schwere und potenziell tödliche gesundheitliche Folgen erleidet. Studien über die Beziehung von erhöhtem Risiko und der Einhaltung von präventiven Verhaltensmaßnahmen lieferten heterogene Befunde, Es zeigten sich positive (Dohle et al., 2020; Margraf et al., 2020), nicht-signifikante (Gouin et al., 2021) sowie negative Effekte (Czeisler et al., 2020; Gouin et al., 2021). Ein möglicher Grund für die negativen Effekte des Expositionsrisikos (bei Fachkräften) auf die Einhaltung könnte darin begründet sein, dass entsprechende Studien sich auf „physische Distanzierung" bezogen, die für viele Fachkräfte nicht umzusetzen ist. Um ein besseres Verständnis der Beziehung zwischen der Risikogruppenangehörigkeit und der Einhaltung von präventiven Verhaltensmaßnahmen sowie den Bedingungen, unter welchen solch eine Beziehung variieren könnte, zu erhalten, sollten weitere Verhaltensmaßnahmen untersucht werden und es sollten allgemeine Bevölkerungsstichproben verwendet werden.

Angesichts der Gesundheitsrisiken bzw. auch des Riskos zu sterben, die Personen mit Expositionsrisiko oder dem Risiko einer schweren Infektion ausgesetzt sind (z. B. Verbreitung des Virus und Krankenhausaufenthalt oder Tod im Falle einer Infektion), ist es wahrscheinlich, dass Personen, die sich ihres höheren Risikos bewusst sind, COVID-19 als Bedrohung ansehen. Eine solche wahrgenommene Bedrohung führt wiederum oft zu Gefühlen der Angst, Furcht oder Sorge (Lazarus & Folkman, 1984). Dementsprechend kann davon ausgegangen werden, dass Gesundheitspersonal, das direkt mit COVID-19-Patient*innen arbeitet und dadurch ein höheres Expositionsrisiko hat, an einem höheren Angstniveau leidet als Gesundheitspersonal ohne solche Kontakt (Lai et al., 2020; Qi et al., 2020). Auch Personen mit einer schlechteren selbsteingeschätzten Gesundheit – und somit einem erhöhten Risiko einer schweren COVID-19-Infektion – leiden unter mehr Stress und Angst (C. Wang et al., 2020). Mehrere Studien haben einen Zusammenhang zwischen dem wahrgenommenen Risiko und Angst bzw. Furcht in Bezug auf

COVID-19 festgestellt. Lin et al. (2020) fanden beispielsweise, dass Personen, die berichteten, schwerer von COVID-19 betroffen oder anfälliger dafür zu sein, mehr Angst haben. Sloan et al. (2021) zeigten hingegen einen Zusammenhang zwischen dem wahrgenommenen Risiko zu sterben und persönlicher Angst in Bezug auf COVID-19, während Winter et al. (2020) einen positive Zusammenhang zwischen der wahrgenommenen Krankheitsanfälligkeit und Furcht vor COVID-19 beobachteten.

Dabei kann davon ausgegangen werden, dass Angst eine adaptive Antwort ist, die Personen dabei hilft, potenzielle Bedrohungen zu entdecken und sich vor ihnen zu schützen (Perkins & Corr, 2014). Im Kontext der COVID-19-Pandemie könnte Angst in Bezug auf COVID-19 in ähnlicher Weise dazu führen, dass Situationen, in denen eine Infektion wahrscheinlich ist, vermieden bzw. präventive Maßnahmen eingehalten werden. Somit kann die Regelbefolgung als eine Art problembezogene Bewältigungsstrategie (Lazarus & Folkman, 1984) angesehen werden, die die Wahrscheinlichkeit, sich mit dem Virus anzustecken bzw. es weiterzugeben, reduziert. Mehrere Studien fanden beispielsweise einen Zusammenhang zwischen Angst, Sorge, Furcht und Verhaltensveränderungen bzw. dem Befolgen von COVID-19-Verhaltensmaßnahmen (Harper et al., 2020; Jørgensen et al., 2021; Winter et al., 2020). Daher liegt es nahe, dass Personen, die sich selbst als gefährdet einschätzen oder sich durch das Virus bedroht fühlen wahrscheinlicher Verhaltensmaßnahmen einhalten (J. Wang et al., 2021).

Angesichts früherer Erkenntnisse bezüglich des Zusammenhangs zwischen der Gefährdung und der Einhaltung von Präventionsmaßnahmen, der Gefährdung und der Angst sowie Angst und Einhaltung solche Maßnahmen im Kontext von COVID-19, untersuchen wir in der vorliegenden Studie 1. ob Personen mit COVID-19-Expositionsrisiko oder dem Risiko einer schweren COVID-19-Infektion sich öfter an COVID-19-Verhaltensmaßnahmen halten als die übrige Bevölkerung, und 2. ob die wahrgenommene Bedrohung durch COVID-19 die Beziehung zwischen Risikogruppenzugehörigkeit und der Einhaltung von Verhaltensmaßnahmen mediiert. Um besser zu verstehen, wie sich die Risikogruppenzugehörigkeit über die wahrgenommene COVID-19-Bedrohung auf die Einhaltung auswirkt, untersuchen wir außerdem den moderierenden Einfluss des Wissens über COVID-19. Dabei untersuchen wir, ob eine wahrgenommene Bedrohung nötig ist, um den empfohlenen COVID-19-Verhaltensmaßnahmen zu folgen, wenn zugleich umfassendes Wissen über COVID-19 vorhanden ist. Dieser mögliche Moderationseffekt ist insofern interessant, als dass Wissen gegebenenfalls durch Interventionen, wie öffentliche Gesundheitskampagnen, beeinflusst werden kann (Anker et al., 2016).

Frühere Studien im Kontext der COVID-19-Pandemie zeigten bereits, dass das Wissen über das Virus einhergeht mit der Einhaltung der Verhaltensmaßnahmen (Al-Hasan et al., 2020; Ning et al., 2020) sowie mit einer gesteigerten wahrgenommenen Wirksamkeit von Präventionsmaßnahmen (Lee et al., 2021). Da eine gesteigerte wahrgenommene Wirksamkeit die wahrgenommene Bedrohung senken dürfte (Lazarus & Folkman, 1984), kann davon ausgegangen werden, dass sich Personen, die das Virus, seine Symptome, Folgen und die Arten, wie sie sich selbst schützen können, besser verstehen, wahrscheinlich weniger Angst bzw. Sorge in Bezug auf COVID-19 empfinden als aufgrund ihrer bloßen Risikogruppenzugehörigkeit anzunehmen wäre. Tan et al. (2020) haben in diesem Kontext darauf hingewiesen, dass Wissen über das Virus eine wichtige Rolle für die Minderung von Furcht spielt, die die gesteigerte Angst von nicht-medizinischem Gesundheitspersonal im Vergleich zu medizinischem Gesundheitspersonal erklären kann. Daher hat diese Studie das Ziel zu untersuchen, ob Wissen über COVID-19 die Auswirkungen der Risikogruppenzugehörigkeit auf die wahrgenommene Bedrohung durch COVID-19 reduziert.

Wissen über COVID-19 könnte auch die Auswirkung der wahrgenommenen COVID-19-Bedrohung auf die Einhaltung moderieren. Solche Auswirkungen sind bereits aus anderen Kontexten bekannt. So fanden etwa Nabi et al. (2008), dass die Auswirkung von Furcht auf eine beabsichtigte Krebsprävention im Falle von Personen mit geringerem Wissen über Krebs höher war. Die Auswirkungen von Furcht auf das Verhalten wurden mit zunehmendem Wissen geringer. Daher ist die Frage, welche Rolle Angst generell für die Einhaltung von Regeln spielt und ob umfassendes Wissen nicht ähnliche Verhaltensänderungen anregen kann. Folglich zielt unsere Studie darauf ab zu testen, ob Wissen über COVID-19 den Zusammenhang zwischen wahrgenommener COVID-19-Bedrohung und einer Einhaltung der Verhaltensmaßnahmen moderiert.

Zusätzlich untersucht die Studie, ob direkte Effekte auf die Einhaltung, die nicht durch die wahrgenommene COVID-19-Bedrohung mediiert sind, je nach Wissen über COVID-19 variieren. Da frühere Untersuchungen zeigten, dass das Lesen von öffentlichen Gesundheitsinformationen über empfohlene Verhaltensweisen zum Selbstschutz mit einer höheren Verhaltensänderung, aber nicht mit gesteigerter Angst, einhergeht (Vally, 2020), halten sich Risikogruppenzugehörige mit mehr Wissen über COVID-19 möglicherweise öfter an Maßnahmen, ohne eine gesteigerte wahrgenommene COVID-19-Bedrohung zu empfinden. Des Weiteren steht Wissen über COVID-19 in Verbindung mit der wahrgenommenen Wirksamkeit der Verhaltensmaßnahmen (Lee et al., 2021), wodurch Risikogruppenzugehörige mit umfassenderem Wissen über COVID-19 möglicherweise glauben, dass Verhaltensempfehlungen effektiver sind und diese dadurch freiwillig befolgen, ohne dass sie eine gesteigerte COVID-19-Bedrohung wahrnehmen. Infolgedessen möchten wir auch untersuchen, ob der direkte Effekt der Risikogruppenzugehörigkeit auf die Einhaltung der Maßnahmen durch Wissen über COVID-19 moderiert wird.

Ziele dieser Studie

Diese Studie zielt darauf ab, zu verstehen, wie Risikogruppenzugehörigkeit sich auf die Einhaltung von sechs präventiven COVID-19-Verhaltensmaßnahmen auswirkt, welche vom Robert-Koch-Institut (RKI), die eine, der zentralsten Einrichtungen der deutschen Bundesregierung auf dem Gebiet der Krankheitsüberwachung und -prävention ist, empfohlen werden. Wir untersuchen dabei zwei Risikokategorien – das Expositionsrisiko und das Risiko einer schweren Infektion. Zu diesem Zweck haben wir eine webbasierte Studie mit einer relativ großen Stichprobe durchgeführt, welche repräsentativ für die erwachsene Bevölkerung Deutschlands ist. Im Folgenden testen wir ein moderiertes Mediationsmodell, welches den Zusammenhang zwischen Risikogruppenzugehörigkeit und Einhaltung von COVID-19-Verhaltensmaßnahmen modelliert, und untersuchten, ob dieser Zusammenhang durch die wahrgenommene COVID-19-Bedrohung mediiert bzw. durch Wissen über COVID-19 moderiert wird (siehe Abbildung 1 für eine Übersicht über die untersuchten Zusammenhänge).

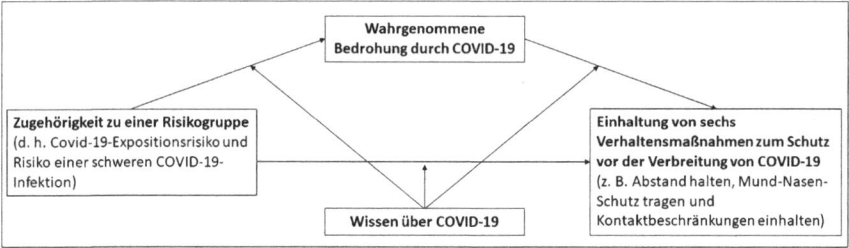

Abbildung 1 Überblick über die untersuchten Beziehungen (Darstellung durch die Autoren).

2 Methoden

2.1 Teilnehmer*innen und Untersuchungsdesign

Wir haben 4.856 in Deutschland lebende erwachsene Teilnehmer*innen für eine Online-Umfrage über die Umfrageplattform „respondi Online Panel" rekrutiert. Dies ist ein aktiv gepflegtes Marktforschungspanel, bei der die Teilnahme freiwillig ist. Das Panel verwendet zudem eine Double-Opt-In-Registrierung.[2] Mitglieder

---

2 Das Panel ist durch einen aufwändigen Bewertungs- und Kontrollprozess einer kontinuierlichen Qualitätskontrolle unterworfen.

des Panels wurden per E-Mail eingeladen; in der E-Mail wurde das Thema nicht genannt, was eine selektive Teilnahme aufgrund des Themas reduzieren dürfte. Die Daten wurden zwischen dem 16. und 29. Dezember 2020 erhoben. Zu der Zeit befand sich Deutschland in einem Lockdown (beispielsweise waren in der Zeit lebensnotwendige Geschäfte und Dienstleistungsbetriebe geschlossen). Um die Repräsentativität zu erhöhen, haben wir eine für die deutsche Bevölkerung repräsentative Quotenstichprobe werden (repräsentativ hinsichtlich Geschlecht, Alter (18–74) und Bundesland). Zur Erhöhung der Datensicherheit werden personenbezogene Daten (die nur den Panelbetreiber vorliegen) und Antworten der Befragung gemäß den deutschen Datenschutzrichtlinien separat gespeichert.

Insgesamt haben 4.716 Teilnehmende (97,1 %) ihr Einverständnis erklärt und konnten daher an der Studie teilnehmen. Aufgrund fehlender Daten bezüglich der Variablen im statistischen Modell besteht das Analysesample aus 4.096 Teilnehmenden. Davon war etwa jede zweite Person weiblich (49,4 %); das Durchschnittsalter lag bei 45,48 Jahren (Median: 46). Teilnehmende, die die Umfrage vollständig ausgefüllt haben, erhielten eine kleine Prämie (€ 0,40). Die Ethikkommission der Wirtschafts- und Sozialwissenschaftlichen Fakultät der Universität zu Köln erteilte ein positives Ethikvotum für die Studie (Referenznummer: 200015 DM_extension).

2.2 Erhebungsinstrumente

Einhaltung von Verhaltensmaßnahmen: Wir haben erfasst ein welchem Maße sich die Befragten an Verhaltensmaßnahmen gegen die Verbreitung von COVID-19 halten. Dafür verwendeten wir die Maßnahmen, die von der deutschen Regierung empfohlen bzw. vorgeschrieben wurden sowie die AHA+L+A-Regeln, die vom RKI (Robert-Koch-Institut, 2020) empfohlen wurden, nämlich 1) *Abstand halten* (wo vorgeschrieben), 2) *Mund-Nasen-Schutz verwenden* (wo vorgeschrieben), 3) *Hygieneregeln einhalten* (z. B. Hände desinfizieren), 4) *Kontaktbeschränkungen einhalten* (z. B. nicht mehr Menschen treffen als erlaubt ist), 5) *eine Corona-App verwenden*[3], und 6) *Räume regelmäßig lüften*. Die Antworten wurden auf einer Skala von „nie" [0] bis „immer" [7] bewertet. Für ein ähnliches Vorgehen siehe z. B. Lee et al. (2021).

Risikogruppe: Um die selbst eingeschätzte Risikogruppenzugehörigkeit zu erfassen, verwendeten wir zwei Indikatoren. Deren Bedeutung wurde den Befragten mit Beispielen erläutert. Zunächst wurde das erhöhte COVID-19-Expositionsri-

---

3 In Deutschland gibt es Smartphone-Apps (z. B. Corona-Warn-App), welche die Benutzer*innen warnen, wenn sie in Kontakt mit einer Person waren, die kürzlich positiv auf COVID-19 getestet wurde.

siko anhand der Frage: „Sehen Sie sich selbst als Teil einer Risikogruppe bezüglich einer Corona-Ansteckung (z. B. weil Sie im Krankenhaus oder in einer Schule arbeiten)?" erfasst (in Anlehnung an Czeisler et al., 2020; Gouin et al., 2021). Der zweite Indikator erfasst das Risiko eines schweren Krankheitsverlaufs mit der Frage: „Sehen Sie sich selbst als Teil einer Risikogruppe bezüglich eines schweren Verlaufs im Falle einer Corona-Ansteckung (z. B. weil Sie an Diabetes, einer Lungen- oder einer Herzerkrankung leiden)?" (in Anlehnung an Gouin et al., 2021; Margraf et al., 2020). Die Antwortmöglichkeiten waren jeweils „nein" [0] und „ja" [1].

Wahrgenommene Bedrohung durch COVID-19: Wir verwendeten fünf Items aus dem Perceived Coronavirus Threat Questionnaire (Conway III et al., 2020), um zu erfassen, wie bedroht bzw. besorgt sich Personen durch bzw. wegen COVID-19 fühlten (ein Beispiel-Item lautet: „Ich fürchte mich vor dem Coronavirus"). Die Antwortoptionen reichten von „trifft überhaupt nicht zu" [0] bis zu „trifft absolut zu" [7]. Die Reliabilität der Skala kann als gut angesehen werden (Cronbachs $\alpha = 0{,}86$). Der Durchschnitt der Items wurde über die „rowmean"-Funktion von Stata berechnet. Um die Interpretation zu erleichtern und eine bessere Vergleichbarkeit der Effekte zu ermöglichen, wurde diese Variable standardisiert (d. h. durch Subtraktion des Mittelwerts von jedem Wert und Division durch die Standardabweichung). Dadurch ergibt sich ein Mittelwert von Null und eine Standardabweichung von eins.

Wissen über COVID-19: Den Befragten wurden acht Ja-Nein-Fragen bezüglich ihres Wissens über COVID-19 gestellt. Diese Fragen lauteten: "Ist trockener Husten ein Symptom von Corona?"; „Schützt Alkoholkonsum vor Corona?"; „Wird bei der Einnahme einer hohen Dosis Vitamin C das Virus getötet?"; „Haben Menschen mit Herz-Kreislauf-Erkrankungen ein erhöhtes Risiko für einen schweren Krankheitsverlauf von Corona?"; „Sind Antibiotika wirksam bei der Behandlung von Corona?"; „Verbreiten 5G-Mobilfunknetze Corona?"; „Wird Corona durch ein Bakterium verursacht?"; und „Erholt sich die Mehrheit der mit Corona infizierten Menschen wieder davon?". Die richtigen Antworten wurden aufsummiert (und ergaben Summen von 0 bis 8). Diese Variable wurde ebenfalls standardisiert (vergleiche oben).

2.3 Statistische Analyse

Wir verwendeten moderierte Mediationsmodelle mittels des SPSS-Makros PROCESS (Model 59) (Hayes, 2017), um zu testen, ob Wissen über COVID-19 den Effekt einer Risikogruppenzugehörigkeit auf die wahrgenommene COVID-19-Bedrohung und die Einhaltung von Maßnahmen und zusätzlich den Effekt der wahrgenommenen COVID-19-Bedrohung auf die Einhaltung von Maßnahmen negativ moderiert (siehe Abbildung 1). Dafür haben wir insgesamt 14 Modelle getestet:

zwei Mediationsmodelle getrennt nach Risikogruppenzugehörigkeit (Expositionsrisiko und Risiko eines schweren Verlaufs) auf die wahrgenommene Bedrohung und weitere 12 Modelle für die sechs abhängigen Variablen in Abhängigkeit der zwei Mediatoren (Effekt der Risikogruppe auf die Einhaltung von Maßnahmen, über die wahrgenommene COVID-19-Bedrohung). Für die Analyse der indirekten Effekte wurde ein 95%-Bootstrap-Konfidenzintervall (95 % KI_{Boot}) (N = 10.000)[4] verwendet, wobei ein 95 % KI_{Boot}, das Null nicht beinhaltet, auf einen statistisch signifikanten Effekt hinweist. Die bedingten direkten und indirekten Effekte der Zugehörigkeit zu einer Risikogruppe wurden für drei verschiedene Werten berechnet („niedrig" bei einer Standardabweichung unter dem Mittelwert, „durchschnittlich" beim Mittelwert und „hoch" bei einer Standardabweichung über dem Mittelwert für die COVID-19-Bedrohung und beim höchsten gemessenen Wert für das Wissen über COVID-19[5]). Die bedingten Effekte und Konfidenzintervalle wurden gemäß der Johnson-Neyman-Methode (Johnson & Neyman, 1936; Preacher et al., 2007) dargestellt. Johnson-Neyman-Plots visualisieren Interaktionseffekte und stellen bedingte Effekte der Hauptvariable (X) auf die abhängige Variable (Y) über die gesamte Breite der Werte des Moderators (Z) dar. Der Plot zeigt das 95%-Konfidenzintervall über und unter dem vorhergesagten bedingten Effekt, wodurch gezeigt wird, bei welchen Z-Werten Unterschiede in X statistisch signifikant sind. Effekte sind statistisch signifikant, wenn die Konfidenzintervalle positiv oder negativ sind, also keine Null enthalten. Dadurch konnten wir den Effekt von Wissen über COVID-19 untersuchen.

Zuerst werden die Modelle präsentiert, welche die Effekte des COVID-19-Expositionsrisikos und des des Risikos einer schweren COVID-19-Infektion auf den Mediator testen. Dabei wird auch die moderierende Rolle des Wissens über COVID-19 berücksichtigt. Danach werden Modelle präsentiert, welche die Effekte jeder Risikogruppe und der COVID-19-Bedrohung auf die Einhaltung von Verhaltensmaßnahmen untersuchen, und wie diese durch Wissen über COVID-19 moderiert werden. Dabei werden auch bedingte indirekte Effekte betrachtet. Da die Risikogruppenzugehörigkeit (Koebe et al., 2020; Rommel et al., 2021), die wahrgenommene Bedrohung und Angst vor COVID-19 (Niño et al., 2021; Parlapani et al., 2020) sowie die Einhaltung der COVID-19-Verhaltensmaßnahmen (Dohle et al., 2020; Margraf et al., 2020) nach Geschlecht und Alter variiert, wurde für beide Variablen in allen Modellen kontrolliert. Die Daten zu diesem Artikel sind hier abrufbar: Sattler et al. (2022).

---

[4] Durch Bootstrapping werden die Effekte von Variablen so geschätzt, dass die Teststärke maximiert wird. Es ist robust gegen nicht normal verteilte Ereignisse.

[5] Umfangreiches Wissen bezieht sich auf den Maximalwert 1 (weil eine Standardabweichung über dem Mittelwert liegt über dem aufgezeichneten Maximalwert der Daten).

3 Ergebnisse

3.1 Deskriptive Erkenntnisse

Wie Tabelle 1 zeigt, hielten sich die Teilnehmenden am häufigsten an die Vorgabe eine Maske zu tragen, gefolgt von den Abstandsregelungen. Die Nutzung einer Corona-App war hingegen vergleichsweise selten. Etwa jede*r fünfte Teilnehmende (18,46%) nahm sich selbst als einem Expositionsrisiko ausgesetzt wahr, während beinahe jede*r dritte (30,01%) für sich das Risiko einer schweren Infektion sah. Jede*r zwanzigste Teilnehmende (4,98%) befand sich im untersten Perzentil bezüglich COVID-19-Bedrohung und etwa doppelt so viele (9,67%) befanden sich im obersten Perzentil. Mehr als die Hälfte der Teilnehmenden (51,83%) beantwortete alle Wissensfragen korrekt.

Tabelle 1 Deskriptive Informationen (N = 4.096, Darstellung durch die Autoren)

	Mittelwert	Standardabweichung	Min.	Max.
Abstandhalten	6,26	1,172	0	7
Mund-Nasen-Schutz	6,65	0,994	0	7
Hygieneregeln	5,97	1,496	0	7
Kontaktbeschränkungen	6,07	1,484	0	7
Corona-App	3,07	3,237	0	7
Raumbelüftung	5,68	1,674	0	7
Expositionsrisiko	0,18	0,388	0	1
Risiko einer schweren COVID-19-Infektion	0,30	0,457	0	1
Wissen über COVID-19 (standardisiert)	0,90	0,149	0	1
COVID-19-Bedrohung (standardisiert)	0,57	0,251	0	1

Tabelle 2 Paarweise Pearson's Korrelationskoeffizienten (N = 4.096, Darstellung durch die Autoren).

	Paarweise Korrelationen				
	1)	2)	3)	4)	5)
1) Abstandhalten					
2) Mund-Nasen-Schutz	0,662**				
3) Hygieneregeln	0,580**	0,479**			
4) Kontaktbeschränkungen	0,635**	0,533**	0,562**		
5) Corona-App	0,113**	0,086**	0,148**	0,153**	
6) Raumbelüftung	0,472**	0,386**	0,544**	0,504**	0,206**

Anmerkungen: **$p < 0,01$.

In Tabelle 2 zeigen sich positive Korrelationen zwischen allen untersuchten Verhaltensmaßnahmen. Die Zusammenhänge waren jedoch moderat. Eine Ausnahme stellt die Verwendung der Corona-App dar, welche nur schwach mit den anderen Maßnahmen zusammenhing.

3.2 COVID-19-Expositionsrisiko

Modell 1 in Tabelle 3 zeigt das erste Mediatormodell. Darin wird getestet, inwiefern eine COVID-19-Bedrohung mit der Risikogruppenzugehörigkeit (Expositionsrisiko) und dem Wissen über COVID-19 sowie einem Interaktionseffekt zwischen beiden Variablen zusammenhängt. Dabei zeigt sich ein statistisch signifikanter, positiv bedingter Haupteffekt der Risikogruppenzugehörigkeit und des Wissens über COVID-19 sowie ein statistisch signifikanter negativer Interaktionseffekt.

Tabelle 3 Mediatorvariablenmodelle des bedingten Mediationsmodells (N = 4.096, Darstellung durch die Autoren)[a].

	Modell 1: Expositionsrisiko			Modell 2: Risiko einer schweren COVID-19-Infektion		
	Effekt	*SE*	*95%-KI*	*Effekt*	*SE*	*95%-KI*
Mediatorvariablenmodelle für die abhängige Variable „COVID-19-Bedrohung"						
Risikogruppe[b]	0,205***	0,048	[0,110;0,300]	0,144**	0,046	[0,054;0,233]
Wissen über COVID-19	0,148***	0,032	[0,086;0,211]	0,121***	0,033	[0,055;0,186]
Risikogruppe Wissen über COVID-19	–0,169**	0,054	[-0,274;-0,063]	–0,008	0,050	[-0,107;0,090]
Konstante	0,297***	0,030	[0,238;0,357]	0,349***	0,032	[0,287;0,412]
R^2 (F-Test)	0,050 (44,980***)			0,096 (95,763***)		
Bedingter Effekt der Risikogruppe bei unterschiedlichen Werten von Wissen über COVID-19						
Geringes Wissen über COVID-19	0,079***	0,012	[0,055;0,102]	0,137***	0,011	[0,116;0,59]
Mittleres Wissen über COVID-19	0,053***	0,009	[0,035;0,072]	0,136***	0,008	[0,120;0,153]
Hohes Wissen über COVID-19	0,036**	0,011	[0,014;0,058]	0,135***	0,010	[0,116;0,155]

Anmerkungen: [a] *Mittleres Wissen über COVID-19 bezieht sich auf den Mittelwert, wohingegen geringes Wissen eine Standardabweichung unter dem Mittelwert liegt und hohes Wissen dem Maximalwert 1 entspricht (da eine Standardabweichung über dem Mittelwert oberhalb des möglichen Maximalwerts liegen würde).*
[b] *Die jeweilige Risikogruppe ist im jeweiligen Modell angegeben; 95%-KI, 95%-Konfidenzintervall; SE, Standardfehler; Modelle sind kontrolliert für die Variablen Geschlecht und Alter.*
*p < 0,05; **p < 0,01; ***p < 0,001.

Tabelle 4 Abhängiges Variablenmodell des bedingten Mediationsmodells ($N = 4.096$, Darstellung durch die Autoren)[a].

	Modell 3: Abstandhalten			Modell 4: Mund-Nasen-Schutz			Modell 5: Hygieneregeln		
	Effekt	SE	95%-KI	Effekt	SE	95%-KI	Effekt	SE	95%-KI
Abhängiges Variablenmodell									
Expositionsrisiko	−0,828**	0,313	[−1,442;0,214]	−1,009**	0,316	[−1,628;−0,389]	−0,808*	0,338	[−1,470;−0,146]
COVID-19-Bedrohung	4,139***	0,712	[2,743;5,535]	4,369***	0,711	[2,976;5,762]	3,616***	0,784	[2,078;5,154]
Wissen über COVID-19	2,792***	0,526	[1,761;3,823]	3,586***	0,522	[2,562;4,610]	1,592**	0,584	[0,446;2,737]
Risikogruppe* Wissen über CO-VID-19	0,804*	0,336	[0,145;1,463]	1,012**	0,337	[0,352;1,672]	0,891*	0,367	[0,172;1,611]
COVID-19-Bedrohung* Wissen über COVID-19	−3,223***	0,767	[−4,727;−1,718]	−3,897***	0,757	[−5,382;−2,413]	−1,807	0,856	[−3,485;−0,129]
Konstante	2,292***	0,486	[1,338;3,246]	2,620***	0,488	[1,663;3,578]	2,545***	0,533	[1,501;3,590]
Bedingte direkte Effekte des Expositionsrisikos									
Geringes Wissen über COVID-19	−0,227**	0,071	[−0,366;−0,087]	−0,252***	0,070	[−0,390;−0,115]	−0,142	0,078	[−0,295;0,011]
Mittleres Wissen über COVID-19	−0,107**	0,041	[−0,187;−0,027]	−0,101**	0,034	[−0,168;−0,035]	−0,009	0,051	[−0,108;0,091]
Hohes Wissen über COVID-19	−0,024	0,047	[−0,117;0,069]	0,003	0,038	[−0,072;0,078]	0,083	0,060	[−0,035;0,202]
Bedingte direkte Effekte der COVID-19-Bedrohung									
Geringes Wissen über COVID-19	1,729***	0,155	[1,424;2,034]	1,454***	0,157	[1,147;1,762]	2,265***	0,175	[1,922;2,607]
Mittleres Wissen über COVID-19	1,249***	0,082	[1,089;1,409]	0,874***	0,074	[0,728;1,019]	1,995***	0,109	[1,782;2,209]
Hohes Wissen über COVID-19	0,916***	0,099	[0,721;1,111]	0,472***	0,085	[0,306;0,638]	1,809***	0,134	[1,546;2,072]
R^2 (F-Test)	0,201 (94,427***)			0,193 (57,628***)			0,197 (109,252***)		

Ein moderiertes Mediationsmodell

	Effekt	SE (Boot)	95%-KI (Boot)	Effekt	SE (Boot)	95%-KI (Boot)	Effekt	SE (Boot)	95%-KI (Boot)
Bedingte indirekte Effekte des Expositionsrisikos über die COVID-19-Bedrohung									
Geringes Wissen über COVID-19	0,136	0,025	[0,090;0,188]	0,114	0,022	[0,074;0,161]	0,178	0,030	[0,121;0,241]
Mittleres Wissen über COVID-19	0,067	0,013	[0,042;0,093]	0,047	0,009	[0,030;0,066]	0,107	0,020	[0,068;0,147]
Hohes Wissen über COVID-19	0,033	0,011	[0,012;0,056]	0,017	0,006	[0,006;0,031]	0,065	0,021	[0,024;0,109]
	Kontrast	SE (Boot)	95%-KI (Boot)	Kontrast	SE (Boot)	95%-KI (Boot)	Kontrast	SE (Boot)	95%-KI (Boot)
Paarweise Kontraste zwischen bedingten indirekten Effekten des Expositionsrisikos über die COVID-19-Bedrohung									
Mittleres vs. geringes Wissen über COVID-19	−0,069	0,018	[−0,107;−0,036]	−0,068	0,017	[−0,102;−0,037]	−0,071	0,021	[−0,115;−0,031]
Hohes vs. geringes Wissen über COVID-19	−0,103	0,025	[−0,154;−0,056]	−0,097	0,022	[−0,143;−0,056]	−0,113	0,032	[−0,177;−0,051]
Hohes vs. mittleres Wissen über COVID-19	−0,034	0,007	[−0,048;−0,020]	−0,030	0,006	[−0,042;−0,019]	−0,041	0,011	[−0,063;−0,020]

Anmerkungen: $^*p < 0{,}05$; $^{**}p < 0{,}01$; $^{***}p < 0{,}001$.

^{a} *Mittleres Wissen über COVID-19 bezieht sich auf den Mittelwert, wohingegen geringes Wissen eine Standardabweichung unter dem Mittelwert liegt und hohes Wissen dem Maximalwert 1 entspricht (da eine Standardabweichung über dem Mittelwert oberhalb des möglichen Maximalwerts liegen würde); KI, 95 %-Konfidenzintervall; SE, Standardfehler; Boot, Bootstrap-Stichprobengröße = 10.000. Modelle sind kontrolliert für die Variablen Geschlecht und Alter.*

Panel A und B in Abbildung 2 zeigen den bedingten Effekt der Risikogruppe an den niedrigsten und höchsten beobachteten Werten von Wissen über COVID-19. Sie zeigen, dass eine Risikogruppenzugehörigkeit die COVID-19-Bedrohung erhöht, aber dass dieser Effekt mit zunehmendem Wissen über COVID-19 wieder abnimmt. Der Effekt der Risikogruppenzugehörigkeit bei hohem Wissen über COVID-19 nimmt ab, wie Panel B zeigt. Die linke Seite von Panel A lässt auch vermuten, dass Wissen offenbar die COVID-19-Bedrohung in der Nicht-Risikogruppe erhöht, jedoch nicht in der Risikogruppe, wenn das Bedrohungsniveau hoch ist.

Die Modelle mit den Verhaltensmaßnahmen als abhängigen Variablen (Tabellen 4 und 5) testen den bedingten Effekt des Expositionsrisikos auf die Einhaltung dieser Maßnahmen mit der COVID-19-Bedrohung als Mediator- und dem Wissen über COVID-19 als Moderatorvariablen. Bei geringem Bedrohungs- und Wissensniveau führt das Expositionsrisiko zu einer verringerten Einhaltung der Maßnahmen bezüglich Abstandhalten (Modell 3), Mund-Nasen-Schutz tragen (Modell 4) und Hygieneregeln befolgen (Modell 5), wie die statistisch signifikanten, bedingten Haupteffekte des Expositionsrisikos zeigen (zu beachten ist, dass in diesen Modellen für den Mediator COVID-19-Bedrohung kontrolliert wird).

Des Weiteren legen die statistisch signifikanten, positiven Interaktionseffekte zwischen Expositionsrisiko und Wissen über COVID-19 in den Modellen 3–5 nahe, dass der direkte Effekt der Zugehörigkeit zu dieser Risikogruppe auf die Einhaltung der Maßnahmen bezüglich Abstandhalten, Mund-Nasen-Schutz tragen und Hygieneregeln befolgen mit zunehmendem Wissen abnimmt. Das heißt, bei höherem Wissensstand hat das Expositionsrisiko einen stärkeren positiven Effekt auf die Einhaltung der Maßnahmen und der negative, bedingte Effekt des Expositionsrisikos verschwindet (siehe Panel B in Abbildung 3).

Das Expositionsrisiko hat weder statistisch signifikante bedingte Haupteffekte auf die Einhaltung der Maßnahmen bezüglich der Kontaktbeschränkungen (Modell 6) und Raumbelüftung (Model 8), noch bestehen in diesen Modellen statistisch signifikante Interaktionseffekte zwischen dem Expositionsrisiko und Wissen über COVID-19. In Modell 7 zeigt ein statistisch signifikanter, positiver bedingter Haupteffekt des Expositionsrisikos auf die Verwendung einer Corona-App, wenn COVID-19-Bedrohung und Wissen gering waren. Für dieses Verhalten wurde auch ein statistisch signifikanter negativer Interaktionseffekt zwischen dem Expositionsrisiko und Wissen über COVID-19 gefunden.

Abbildung 2 (Darstellung durch die Autoren)

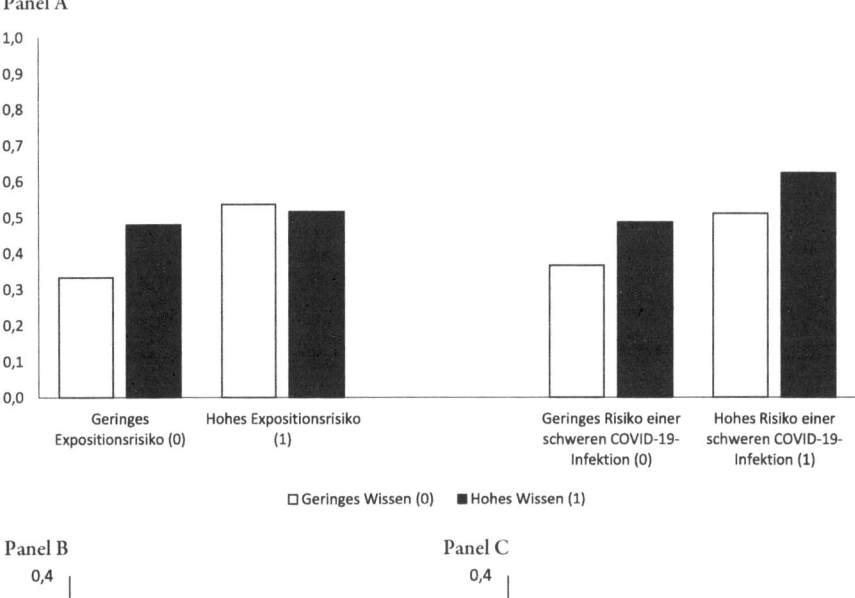

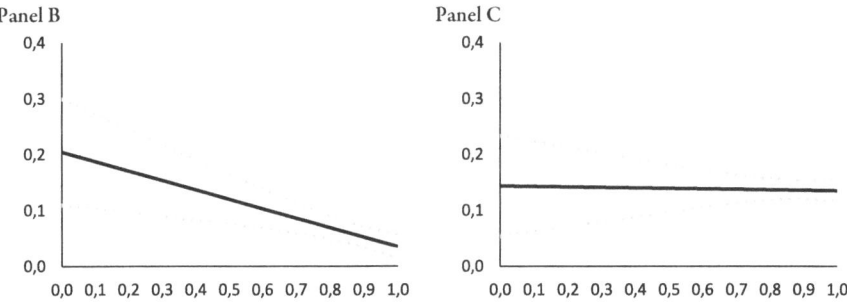

Anmerkungen: Vorhergesagte COVID-19-Bedrohung in Abhängigkeit der Risikogruppenzugehörigkeit (**Panel A**) bei unterschiedlichen Wissensniveaus über COVID-19 und der bedingte Effekt des Expositionsrisikos (**Panel B**) sowie des Risikos einer schweren Infektion (**Panel C**) auf die COVID-19-Bedrohung in Abhängigkeit von Wissen über COVID-19 (basierend auf Modellen 1 und 2 in Tabelle 3, $N = 4.096$). Die vorhergesagten Werte in **Panel A** gelten für Männer im Alter von 18 Jahren. In den **Panels B** und **C** zeigen die durchgehenden, schwarzen Linien (———) den bedingten Effekt der Risikogruppenzugehörigkeit vom niedrigsten (0) zum höchsten (1) Wissensniveau über COVID-19, und die grau gepunkteten Linien (· · ·) geben das obere bzw. untere 95%-Konfidenzintervall an; alle Johnson-Neyman-Werte sind statistisch signifikant ($p < 0,05$).

Tabelle 5 Abhängiges Variablenmodell des bedingten Mediationsmodells (N = 4.096, Darstellung durch die Autoren)[a].

	Modell 6: Kontaktbeschränkungen			Modell 7: Corona-App			Modell 8: Raumbelüftung		
	Effekt	SE	95%-KI	Effekt	SE	95%-KI	Effekt	SE	95%-KI
Abhängiges Variablenmodell									
Expositionsrisiko	−0,211	0,323	[−0,844;0,421]	2,391***	0,560	[1,293;3,489]	−0,426	0,334	[−1,081;0,230]
COVID-19-Bedrohung	4,992***	0,776	[3,470;6,513]	2,892**	0,952	[1,026;4,758]	4,264***	0,781	[2,732;5,796]
Wissen über COVID-19	2,994***	0,573	[1,872;4,117]	2,009***	0,550	[0,930;3,087]	1,899***	0,563	[0,795;3,003]
Risikogruppe·Wissen über COVID-19	0,177	0,352	[−0,513;0,867]	−2,393***	0,635	[−3,639;−1,148]	0,553	0,366	[−0,164;1,269]
COVID-19-Bedrohung·Wissen über COVID-19	−3,277***	0,842	[−4,928;−1,626]	0,076	1,072	[−2,026;2,177]	−2,664**	0,850	[−4,331;−0,997]
Konstante	1,347**	0,524	[0,320;2,375]	0,177	0,489	[−0,783;1,136]	1,898***	0,513	[0,891;2,905]
Bedingte direkte Effekte des Expositionsrisikos									
Geringes Wissen über COVID-19	−0,079	0,074	[−0,225;0,067]	0,601***	0,144	[0,319;0,884]	−0,012	0,080	[−0,170;0,145]
Mittleres Wissen über COVID-19	−0,052	0,050	[−0,150;0,045]	0,245	0,128	[−0,006;0,496]	0,070	0,058	[−0,043;0,183]
Hohes Wissen über COVID-19	−0,034	0,060	[−0,151;0,083]	−0,002	0,154	[−0,305;0,301]	0,127	0,068	[−0,006;0,261]
Bedingte direkte Effekte der COVID-19-Bedrohung									
Geringes Wissen über COVID-19	2,541***	0,175	[2,197;2,885]	2,949***	0,229	[2,501;3,397]	2,272***	0,182	[1,915;2,269]
Mittleres Wissen über COVID-19	2,053***	0,108	[1,842;2,264]	2,960***	0,189	[2,590;3,330]	1,875***	0,121	[1,637;2,113]
Hohes Wissen über COVID-19	1,715***	0,130	[1,461;1,969]	2,968***	0,233	[2,512;3,424]	1,600***	0,144	[1,318;1,883]
R^2 (F-Test)	0,219 (112,318***)			0,064 (52,652***)			0,151 (87,671***)		

Ein moderiertes Mediationsmodell

	Effekt	SE (Boot)	95%-KI (Boot)	Effekt	SE (Boot)	95%-KI (Boot)	Effekt	SE (Boot)	95%-KI (Boot)
Bedingte indirekte Effekte des Expositionsrisikos über die COVID-19-Bedrohung									
Geringes Wissen über COVID-19	0,200	0,034	[0,136;0,269]	0,232	0,039	[0,158;0,313]	0,179	0,032	[0,119;0,244]
Mittleres Wissen über COVID-19	0,110	0,020	[0,071;0,151]	0,158	0,030	[0,102;0,218]	0,100	0,019	[0,064;0,139]
Hohes Wissen über COVID-19	0,062	0,020	[0,024;0,102]	0,107	0,035	[0,041;0,178]	0,058	0,019	[0,022;0,096]
	Kontrast	SE (Boot)	95%-KI (Boot)	Kontrast	SE (Boot)	95%-KI (Boot)	Kontrast	SE (Boot)	95%-KI (Boot)
Paarweise Kontraste zwischen bedingten indirekten Effekten des Expositionsrisikos über die COVID-19-Bedrohung									
Mittleres vs. geringes Wissen über COVID-19	−0,090	0,024	[−0,138;−0,046]	−0,074	0,027	[−0,129;−0,022]	−0,078	0,022	[−0,124;−0,037]
Hohes vs. geringes Wissen über COVID-19	−0,138	0,034	[−0,207;−0,072]	−0,125	0,044	[−0,212;−0,040]	−0,121	0,033	[−0,187;−0,059]
Hohes vs. mittleres Wissen über COVID-19	−0,048	0,011	[−0,069;−0,027]	−0,051	0,017	[−0,085;−0,017]	−0,043	0,010	[−0,063;−0,022]

Anmerkungen: * p < 0,05; ** p < 0,01; *** p < 0,001.
[a] Mittleres Wissen über COVID-19 bezieht sich auf den Mittelwert, wohingegen geringes Wissen eine Standardabweichung unter dem Mittelwert liegt und hohes Wissen dem Maximalwert 1 entspricht (da eine Standardabweichung über dem Mittelwert oberhalb des möglichen Maximalwerts liegen würde); KI, 95%-Konfidenzintervall; SE, Standardfehler; Boot, Bootstrap-Stichprobengröße = 10.000. Modelle sind kontrolliert für die Variablen Geschlecht und Alter.

Abbildung 3 (Darstellung durch die Autoren)
Panel A

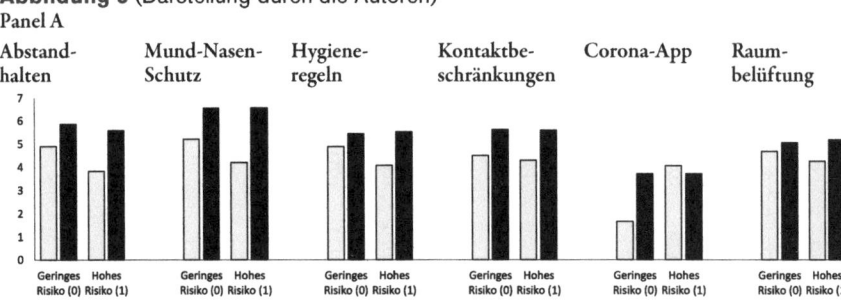

Panel B

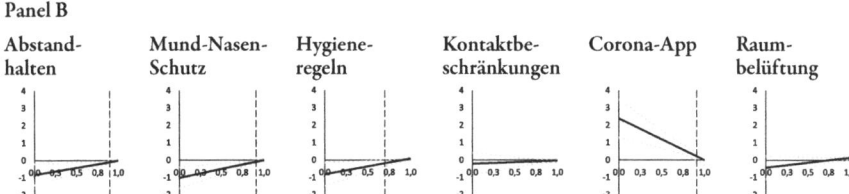

Anmerkungen: Vorhergesagte Befolgung der Maßnahmen in Abhängigkeit des Expositionsrisikos bei unterschiedlichen Wissensniveaus über COVID-19 (**Panel A**) und der bedingte Effekt des Expositionsrisikos in Abhängigkeit von Wissen über COVID-19 (**Panel B**) (basierend auf den Modellen 3 und 8 in den Tabellen 4 und 5, N = 4.096). Die vorhergesagten Werte in **Panel A** gelten für Männer im Alter von 18 Jahren mit mittlerem Bedrohungslevel. In **Panel B** zeigen die durchgehenden, schwarzen Linien (———) den bedingten Effekt der Risikogruppenzugehörigkeit vom niedrigsten (0) zum höchsten (1) Wissensniveau über COVID-19, und die grau gepunkteten Linien (· · ·) geben das obere bzw. untere 95%-Konfidenzintervall an. Die vertikalen, schwarzen, strichlierten Linien kennzeichnen den Johnson-Neyman-Wert des Wissensniveaus, ab welchem der Effekt der Risikogruppenzugehörigkeit statistisch nicht mehr signifikant ist ($p > 0,05$). In den Modellen bezüglich der Kontaktbeschränkungen und der Raumbelüftung ist der Effekt durchgehend statistisch nicht signifikant.

Diese Ergebnisse und die Veranschaulichungen in den Panels A und B der Abbildung 3 legen nahe, dass bei hohem Wissen die Zugehörigkeit zu einer Risikogruppe keinen direkten Effekt hat, wohingegen die Risikogruppenzugehörigkeit bei geringem Wissen die Verwendung einer Corona-App wahrscheinlicher macht.

In allen Modellen hat der Mediator COVID-19-Bedrohung einen statistisch signifikanten, positiven bedingten, direkten Haupteffekt auf die Einhaltung der COVID-19 Verhaltensmaßnahmen, d. h. bei Personen mit geringem Wissen steigt die Einhaltung mit der empfundenen Bedrohung (Panels A und B in Abbildung 4). Dieser positive Effekt wird mit steigendem Wissen über COVID-19 kleiner, wie der statistisch signifikante, negative Interaktionseffekt zwischen COVID-19-Bedrohung und Wissen über COVID-19 zeigt (mit Ausnahme von Modell 7 bezüglich der Verwendung der Corona-App, wo die Bedrohung bei jeglichem Wissensstand einen ähnlichen Effekt hat).

Es wurden auch positive indirekte Effekte des Expositionsrisikos über die COVID-19-Bedrohung auf die Einhaltung der Maßnahmen gefunden (Konfidenzintervalle schließen Null nicht ein). Diese indirekten Effekte werden bei höherem Wissensstand geringer (wie die bedingten, indirekten Effekte und paarweisen Vergleiche zeigen), was die zuvor beschriebenen moderierten Mediationseffekte bestätigt.

3.3 Risiko einer schweren COVID-19-Infektion

Das Mediatormodell in Modell 2 (Tabelle 3) testet die Effekte des Risikos einer schweren COVID-19-Infektion und des Wissens über COVID-19 sowie deren Interaktion auf die COVID-19-Bedrohung. Die Ergebnisse zeigen, dass Personen mit dem Risiko einer schweren COVID-19-Infektion und geringem Wissen und Personen, die nicht zur Risikogruppe gehören mit höherem Wissen über COVID-19, eine erhöhte COVID-19-Bedrohung empfinden (erkennbar an den statistisch signifikanten bedingten Haupteffekten von Risikogruppe und Wissen). Der Effekt des Risikos einer schweren Infektion wird nicht durch Wissen über COVID-19 moderiert (Modell 2). Panels A und C in Abbildung 2 illustrieren diese Effekte.

Die Modelle mit den Verhaltensmaßnahmen als abhängigen Variablen (Tabellen 6 und 7) testen die bedingten Effekte des Risikos einer schweren Infektion auf die Einhaltung dieser Verhaltensmaßnahmen über die COVID-19-Bedrohung. Diese Modelle zeigen, dass das Risiko einer schweren Infektion einen statistisch signifikanten, bedingten, negativen Haupteffekt auf die Einhaltung der Maßnahmen bezüglich Abstandhalten (Modell 9) und Mund-Nasen-Schutz tragen (Modell 10) hat, wenn sowohl COVID-19-Bedrohung als auch Wissen über COVID-19 am niedrigsten sind (unter Konstanthaltung des Mediators COVID-19-Bedrohung). Somit verringert die Risikogruppenzugehörigkeit die Einhaltung der Maßnahmenempfehlungen unter diesen Bedingungen. Die statistisch signifikanten positiven Interaktionseffekte zwischen dem Risiko einer schweren Infektion und Wissen über COVID-19 legen nahe, dass die negativen Effekte auf die Einhaltung der Maßnahmen bezüglich Abstandhalten und Mund-Nasen-Schutz tragen mit zunehmendem Wissen abnehmen.

Panel B in Abbildung 5 zeigt, dass der negative Effekt der Risikogruppenzugehörigkeit auf die Einhaltung dieser Maßnahmen bei hohem Wissensstand quasi nicht mehr vorhanden ist. Die bedingten Haupteffekte der Risikogruppenzugehörigkeit für die Einhaltung der anderen Maßnahmen sind statistisch nicht signifikant (Modelle 11 bis 14, siehe auch Panels A und B in Abbildung 5).

Obwohl der Interaktionseffekt zwischen Risikogruppe und Wissen in Modell 14 statistisch nicht signifikant war, zeigt die Johnson-Neyman-Methode, dass Wissen den Zusammenhang zwischen Risikogruppe und Wissen im Modell zur

Abbildung 4 (Darstellung durch die Autoren)

Panel A

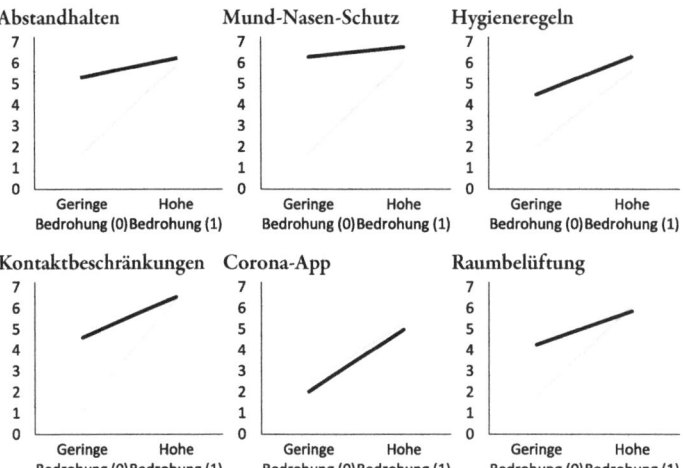

Panel B

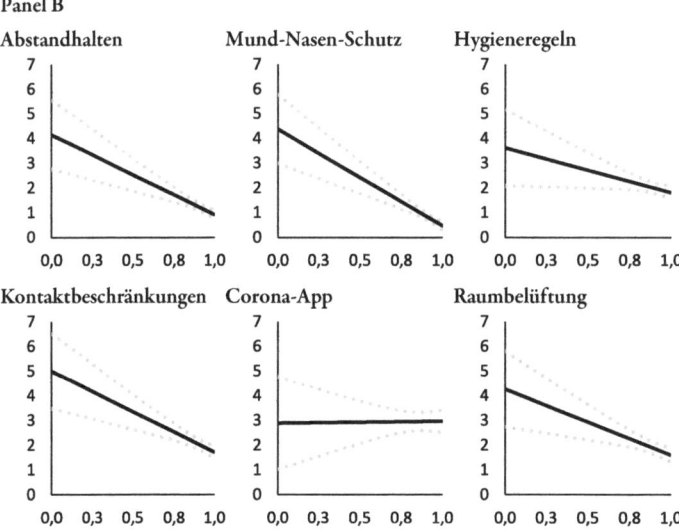

Anmerkungen: Vorhergesagte Befolgung der Maßnahmen in Abhängigkeit der COVID-19-Bedrohung bei unterschiedlichen Wissensniveaus über COVID-19 (**Panel A**) und der bedingte Effekt der COVID-19-Bedrohung in Abhängigkeit von Wissen über COVID-19 in den Expositionsrisiko-Modellen (**Panel B**) (basierend auf den Modellen 3 und 8 in den Tabellen 4 und 5, $N = 4.096$). In **Panel A** zeigen die grauen Linien (———) geringes Wissen (0) und die schwarzen Linien (———) hohes Wissen (1). Die vorhergesagten Werte gelten für Männer im Alter von 18 Jahren mit Expositionsrisiko. In **Panel B** zeigen die durchgehenden, schwarzen Linien (———) den bedingten Effekt der wahrgenommenen COVID-19-Bedrohung vom niedrigsten (0) zum höchsten (1) Wissensniveau über COVID-19, und die grau gepunkteten Linien (· · ·) geben das obere bzw. untere 95%-Konfidenzintervall an; alle Johnson-Neyman-Werte sind statistisch signifikant ($p < 0{,}05$).

Ein moderiertes Mediationsmodell

Abbildung 5 (Darstellung durch die Autoren)

Panel A

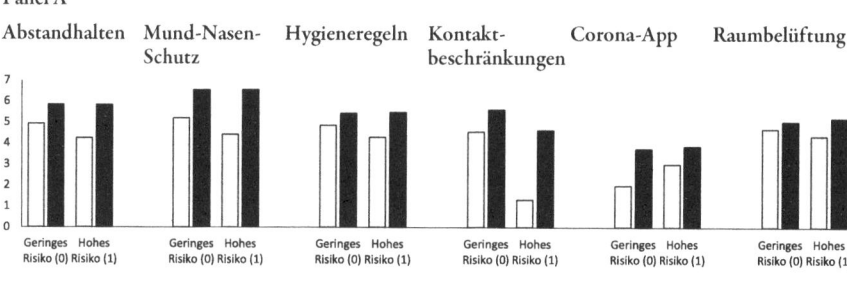

Panel B

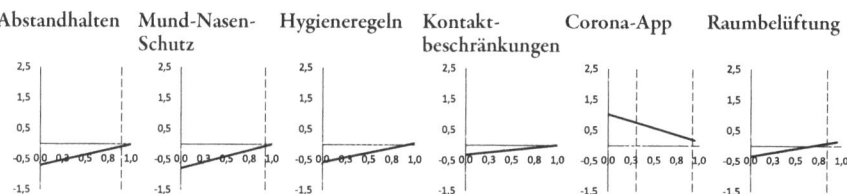

Anmerkungen: Vorhergesagte Befolgung der Maßnahmen in Abhängigkeit des Risikos einer schweren COVID-19-Infektion bei unterschiedlichen Wissensniveaus über COVID-19 (**Panel A**) und der bedingte Effekt des Risikos einer schweren COVID-19-Infektion in Abhängigkeit von Wissen über COVID-19 (**Panel B**) (basierend auf den Modellen 9 und 14 in den Tabellen 6 und 7, $N = 4.096$). Die vorhergesagten Werte in **Panel A** gelten für Männer im Alter von 18 Jahren mit mittlerem Bedrohungslevel. In **Panel B** zeigen die durchgehenden, schwarzen Linien (——) den bedingten Effekt der Risikogruppenzugehörigkeit vom niedrigsten (0) zum höchsten (1) Wissensniveau über COVID-19, und die grau gepunkteten Linien (· · ·) geben das obere bzw. untere 95 %-Konfidenzintervall an. Die vertikalen, schwarzen, strichlierten Linien kennzeichnen den Johnson-Neyman-Wert des Wissensniveaus, ab welchem der Effekt der Risikogruppenzugehörigkeit statistisch nicht mehr signifikant ist ($p > 0,05$). Im Modell bezüglich Corona-App-Nutzung ist der Effekt des Wissensniveaus zwischen den vertikalen, strichlierten Linien statistisch signifikant, wohingegen der Effekt in den Modellen bezüglich Hygieneregeln und Kontaktbeschränkungen durchgehend statistisch nicht signifikant ist.

Raumbelüftung moderieren konnte. Dies ist der Fall, wenn das Wissen über COVID-19 hoch war (d. h. einen Wert über 0,88 hatte). Wissen über COVID-19 spielte auch eine moderierende Rolle bei der Verwendung einer Corona-App, wenn das Wissen Werte zwischen 0,300 und 0,891 aufwies. Diese Ergebnisse und die Panels A und B in Abbildung 5 legen nahe, dass bei höherem Wissen über COVID-19 die Zugehörigkeit zu einer Risikogruppe keinen direkten Effekt hat, wohingegen bei geringerem Wissen die Risikogruppenzugehörigkeit mit einer häufigeren Verwendung einer Corona-App einhergeht.

Tabelle 6 Abhängiges Variablenmodell des bedingten Mediationsmodells ($N = 4.096$, Darstellung durch die Autoren)[a].

	Modell 9: Abstandhalten			Modell 10: Mund-Nasen-Schutz			Modell 11: Hygieneregeln		
	Effekt	SE	95%-KI	Effekt	SE	95%-KI	Effekt	SE	95%-KI
Abhängiges Variablenmodell									
Risiko einer schweren COVID-19-Infektion	−0,693*	0,316	[−1,314;−0,073]	−0,782*	0,303	[−1,377;−0,187]	−0,572	0,319	[−1,197;0,052]
COVID-19-Bedrohung	4,234***	0,732	[2,799;5,668]	4,463***	0,722	[3,048;5,878]	3,686***	0,806	[2,106;5,266]
Wissen über COVID-19	2,819***	0,518	[1,803;3,834]	3,632***	0,516	[2,621;4,643]	1,654**	0,579	[0,519;2,789]
Risikogruppe×Wissen über COVID-19	0,676*	0,341	[0,008;1,344]	0,779*	0,324	[0,144;1,414]	0,623	0,345	[−0,054;1,299]
COVID-19-Bedrohung×Wissen über COVID-19	−3,312***	0,790	[−4,862;−1,763]	−3,989***	0,770	[−5,499;−2,480]	−1,890*	0,881	[−3,617;−0,164]
Konstante	2,231***	0,478	[1,294;3,168]	2,543***	0,482	[1,599;3,487]	2,487***	0,527	[1,454;3,520]
Bedingte direkte Effekte des Risikos einer schweren COVID-19-Infektion									
Geringes Wissen über COVID-19	−0,188**	0,070	[−0,324;−0,051]	−0,199**	0,066	[−0,329;−0,069]	−0,107	0,073	[−0,249;0,035]
Mittleres Wissen über COVID-19	−0,087*	0,037	[−0,160;−0,013]	−0,083**	0,031	[−0,144;−0,022]	−0,014	0,045	[−0,101;0,073]
Hohes Wissen über COVID-19	−0,017	0,045	[−0,105;0,071]	−0,003	0,036	[−0,074;0,068]	0,050	0,053	[−0,054;0,154]
Bedingte direkte Effekte der COVID-19-Bedrohung									
Geringes Wissen über COVID-19	1,756***	0,159	[1,445;2,068]	1,479***	0,159	[1,167;1,791]	2,272***	0,178	[1,923;2,621]
Mittleres Wissen über COVID-19	1,263***	0,084	[1,099;1,427]	0,885***	0,076	[0,736;1,034]	1,990***	0,111	[1,773;2,207]
Hohes Wissen über COVID-19	0,921***	0,103	[0,719;1,124]	0,473***	0,088	[0,302;0,645]	1,795***	0,138	[1,525;2,066]
R^2 (F-Test)	0,200 (93,197***)			0,191 (57,307***)			0,196 (109,987***)		

	Effekt	SE (Boot)	95%-KI (Boot)	Effekt	SE (Boot)	95%-KI (Boot)	Effekt	SE (Boot)	95%-KI (Boot)
Bedingte indirekte Effekte des Risikos einer schweren COVID-19-Infektion über die COVID-19-Bedrohung									
Geringes Wissen über COVID-19	0,241	0,030	[0,186;0,303]	0,203	0,028	[0,152;0,261]	0,312	0,035	[0,247;0,384]
Mittleres Wissen über COVID-19	0,172	0,016	[0,142;0,204]	0,120	0,013	[0,097;0,147]	0,271	0,023	[0,227;0,318]
Hohes Wissen über COVID-19	0,125	0,017	[0,093;0,159]	0,064	0,013	[0,040;0,090]	0,243	0,026	[0,193;0,296]
	Kontrast	SE (Boot)	95%-KI (Boot)	Kontrast	SE (Boot)	95%-KI (Boot)	Kontrast	SE (Boot)	95%-KI (Boot)
Paarweise Kontraste zwischen bedingten indirekten Effekten des Risikos einer schweren COVID-19-Infektion über die COVID-19-Bedrohung									
Mittleres vs. geringes Wissen über COVID-19	−0,069	0,022	[−0,113;−0,028]	−0,083	0,020	[−0,125;−0,045]	−0,041	0,024	[−0,091;0,005]
Hohes vs. geringes Wissen über COVID-19	−0,117	0,034	[−0,184;−0,051]	−0,139	0,031	[−0,204;−0,080]	−0,069	0,039	[−0,149;−0,006]
Hohes vs. mittleres Wissen über COVID-19	−0,047	0,013	[−0,072;−0,022]	−0,056	0,012	[−0,080;−0,034]	−0,028	0,015	[−0,058;0,002]

Anmerkungen: * $p < 0{,}05$; ** $p < 0{,}01$; *** $p < 0{,}001$.

[a] Mittleres Wissen über COVID-19 bezieht sich auf den Mittelwert, wohingegen geringes Wissen eine Standardabweichung unter dem Mittelwert liegt und hohes Wissen dem Maximalwert 1 entspricht (da eine Standardabweichung über dem Mittelwert oberhalb des möglichen Maximalwerts liegen würde); KI, 95 %-Konfidenzintervall; SE, Standardfehler; Boot, Bootstrap-Stichprobengröße = 10.000. Modelle sind kontrolliert für die Variablen Geschlecht und Alter.

Tabelle 7 Abhängiges Variablenmodell des bedingten Mediationsmodells ($N = 4.096$, Darstellung durch die Autoren)[a].

	Modell 12: Kontaktbeschränkungen			Modell 13: Corona-App			Modell 14: Raumbelüftung		
	Effekt	*SE*	*95%-KI*	*Effekt*	*SE*	*95%-KI*	*Effekt*	*SE*	*95%-KI*
Abhängiges Variablenmodell									
Risiko einer schweren COVID-19-Infektion	−0,312	0,305	[−0,909;0,285]	1,023	0,573	[−0,100;2,145]	−0,338	0,333	[−0,992;0,315]
COVID-19-Bedrohung	5,074***	0,793	[3,520;6,629]	3,069**	0,987	[1,134;5,003]	4,348***	0,797	[2,787;5,910]
Wissen über COVID-19	2,984***	0,569	[1,869;4,099]	1,830**	0,558	[0,735;2,925]	1,959***	0,558	[0,865;3,054]
RisikogruppeWissen über COVID-19	0,315	0,332	[−0,335;0,966]	−0,888	0,646	[−2,154;0,377]	0,504	0,366	[−0,214;1,222]
COVID-19-BedrohungWissen über COVID-19	−3,365***	0,863	[−5,057;−1,673]	−0,163	1,112	[−2,343;2,018]	−2,809**	0,870	[−4,514;−1,103]
Konstante	1,344*	0,519	[0,326;2,362]	0,448	0,498	[−0,529;1,425]	1,892***	0,508	[0,896;2,888]
Bedingte direkte Effekte des Risikos einer schweren COVID-19-Infektion									
Geringes Wissen über COVID-19	−0,076	0,069	[−0,211;0,060]	0,358*	0,140	[0,083;0,634]	0,039	0,077	[−0,111;0,190]
Mittleres Wissen über COVID-19	−0,029	0,044	[−0,116;0,058]	0,226	0,119	[−0,006;0,458]	0,114*	0,053	[0,010;0,219]
Hohes Wissen über COVID-19	0,004	0,054	[−0,101;0,109]	0,134	0,145	[−0,150;0,418]	0,166*	0,065	[0,039;0,294]
Bedingte direkte Effekte der COVID-19-Bedrohung									
Geringes Wissen über COVID-19	2,558***	0,178	[2,209;2,906]	2,947***	0,236	[2,485;3,409]	2,248***	0,184	[1,886;2,610]
Mittleres Wissen über COVID-19	2,056***	0,111	[1,840;2,273]	2,923***	0,195	[2,541;3,305]	1,830***	0,125	[1,585;2,074]
Hohes Wissen über COVID-19	1,709***	0,135	[1,445;1,973]	2,906***	0,241	[2,434;3,378]	1,540***	0,150	[1,247;1,833]
R^2 (F-Test)	0,219 (113,256***)			0,062 (49,866***)			0,152 (90,340***)		

	Effekt	SE (Boot)	95%-KI (Boot)	Effekt	SE (Boot)	95%-KI (Boot)	Effekt	SE (Boot)	95%-KI (Boot)
Bedingte indirekte Effekte des Risikos einer schweren COVID-19-Infektion über die COVID-19-Bedrohung									
Geringes Wissen über COVID-19	0,351	0,039	[0,278;0,430]	0,405	0,047	[0,318;0,501]	0,309	0,037	[0,239;0,386]
Mittleres Wissen über COVID-19	0,280	0,023	[0,236;0,327]	0,398	0,037	[0,328;0,473]	0,249	0,024	[0,205;0,297]
Hohes Wissen über COVID-19	0,231	0,025	[0,184;0,282]	0,393	0,044	[0,310;0,484]	0,208	0,026	[0,160;0,261]
	Kontrast	SE (Boot)	95%-KI (Boot)	Kontrast	SE (Boot)	95%-KI (Boot)	Kontrast	SE (Boot)	95%-KI (Boot)
Paarweise Kontraste zwischen bedingten indirekten Effekten des Risikos einer schweren COVID-19-Infektion über die COVID-19-Bedrohung									
Mittleres vs. geringes Wissen über COVID-19	−0,071	0,027	[−0,126;−0,021]	−0,007	0,032	[−0,072;0,053]	−0,060	0,025	[−0,111;−0,012]
Hohes vs. geringes Wissen über COVID-19	−0,120	0,042	[−0,204;−0,039]	−0,012	0,053	[−0,118;0,092]	−0,101	0,040	[−0,179;−0,023]
Hohes vs. mittleres Wissen über COVID-19	−0,049	0,016	[−0,079;−0,018]	−0,005	0,022	[−0,047;0,038]	−0,041	0,015	[−0,070;−0,011]

Anmerkungen: *p < 0,05; **p < 0,01; ***p < 0,001.
[a] Mittleres Wissen über COVID-19 bezieht sich auf den Mittelwert, wohingegen geringes Wissen eine Standardabweichung unter dem Mittelwert, und hohes Wissen über dem Mittelwert 1 entspricht (da eine Standardabweichung oberhalb des möglichen Maximalwerts liegen würde); KI, 95 %-Konfidenzintervall; SE, Standardfehler; Boot, Bootstrap-Stichprobengröße = 10.000. Modelle sind kontrolliert für die Variablen Geschlecht und Alter.

Zusätzlich hat in diesen Modellen der Mediator COVID-19-Bedrohung einen statistisch signifikanten, positiv bedingten Haupteffekt auf die Einhaltung von COVID-19-Verhaltensmaßnahmen (Panels A und B in Abbildung 6). Somit steigert eine COVID-19-Bedrohung die Einhaltung der Maßnahmen bei geringem Wissensstand und gleichzeitig konstant gehaltenem Risiko einer schweren Infektion. Dieser positive Effekt nimmt mit steigendem Wissen über COVID-19 ab (Panels A und B in Abbildung 6), wie die statistisch signifikanten, negativen Interaktionseffekte zwischen COVID-19-Bedrohung und Wissen über COVID-19 zeigen (mit Ausnahme von Modell 13 bezüglich der Verwendung einer Corona-App).

Abbildung 6 (Darstellung durch die Autoren)

Panel A

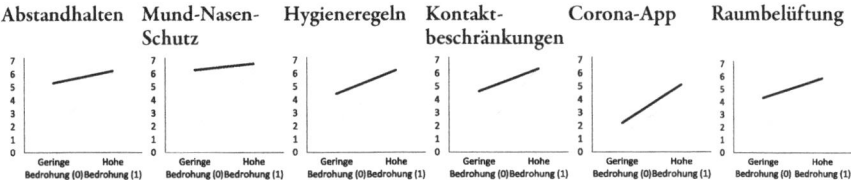

Panel B

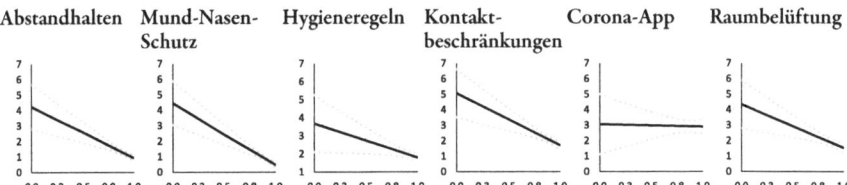

Anmerkungen: Vorhergesagte Befolgung der Maßnahmen in Abhängigkeit der COVID-19-Bedrohung bei unterschiedlichen Wissensniveaus über COVID-19 (**Panel A**) und der bedingte Effekt der COVID-19-Bedrohung in Abhängigkeit von Wissen über COVID-19 (**Panel B**) in den Modellen mit Risiko einer schweren COVID-19-Infektion (basierend auf den Modellen 9 und 14 in den Tabellen 6 und 7, $N = 4.096$). In **Panel A** zeigen die grauen Linien (———) geringes Wissen (0) und die schwarzen Linien (———) hohes Wissen (1). Die vorhergesagten Werte gelten für Männer im Alter von 18 Jahren mit dem Risiko einer schweren COVID-19-Infektion. In **Panel B** zeigen die durchgehenden, schwarzen Linien (———) den bedingten Effekt der wahrgenommenen COVID-19-Bedrohung vom niedrigsten (0) zum höchsten (1) Wissensniveau über COVID-19, und die grau gepunkteten Linien (· · ·) geben das obere bzw. untere 95 %-Konfidenzintervall an; alle Johnson-Neyman-Werte sind statistisch signifikant ($p < 0{,}05$).

Es wurden auch hier positive, indirekte Effekte des Risikos einer schweren Infektion über die COVID-19-Bedrohung auf die Einhaltung der Maßnahmen gefunden (Konfidenzintervalle schließen Null nicht ein). Diese indirekten Effekte werden jedoch bei höherem Wissensstand schwächer (wie die bedingten indirekten Effekte und die paarweisen Gegensätze zeigen), was auf moderierende Mediationseffekte hindeutet.

4 Diskussion

Um die Verbreitung von COVID-19 oder ähnlichen Viren zukünftig zu verhindern ist es wichtig, die Bedingungen zu verstehen, unter welchen Menschen bereit sind sich an die Schutzmaßnahmen zu halten. Um zu einem solchen Verständnis beizutragen, nutzt diese Studie eine repräsentative Stichprobe der erwachsenen Bevölkerung Deutschlands. Sie untersucht den Zusammenhang zwischen Risikogruppenzugehörigkeit und der Einhaltung der sechs vom RKI empfohlenen COVID-19-Verhaltensmaßnahmen. Es wurde überprüft, ob dieser Zusammenhang durch die wahrgenommene COVID-19-Bedrohung mediiert bzw. durch Wissen über COVID-19 moderiert wird. Bei den beiden sich durchaus überlappenden untersuchten Risikogruppen handelt es sich um Personen, die sich selbst als einem höheren COVID-19-Expositionsrisiko ausgesetzt sehen (z. B. Fachkräfte in Krankenhäusern oder Schulen) bzw. Personen, die einen schweren Verlauf bei einer COVID-19-Infektion befürchten (z. B. Personen, die unter Diabetes oder einer Herzerkrankung leiden).

4.1 Wahrgenommene Bedrohung als Mediator zwischen Risikogruppe und Einhaltung von Maßnahmen

Die Studie zeigt, dass die Befragten generell eher ein höheres Risiko einer schweren Infektion wahrnehmen als ein erhöhtes COVID-19-Expositionsrisiko. Die Zugehörigkeit zu einer der beiden Risikogruppen stand in indirektem Zusammenhang über die COVID-19-Bedrohung zu einer gesteigerten Einhaltung aller sechs Verhaltensmaßnahmen. Dieser Zusammenhang bestand unabhängig des Wissensniveaus über COVID-19. In früheren Studien wurde bereits der Zusammenhang zwischen Risikogruppenzugehörigkeit und der Einhaltung von Maßnahmen (Czeisler et al., 2020; Dohle et al., 2020; Gouin et al., 2021; Margraf et al., 2020), einem objektiven wie subjektiven Risiko und emotionalen Reaktionen wie Angst, Furcht oder Sorge (Lai et al., 2020; Qi et al., 2020; Sloan et al., 2021; C. Wang et al., 2020; Winter et al., 2020) sowie zwischen solch emotionalen Reaktionen und der Einhaltung von Verhaltensmaßnahmen (Harper et al., 2020; Jørgensen et al., 2021; Winter et al., 2020) getrennt voneinander untersucht. Unsere Ergebnisse zeigen, ähnlich wie Befunde einer chinesischen Studie (J. Wang et al., 2021), dass eine COVID-19-Bedrohung den Effekt der Risikogruppenzugehörigkeit, aufgrund eines gesteigerten Expositionsrisikos, aber auch aufgrund der Befürchtung eines schweren Krankheitsverlaufs, auf die untersuchten präventiven Verhaltensmaßnahmen mediiert. Ähnliche Effekte zeigten sich bereits in anderen Studien zu gesundheitsbezogenen Entscheidungen, die eine mediierende Rolle von Sorgen zwischen wahrgenommenem Risiko und Gesundheitsverhalten fanden (Kiviniemi & Ellis, 2014; Klasko-Foster et al.,

2020; Zhao & Nan, 2016). Im Einklang mit Studien zu Affekten bei gesundheitsbezogenen Entscheidungen legen unsere Ergebnisse nahe, dass die zunehmende Befolgung von Maßnahmen durch Risikogruppenzugehörige durch mehr Angst, Furcht und Sorge bezüglich COVID-19 erklärt werden kann. Des Weiteren stützen unsere Ergebnisse die theoretisch postulierte Rolle von Angst als adaptiver Emotion, um Personen dabei zu helfen, Bedrohungen zu erkennen und sich davor zu schützen (Perkins & Corr, 2014) sowie den erwarteten Effekt, wonach Sorgen eine potentielle Bedrohung im Bewusstsein aufrecht zu erhalten (Sweeny & Dooley, 2017). Theorien über gesundheitsbezogene Entscheidungen konzentrieren sich meist auf kognitive Einschätzungen, jedoch unterstreicht die mediierende Rolle der wahrgenommenen Bedrohung bei der Erklärung von Unterschieden in der Einhaltung von Verhaltensmaßnahmen zwischen Risikogruppenzugehörigkeiten wie nützlich es ist, Affektreaktionen in Theorien über Gesundheitsverhalten zu berücksichtigen (Klasko-Foster et al., 2020). Obwohl ein indirekter Effekt der Risikogruppenzugehörigkeit über die COVID-19-Bedrohung auf die Einhaltung von Maßnahmen bei unterschiedlichem Wissensstand über COVID-19 gefunden wurde, nimmt dieser indirekte Effekt jedoch mit zunehmendem Wissen ab. Im folgenden Abschnitt gehen wir deshalb darauf ein, wie die einzelnen Pfade (Abbildung 1) durch Wissen über COVID-19 moderiert wurden.

4.2 Wissen als Moderator des Zusammenhangs zwischen Risikogruppe und wahrgenommener Bedrohung

Während Personen mit dem Risiko einer schweren Infektion unabhängig von ihrem Wissen über COVID-19 eine höhere COVID-19-Bedrohung empfinden, moderierte dieses Wissen den positiven Zusammenhang zwischen Expositionsrisiko und COVID-19-Bedrohung negativ. Daher war der Effekt eines Expositionsrisikos auf die COVID-19-Bedrohung am größten, wenn das Wissen gering war. Dieser Effekt verringerte sich bei höherem Wissen. Obwohl ein negativer Interaktionseffekt gefunden wurde, legen die Ergebnisse nicht nahe, dass Wissen den Effekt eines Expositionsrisikos reduziert, sondern es steigert eher die COVID-19-Bedrohung für Personen, die nicht diesem Risiko ausgesetzt sind. Dieser bedingte Effekt der Risikogruppenzugehörigkeit wurde bereits in früheren Studie zum Zusammenhang zwischen COVID-19-Risiko und bedrohungsbezogenen Emotionen gefunden (Lai et al., 2020; Qi et al., 2020; Sloan et al., 2021; C. Wang et al., 2020; Winter et al., 2020), aber auch in Studien zur Beziehung zwischen gesundheitsbezogener Risikowahrnehmung und Sorgen (Lipkus et al., 2005; Zajac et al., 2006; vgl. auch Krebsstudien von Dillard et al., 2012). Bei Personen, die keinem Expositionsrisiko ausgesetzt sind, steigt die wahrgenommene Bedrohung mit dem Wissen. Das könnte an einem besseren Verständnis über das Virus liegen, welches dazu führt, dass Personen erkennen, dass sie ebenfalls COVID-19 ausgesetzt sein können, auch wenn sie kein besonders hohes Expositionsrisiko haben (z. B. durch ihre Arbeit).

4.3 Wissen als Moderator des Zusammenhangs zwischen wahrgenommener Bedrohung und Einhaltung von Maßnahmen

Ergänzend zu früheren Erkenntnissen über die positive Beziehung zwischen bedrohungsbezogenen Emotionen und der Einhaltung von Verhaltensmaßnahmen gegen die Ausbreitung von COVID-19 (Harper et al., 2020; Jørgensen et al., 2021; Winter et al., 2020) fanden wir heraus, dass die COVID-19-Bedrohung einen positiven bedingten Haupteffekt auf die Einhaltung aller sechs untersuchten Verhaltensmaßnahmen hat. Es besteht also ein positiver Zusammenhang zwischen Bedrohung und Einhaltung der Maßnahmen bei geringem Wissensstand (wenn gleichzeitig die Risikogruppenzugehörigkeit konstant gehalten wird). Dieser Zusammenhang nahm jedoch mit zunehmendem Wissen über COVID-19 ab (mit Ausnahme der Verwendung einer Corona-App). Ähnlich zu unseren Ergebnissen zeigen Jørgensen et al. (2021), dass Selbstwirksamkeit den positiven Effekt vonr Sorgen auf die Einhaltung von Verhaltensmaßnahmen gegen COVID-19 negativ moderiert. Es ist möglich, dass die Einhaltung der Maßnahmen generell höher ist, wenn die wahrgenommene Bedrohung durch COVID-19 hoch ist und zunehmendes Wissen nicht zu einem Anstieg der Einhaltung von Verhaltensmaßnahmen führen kann. Dies würde einem sogenannten Decken-Effekt entsprechen. Wenn die wahrgenommene Bedrohung durch COVID-19 hingegen niedrig ist, hat Wissen über COVID-19 hingegen das Potenzial, zu einer Einhaltung von Verhaltensmaßnahmen beizutragen.

4.4 Wissen als Moderator des Zusammenhangs zwischen Risikogruppe und Einhaltung der Maßnahmen

Außerdem legen unsere Studienergebnisse nahe, dass die Risikogruppenzugehörigkeit (abzüglich des indirekten Effekts über den Mediator COVID-19-Bedrohung) einen bedingten, negativen Effekt auf die Einhaltung mehrerer Maßnahmen (z. B. Abstandhalten und Mund-Nasen-Schutz tragen) hatte und dieser Effekt abhängig war vom Wissen über COVID-19. Demnach hielten sich Risikogruppenzugehörige bei geringem Wissen an manche Verhaltensmaßnahmen weniger (d. h. Abstandhalten, Mund-Nasen-Schutz tragen und Hygieneregeln befolgen). Dieser Effekt nahm jedoch mit steigendem Wissen ab. Das deutet darauf hin, dass risikogefährdete Personen mit geringem Wissen über das Virus die Verhaltensmaßnahmen eher ignorierten und sich und andere dadurch einem höheren Infektionsrisiko und möglichen schweren Folgen aussetzten. Zukünftige Studien sollten deshalb die Mechanismen dieser Zusammenhänge noch weiter untersuchen, um diesen verbliebenen Effekt der Risikogruppenzugehörigkeit besser zu verstehen.

4.5 Besonderheiten bei der Verwendung einer Corona-App

Die Effekte zur Verwendung einer Corona-App erfordern eine gesonderte Betrachtung, da sich diese Effekte mehrheitlich von den anderen Befunden unterscheiden. Von den sechs untersuchten Verhaltensmaßnahmen war die Verwendung einer App diejenige, die am wenigsten eingehalten wurde. Ein Grund dafür könnte sein, dass für die Verwendung einer App, im Gegensatz zu den anderen untersuchten Verhaltensmaßnahmen, eine Voraussetzung die Nutzung eines Smartphones ist, sowie die Bereitschaft, Informationen über den Aufenthaltsort zu teilen. Jedoch kann davon ausgegangen werden, dass nicht alle Menschen eine App herunterladen können/ wollen oder Informationen zum Aufenthaltsort nicht teilen möchten. Außerdem unterscheidet die App sich von den anderen Maßnahmen darin, dass sie genutzt wird, um die Verbreitung von COVID-19 zu verhindern, ohne dass sich die nutzende Person dabei selbst aktiv gegen eine Infektion schützt. Diese Unterschiede zwischen den Maßnahmen korrespondieren auch mit den drei häufigsten Gründen, warum die deutsche Bevölkerung die App nicht verwendet: „privacy concerns, doubts about the effectiveness of the app and lack of technical equipment" (Horstmann et al., 2021, S. 49).

4.6 Stärken, Schwächen und Möglichkeiten für zukünftige Forschung

Diese Studie erweitert die bisherige Forschung über den Zusammenhang zwischen Risikogruppenzugehörigkeit und der Einhaltung aller sechs empfohlenen Verhaltensmaßnahmen gegen die Verbreitung von COVID-19 sowie über die Prozesse und Bedingungen, unter welchen dieser Zusammenhang zustande kommt. Hierfür untersucht sie die mediierende und moderierende Rolle der wahrgenommenen COVID-19-Bedrohung und des Wissens über COVID-19. Die Studie zeichnet sich gegenüber vielen anderen dadurch aus, dass eine repräsentative Stichprobe verwendet wurde. Durch die Untersuchung von mediierenden und moderierenden Effekten beim Zusammenhang zwischen Risikogruppenzugehörigkeit und der Einhaltung von Verhaltensmaßnahmen trägt sie zu einem tieferen Verständnis des Phänomens bei. Im Gegensatz zu vielen Studien über die Einhaltung von Verhaltensmaßnahmen gegen die Verbreitung von COVID-19, welche nur einzelne Maßnahmen oder zusammengesetzte Maße für mehrere Maßnahmen getestet werden, untersucht diese Studie die einzelnen Maßnahme separat. Dadurch gibt sie Aufschluss über die Ähnlichkeiten und Unterschiede in der Einhaltung dieser Verhaltensmaßnahmen. Sie zeigt beispielsweise, dass sich die Verwendung einer Corona-App von der Einhaltung der restlichen empfohlenen Maßnahmen unterscheidet. Dies unterstreicht die Notwendigkeit, die Verhaltensweisen in zukünftigen Studien separat zu untersuchen.

Während wir zwei Single-Item-Messungen zur Bewertung der selbst eingeschätzten Risikogruppenzugehörigkeit verwendeten, können zukünftige Studien davon profitieren auch die objektive Risikogruppenzugehörigkeit zu messen. Dafür könnten sie den Befragten beispielsweise eine Liste von Risikofaktoren zeigen (z. B. für schwere Infektionen einschließlich Diabetes, chronische Lungenkrankheiten, Übergewicht, hohes Alter, Verwendung von Cortison usw.). Dadurch könnte getestet werden, wie sich diese objektiven Messungen auf die selbst eingeschätzte Risikogruppenzugehörigkeit auswirken. Zudem könnte getestet werden, welchen Einfluss Komorbiditäten auf das wahrgenommene Bedrohungsgefühl besitzen. Zukünftige Studien könnten außerdem das vorgeschlagene theoretische Modell mittels Längsschnitt- oder experimentellen Studien untersuchen. Dabei könnten auch potenzielle Mediatoren oder Moderatoren getestet werden, wie etwa depressive Tendenzen (Wright et al., 2021), eine Angstdisposition (Lin et al., 2020), Selbstwirksamkeit ((Jørgensen et al., 2021) oder das Bedürfnis, andere Menschen vor Ansteckungen oder negativen Folgen zu schützen (Yang et al., 2020).

Unseres Wissens gab es während der Konzeptualisierung dieser Studie noch keine validierten Messinstrumente zur Erfassung von Wissen über COVID-19. Zukünftige Studien könnten auf unsere Arbeit aufbauen, indem sie die Messung des COVID-19-Wissens, welche für diese Studie entwickelt wurde, validieren beziehungsweise aktualisieren.

Weil die COVID-19-Inzidenzen regional und im zeitlichen Verlauf sowie die damit auch verbundene Auslastung der Intensivstationen variieren, sollten unsere Befunde auch unter anderen pandemischen Bedingungen in Folgestudien repliziert werden. Darüber hinaus könnten zukünftige Studien unser Modell mit anderen präventiven Verhaltensmaßnahmen gegen COVID-19 testen, wie etwa (Auffrischungs-)Impfungen. Außerdem haben wir verwendeten selbstberichtetes Verhalten der Befragten untersucht, wenngleich Menschen oft dazu neigen ihre Regelbefolgung zu überschätzen (Fazio et al., 2021). Ein Grund für solche Überschätzungen könnte sozial erwünschtes Antwortverhalten aufgrund einer niedrig eingeschätzten Anonymität sein. In unserer Studie gab es jedoch sehr wenige Antwortverweigerungen (0,02 bis 2,02 % pro Item), was als Indikator für begrenzte Probleme mit sozialer Erwünschtheit angesehen werden kann.

5 Fazit

Die vorliegende Studie zeigt, dass Personen, die sich selbst als einem höheren COVID-19-Expositionsrisiko bzw. dem Risiko einer schweren COVID-19-Infektion ausgesetzt sehen, eine gesteigerte Bedrohung durch COVID-19 wahrnehmen, die mit Sorgen, Stress und Angst in Bezug auf COVID-19 einhergeht. Während ein sehr hohes Angstniveau sich negativ auf das Wohlbefinden auswirken kann (Mendlowicz & Stein, 2000), beobachteten wir, dass die wahrgenommene COVID-19-Bedrohung ein Mechanismus dafür sein kann, der die gesteigerte Einhaltung von Verhaltensmaßnahmen bei Risikogruppenzugehörigen erklären kann. Personen, welche nur eine geringe Bedrohung empfinden, versuchen sich weniger wahrscheinlich zu schützen, und haben daher ein höheres COVID-19-Expositionsrisiko. Daher sind mäßig ausgeprägte bedrohungsbezogene Emotionen nicht von vornherein problematisch, da sie beispielsweise im Kontext der Pandemie zu einem höheren Selbst- und Fremdschutz führen können (Harper et al., 2020; Lin et al., 2020; Sloan et al., 2021; Vally, 2020). Ein erhöhtes Bedrohungsniveau durch Wissensinterventionen zu erzeugen, könnte jedoch besonders für Personen mit bereits hohem Angstniveau potenziell schädlich sein und unter Umständen zur Entwicklung oder Verschlimmerung von psychischen Problemen führen. Daher kann das Wissen über COVID-19 als zweischneidiges Schwert betrachtet werden, da es sowohl die wahrgenommene Bedrohung als auch die Einhaltung von Maßnahmen steigert.

Danksagung

Wir danken allen, die bei der Durchführung dieser Studie geholfen haben, insbesondere Dina Maskileyson sowie Floris van Veen für die Programmierung der Studie.

Literatur

Al-Hasan, A., Yim, D. & Khuntia, J. (2020). Citizens' Adherence to COVID-19 Mitigation Recommendations by the Government: A 3-Country Comparative Evaluation Using Web-Based Cross-Sectional Survey Data. *Journal of Medical Internet Research 22*, e20634. doi:10.2196/20634.

Anker, A. E., Feeley, T. H., McCracken, B., & Lagoe, C. A. (2016). Measuring the Effectiveness of Mass-Mediated Health Campaigns Through Meta-Analysis. *Journal of Health Communication, 21*, 439–456. doi:10.1080/10810730.2015.1095820.

Cascini, F., Pantovic, A., Al-Ajlouni, Y., Failla, G., & Ricciardi, W. (2021). Attitudes, acceptance and hesitancy among the general population worldwide to receive the COVID-19 vaccines and their contributing factors: A systematic review. *EClinicalMedicine, 40*. doi:10.1016/j.eclinm.2021.101113.

Committee for a Responsible Budget (2021). COVID Money Tracker. Aufgerufen am 11. August 2021 von https://www.covidmoneytracker.org/.

Conway III, L. G., Woodard, S. R., & Zubrod, A. (2020). *Social psychological measurements of COVID-19: Coronavirus perceived threat, government response, impacts, and experiences questionnaires. PsyArXiv*.

Czeisler, M., Tynan, M., Howard, M., Honeycutt, S., Fulmer, E., Kidder, D., Robbins, R., Barger, L., Facer-Childs, E., Baldwin, G., Rajaratnam, S., Czeisler, C. (2020). Public Attitudes, Behaviors, and Beliefs Related to COVID-19, Stay-at-Home Orders, Nonessential Business Closures, and Public Health Guidance – United States, New York City, and Los Angeles, May 5–12, 2020. *MMWR Morbidity and Mortality Weekly Report, 69*, 751–758. doi:10.15585/mmwr.mm6924e1.

Dillard, A. J., Ferrer, R. A., Ubel, P. A., & Fagerlin, A. (2012). Risk perception measures' associations with behavior intentions, affect, and cognition following colon cancer screening messages. *Health Psychology 31*, 106–113. doi:10.1037/a0024787.

Dohle, S., Wingen, T., & Schreiber, M. (2020). Acceptance and Adoption of Protective Measures During the COVID-19 Pandemic: The Role of Trust in Politics and Trust in Science. *Social Psychological Bulletin, 15*, 1–23. doi:10.32872/spb.4315.

Engzell, P., Frey, A., & Verhagen, M. D. (2021). Learning loss due to school closures during the COVID-19 pandemic. *PNAS, 118*. doi:10.1073/pnas.2022376118.

Europäisches Zentrum für die Prävention und die Kontrolle von Krankheiten (2021). *Rapid risk assessment: SARS-CoV-2 – increased circulation of variants of concern and vaccine rollout in the EU/EEA* (14. Aktualisierung). https://www.ecdc.europa.eu/sites/default/files/documents/RRA-covid-19-14th-update-15-feb-2021.pdf.

Fazio, R. H., Ruisch, B. C., Moore, C. A., Samayoa, J. A. G., Boggs, S. T., & Ladanyi, J. T. (2021). Social distancing decreases an individual's likelihood of contracting COVID-19. *PNAS, 118*, e2023131118. doi:10.1073/pnas.2023131118.

Fischer, C. B., Adrien, N., Silguero, J. J., Hopper, J. J., Chowdhury, A. I., & Werler, M. M. (2021). Mask adherence and rate of COVID-19 across the United States. *PLOS ONE, 16*, e0249891. doi:10.1371/journal.pone.0249891.

Gattinger, P., Niespodziana, K., Stiasny, K., Sahanic, S., Tulaeva, I., Borochova, K., Dorofeeva, Y., Schlederer, T., Sonnweber, T., Hofer, G., Kiss, R., Kratzer, B., Trapin, D., Tauber, P., Rottal, A., Körmöczi, U., Feichter, M., Weber, M., Focke-Tejkl, M., … Valenta, R. (2021). Neutralization of SARS-CoV-2 requires antibodies against conformational receptor-binding domain epitopes. *Allergy*, 1–13. doi:10.1111/all.15066.

Gouin, J.-P., MacNeil, S., Switzer, A., Carrese-Chacra, E., Durif, F., & Knäuper, B. (2021). Socio-demographic, social, cognitive, and emotional correlates of adherence to physical distancing during the COVID-19 pandemic: a cross-sectional study. *Canadian Journal of Public Health, 112*, 17–28. doi:10.17269/s41997-020-00457-5.

Hale, T., Angrist, N., Goldszmidt, R., Kira, B., Petherick, A., Phillips, T., Webster, S., Cameron-Blake, E., Hallas, L., Majumdar, S., Tatlow, H. (2021). A global panel database of pandemic policies (Oxford COVID-19 Government Response Tracker). *Nature Human Behaviour, 5*, 529–538. doi:10.1038/s41562-021-01079-8.

Harper, C. A., Satchell, L. P., Fido, D., & Latzman, R. D. (2020). Functional Fear Predicts Public Health Compliance in the COVID-19 Pandemic. *International Journal of Mental Health and Addiction*, 1875–1888. doi:10.1007/s11469-020-00281-5.

Hayes, A. F. (2017). *Introduction to mediation, moderation, and conditional process analysis: A regression-based approach* (2. Aufl.). Guilford publications.

Horstmann, K. T., Buecker, S., Krasko, J., Kritzler, S., & Terwiel, S. (2021). Who does or does not use the 'Corona-Warn-App' and why? *European Journal of Public Health, 31*, 49–51. doi:10.1093/eurpub/ckaa239.

Huang, C., Huang, L., Wang, Y., Li, X., Ren, L., Gu, X., Kang, L., Guo, L., Liu, M., Zhou, X., Luo, J., Huang, Z., Tu, S., Zhao, Y., Chen, L., Xu, D., Li, Y., Li, C., Peng, L., … Cao, B. (2021). 6-month consequences of COVID-19 in patients discharged from hospital: a cohort study. *The Lancet, 397*, 220–232. doi:10.1016/S0140-6736(20)32656-8.

Internationale Arbeitsorganisation (2021). *ILO Monitor: COVID-19 and the world of work* (7. Aufl.). Abgerufen am 11. August 2021 von https://www.ilo.org/wcmsp5/groups/public/---dgreports/---dcomm/documents/briefingnote/wcms_767028.pdf.

Johnson, P. O., & Neyman, J. (1936). Tests of certain linear hypotheses and their application to some educational problems. *Statistical Research Memoirs, 1*, 57–93.

Jørgensen, F., Bor, A., & Petersen, M. B. (2021). Compliance without fear: Individual-level protective behaviour during the first wave of the COVID-19 pandemic. *British Journal of Health Psychology, 26*, 679–696. doi:10.1111/bjhp.12519.

Kiviniemi, M. T., & Ellis, E. M. (2014). Worry about Skin Cancer Mediates the Relation of Perceived Cancer Risk and Sunscreen Use. *Journal of Behavioral Medicine, 37*, 1069–1074. doi:10.1007/s10865-013-9538-1.

Klasko-Foster, L. B., Kiviniemi, M. T., Jandorf, L. H., & Erwin, D. O. (2020). Affective components of perceived risk mediate the relation between cognitively-based perceived risk and colonoscopy screening. *Journal of Behavioral Medicine, 43*, 121–130. doi:10.1007/s10865-019-00049-w.

Koebe, J., Samtleben, C., Schrenker, A., & Zucco, A. (2020). Systemrelevant, aber dennoch kaum anerkannt: Entlohnung unverzichtbarer Berufe in der Corona-Krise unterdurchschnittlich. *DIW aktuell, 48*. Abgerufen am 4. November 2021 von https://www.diw.de/documents/publikationen/73/diw_01.c.792728.de/diw_aktuell_48.pdf.

Lai, J., Ma, S., Wang, Y., Cai, Z., Hu, J., Wei, N., Wu, J., Du, H., Chen, T., Li, R., Tan, H., Kang, L., Yao, L., Huang, M., Wang, H., Wang, G., Liu, Z., & Hu, S. (2020). Factors Associated With Mental Health Outcomes Among Health Care

Workers Exposed to Coronavirus Disease 2019. *JAMA Network Open, 3*, e203976. doi:10.1001/jamanetworkopen.2020.3976.

Lazarus, R. S., & Folkman, S. (1984). *Stress, Appraisal, and Coping*. Springer Publishing Company, Inc.

Lee, M., Kang, B.-A., & You, M. (2021). Knowledge, attitudes, and practices (KAP) toward COVID-19: a cross-sectional study in South Korea. *BMC Public Health, 21*, 295. doi:10.1186/s12889-021-10285-y.

Lin, Y., Hu, Z., Alias, H., & Wong, L. P. (2020). Knowledge, Attitudes, Impact, and Anxiety Regarding COVID-19 Infection Among the Public in China. *Frontiers in Public Health, 8*, 236. doi:10.3389/fpubh.2020.00236.

Lipkus, I. M., Klein, W. M. P., Skinner, C. S., & Rimer, B. K. (2005). Breast cancer risk perceptions and breast cancer worry: what predicts what? *Journal of Risk Research, 8*, 439–452. doi:10.1080/1366987042000311018.

Margraf, J., Brailovskaia, J., & Schneider, S. (2020). Behavioral measures to fight COVID-19: An 8-country study of perceived usefulness, adherence and their predictors. *PLOS ONE, 15*, e0243523. doi:10.1371/journal.pone.0243523.

Mendlowicz, M. V., & Stein, M. B. (2000). Quality of life in individuals with anxiety disorders. *American Journal of Psychiatry, 157*, 669–682. doi:10.1176/appi.ajp.157.5.669.

Nabi, R., Ewoldsen, D., & Carpentier, F. (2008). Subjective Knowledge and Fear Appeal Effectiveness: Implications for Message Design. *Health communication, 23*, 191–201. doi:10.1080/10410230701808327.

National Audit Office (2021). COVID-19 cost tracker. Abgerufen am 11. August 2021 von https://www.nao.org.uk/covid-19/cost-tracker/.

Ning, L., Niu, J., Bi, X., Yang, C., Liu, Z., Wu, Q., Ning, N., Liang, L., Liu, A., Hao, Y., Gao, L., Liu, C. (2020). The impacts of knowledge, risk perception, emotion and information on citizens' protective behaviors during the outbreak of COVID-19: a cross-sectional study in China. *BMC Public Health, 20*, 1751. doi:10.1186/s12889-020-09892-y.

Niño, M., Harris, C., Drawve, G., & Fitzpatrick, K. M. (2021). Race and ethnicity, gender, and age on perceived threats and fear of COVID-19: Evidence from two national data sources. *SSM – Population Health, 13*, 100717. doi:10.1016/j.ssmph.2020.100717.

Parlapani, E., Holeva, V., Voitsidis, P., Blekas, A., Gliatas, I., Porfyri, G. N., Golemis, A., Papadopoulou, K., Dimitriadou, A., Chatzigeorgiou, A., Bairachtari, V., Patsiala, S., Skoupra, M., Papigkioti, K., Kafetzopoulou, C., Diakogiannis, I. (2020). Psychological and Behavioral Responses to the COVID-19 Pandemic in Greece. *Frontiers in Psychiatry, 11*. doi:10.3389/fpsyt.2020.00821.

Perkins, A., & Corr, P. J. (2014). Anxiety as an adaptive emotion. In W. G. Parrott (Hrsg.), *The positive side of negative emotions* (S. 37–54).

Preacher, K. J., Rucker, D. D., & Hayes, A. F. (2007). Addressing Moderated Mediation Hypotheses: Theory, Methods, and Prescriptions. *Multivariate Behavioral Research, 42*, 185–227. doi:10.1080/00273170701341316.

Qi, J., Xu, J., Li, B.-Z., Huang, J.-S., Yang, Y., Zhang, Z.-T., Yao, D.-A., Liu, Q.-H., Jia, M., Gong, D.-K., Ni, X.-H., Zhang, Q.-M., Shang, F.-R., Xiong, N., Zhu, C.-L., Wang, T., & Zhang, X. (2020). The evaluation of sleep disturbances for Chinese frontline medical workers under the outbreak of COVID-19. *Sleep Medicine, 72*, 1–4. doi:10.1016/j.sleep.2020.05.023.

Rajan, S., Khunti, K., Alwan, N., Steves, C., Greenhalgh, T., MacDermott, N., Sagan, A., McKee., M. (2021). In the wake of the pandemic: preparing for Long COVID. *World Health Organization Regional Office for Europe*. Abgerufen am 11. August 2021 von https://apps.who.int/iris/bitstream/handle/10665/339629/Policybrief-39-1997-8073-eng.pdf.

Robert-Koch-Institut (2020). *The Pandemic in Germany in the Coming Months – Objectives, Key Topics, and Tools for Infection Control*. https://www.rki.de/DE/Content/InfAZ/N/Neuartiges_Coronavirus/Strategie_Sprachen/Strategie_Ergaenzung_Covid_englisch.pdf?__blob=publicationFile.

Rommel, A., von der Lippe, E., Treskova-Schwarzbach, M., & Scholz, S. (2021). Population with an increased risk of severe COVID-19 in Germany. *Analyses from GEDA 2019/2020-EHIS. 6*, 2–15. doi:http://dx.doi.org/10.25646/7859.

Sattler S., Taflinger S., Ernst A., Hasselhorn F. (2022). Data Publication For: A Moderated Mediation Model Explaining the Relationship between Risk-group Membership, Threat Perception, Knowledge, and Adherence to COVID-19 Behavioral Measures. *Bielefeld University*. doi: http://10.4119/unibi/2962309

Sloan, M. M., Haner, M., Graham, A., Cullen, F. T., Pickett, J. T., & Jonson, C. L. (2021). Pandemic emotions: the extent, correlates, and mental health consequences of fear of COVID-19. *Sociological Spectrum, 41*, 369–386. doi:10.1080/02732173.2021.1926380.

Sweeny, K., & Dooley, M. D. (2017). The surprising upsides of worry. *Social and Personality Psychology Compass, 11*, e12311. doi:10.1111/spc3.12311.

Tan, B. Y. Q., Chew, N. W. S., Lee, G. K. H., Jing, M., Goh, Y., Yeo, L. L. L., Zhang, K., Chin, H.-K., Ahmad, A., Khan, F. A., Shanmugam, G. N., Chan, B. P. L., Sunny, S., Chandra, B., Ong, J. J. Y., Paliwal, P. R., Wong, L. Y. H., Sagayanathan, R., Chen, J. T., … Sharma, V. K. (2020). Psychological Impact of the COVID-19 Pandemic on Health Care Workers in Singapore. *Annals of Internal Medicine, 173*, 317–320. doi:10.7326/M20-1083.

Vally, Z. (2020). Public perceptions, anxiety and the perceived efficacy of health-protective behaviours to mitigate the spread of the SARS-Cov-2/ COVID-19 pandemic. *Public Health, 187*, 67–73. doi:10.1016/j.puhe.2020.08.002.

Wang, C., Pan, R., Wan, X., Tan, Y., Xu, L., Ho, C. S., Ho, R. C. (2020). Immediate Psychological Responses and Associated Factors during the Initial Stage of the 2019 Coronavirus Disease (COVID-19) Epidemic among the General Population in China. *International Journal of Environmental Research and Public Health, 17*, 1729. doi:10.3390/ijerph17051729.

Wang, J., Rao, N., & Han, B. (2021). Pathways Improving Compliance with Preventive Behaviors during the Remission Period of the COVID-19 Pandemic. *International Journal of Environmental Research and Public Health, 18*, 3512. doi:10.3390/ijerph18073512.

Winter, T., Riordan, B. C., Pakpour, A. H., Griffiths, M. D., Mason, A., Poulgrain, J. W., Scarf, D. (2020). Evaluation of the English Version of the Fear of COVID-19 Scale and Its Relationship with Behavior Change and Political Beliefs. *International Journal of Mental Health and Addiction*, 1–11. doi:10.1007/s11469-020-00342-9.

Weltgesundheitsorganisation (2021). *WHO Coronavirus (COVID-19) Dashboard*. Abgerufen am 22. Dezember 2021 von https://covid19.who.int.

Wright, L., Steptoe, A., & Fancourt, D. (2021). Predictors of self-reported adherence to COVID-19 guidelines. A longitudinal observational study of 51,600 UK adults. *The Lancet Regional Health-Europe, 4*, 100061.

Yang, X. Y., Gong, R. N., Sassine, S., Morsa, M., Tchogna, A. S., Drouin, O., Chadi, N., Jantchou, P (2020). Risk perception of COVID-19 infection and adherence to preventive measures among adolescents and young adults. *Children, 7*, 311.

Zajac, L. E., Klein, W. M. P., & McCaul, K. D. (2006). Absolute and Comparative Risk Perceptions as Predictors of Cancer Worry: Moderating Effects of Gender and Psychological Distress. *Journal of Health Communication, 11*, 37–49. doi:10.1080/10810730600637301.

Zhao, X., & Nan, X. (2016). The Influence of Absolute and Comparative Risk Perceptions on Cervical Cancer Screening and the Mediating Role of Cancer Worry. *Journal of Health Communication, 21*, 100–108. doi:10.1080/10810730.2015.1033114.

Das wahrgenommene Risiko einer COVID-19-Exposition und eines schweren COVID-19-Verlaufs beeinträchtigt den Schlaf
Die mediierenden und moderierenden Rollen von Ängstlichkeit und Wissen in Bezug auf COVID-19[1]

Giulia Zerbini, Shannon Taflinger, Philipp Reicherts, Miriam Kunz, Sebastian Sattler

Abstract

The ongoing COVID-19 pandemic has been linked to increased levels of stress, depression, and anxiety in many people around the world. Therefore, identifying individuals at risk of psychosocial burden during this unprecedented crisis is essential for developing prevention measures and treatment options for mental health issues. To this aim, we investigated two risk groups: individuals at higher risk of exposure to the virus and individuals at higher risk of poor prognosis if they contract the virus. We conducted a survey (N = 4,167) with a representative sample of the German population and assessed perceived risk of COVID-19 exposure and poor prognosis if infected, COVID-19-related anxiety, problems with sleep and daytime functioning, as well as self-reported knowledge about the disease. Results showed that perceived risk group membership was linked to increased problems with sleep and daytime functioning via elevated levels of COVID-19-related anxiety. This mediated effect was further moderated by self-reported COVID-19 knowledge, but only for individuals who rated themselves at higher risk of COVID-19 exposure. Thus, knowledge buffered the negative effect of exposure risk on anxiety and ultimately on sleep in this risk group. Reaching individuals at increased risk of exposure with clear information about the disease, how to prevent infection, and treatment options could be an effective strategy to contain anxiety levels and promote good sleep, which is important for general well-being.

---

[1] Dieser Artikel stellt eine Übersetzung dieses Aufsatzes dar: Zerbini Giulia, Taflinger Shannon, Reicherts Philipp, Kunz Miriam, Sattler Sebastian (2022): Perceived Risk of COVID-19 Exposure and Poor COVID-19 Prognosis Impair Sleep: The Mediating and Moderating Roles of COVID-19-Related Anxiety and Knowledge. Journal of Sleep Research 31: e13569. https://doi.org/10.1111/jsr.13569. Die Übersetzung ist in Übereinstimmung mit den Bestimmungen und Bedingungen von John Wiley and Sons gemacht worden.

1. Einleitung

Seit dem Auftreten von COVID-19 im Dezember 2019 hat die Pandemie die Menschen weltweit stark beeinträchtigt. Über fünf Millionen Menschen sind im Zusammenhang mit dem Virus gestorben (Weltgesundheitsorganisation, 2021) und viele mehr betrauern den Verlust von Angehörigen. Die Bemühungen, die Ausbreitung des Virus zu verlangsamen, haben zu Lockdowns geführt. Diese Lockdowns hatten eine breite Auswirkungen auf den Alltag aller. Dazu zählten etwa geschlossene Schulen oder Unternehmen. Aus psychologischer Sicht kann die Pandemie als anhaltender, intensiver Stressor gesehen werden, denn sie fordert Menschen auf vielen verschiedenen Ebenen heraus (z. B. wirtschaftlich, sozial, gesundheitlich, politisch). Dies kann wiederum zu negativen Folgen für die physische und mentale Gesundheit führen (Godinic et al., 2020; Pearlin & Bierman, 2013).

Es gibt bereits viele Studien, welche die negativen Auswirkungen der COVID-19-Pandemie auf die mentale Gesundheit in der Allgemeinbevölkerung beschreiben (vgl. Xiong et al., 2020 für eine systematische Übersicht). Insbesondere das Gesundheitspersonal, das dem Virus andauernd und intensiv ausgesetzt war und ist, wurde zudem häufig untersucht (vgl. Sahebi et al., 2021 für einen Umbrella Review). Zu den regelmäßig berichteten psychischen Belastungen in der Allgemeinbevölkerung in der Pandemie gehören Ängstlichkeit, Depression und Stress (Salari et al., 2020). Des Weiteren haben Längsschnittstudien gezeigt, dass die Pandemie zu einer Verschlechterung von Depressionssymptomen und zu akutem Stress geführt hat (Holman et al., 2020).

In engem Zusammenhang mit physischer und mentaler Gesundheit sollte ein weiterer für das Wohlbefinden wichtiger Aspekt berücksichtigt werden: Schlaf. Die Ergebnisse von Studien, die die Auswirkungen der Pandemie auf die Schlafqualität erforschen, sind uneindeutig. Wie kürzlich in einer systematischen Übersichtsarbeit beschrieben (Y. N. Lin et al., 2021), berichten einige Menschen von einer Verschlechterung (Cellini et al., 2020; Robillard et al., 2021; Salfi et al., 2021) und andere von keiner Veränderung bzw. teilweise sogar von einer Verbesserung beim Schlaf (Korman et al., 2020; Leone et al., 2020; Salfi et al., 2021). Kocevska et al. (2020) fanden etwa heraus, dass die Auswirkung der Pandemie auf den Schlaf von der Schlafqualität und Stimmungsschwankungen vor der Pandemie abhängig waren, wobei vor der Pandemie gute Schläfer*innen von einer Verschlechterung von Schlaf und Stimmung während der Pandemie berichteten. Die Pandemie scheint den Schlaf von unterschiedlichen Menschen nicht nur heterogen zu beeinflussen, sondern sie scheint sich auch auf unterschiedliche Aspekte der Schlafqualität auszuwirken, da sich manche Indikatoren verbesserten (z. B. Schlafdauer und Tagesform) und andere verschlechterten (z. B. Einnahme von Schlafmitteln und Schlafeffizienz) (Alfonsi et al., 2021).

Der Zusammenhang zwischen Schlaf und Ängstlichkeit wurde im Laufe der Pandemie anhand vieler Studien gut dokumentiert. Sie zeigten, dass ein erhöhtes

Angstniveau mit Schlafproblemen einhergeht (Al-Ajlouni et al., 2020; Cellini et al., 2020). Obwohl sich Ängstlichkeit und Schlafprobleme wahrscheinlich gegenseitig beeinflussen (Alvaro et al., 2013), kann davon ausgegangen werden, dass im Kontext der Pandemie zuerst das Angstniveau stieg und in der Folge dann der Schlaf beeinträchtigt war. Daraus ergibt sich die Frage, welche Pandemie-bezogenen Faktoren die Schlafqualität verringern, indem sie das Angstniveau erhöhen.

Mögliche Ursachen für gesteigerte Ängstlichkeit während der COVID-19-Pandemie könnten die wahrgenommene Zugehörigkeit zu einer Risikogruppe, ein höheres Risiko COVID-19 ausgesetzt zu sein (z. B. durch die Arbeit) oder ein höheres Risiko eines schweren COVID-19-Verlaufs im Falle einer Infektion (z. B. wegen Vorerkrankungen) sein. Sowohl das wahrgenommene Risiko, sich mit dem Virus zu infizieren, als auch das wahrgenommene Risiko, an COVID-19 zu sterben, wurden als Prädiktoren für erhöhte Ängstlichkeit und Furcht identifiziert (Harper et al., 2020; Y. Lin et al., 2020). Ferner wurde der Zusammenhang zwischen einem erhöhten Expositionsrisiko, einem schweren Verlauf und Schlaf im Kontext der COVID-19-Pandemie erforscht. Studien zeigen, dass Gesundheitspersonal an vorderster Front, welches direkt mit COVID-19-Patient*innen interagiert, und dadurch ein höheres Expositionsrisiko aufweist, ängstlicher ist und schlechter schläft als Gesundheitspersonal ohne regelmäßigen Kontakt zu COVID-19-Patient*innen (Lai et al., 2020; Qi et al., 2020; Zerbini, Ebigbo et al., 2020). Ähnlich verhält es sich bei Personen mit chronischen Erkrankungen, die ein erhöhtes Risiko eines schweren COVID-19-Verlaufs haben – diese berichten über eine schlechtere Schlafqualität als Personen ohne chronische Erkrankungen (Robillard et al., 2021; Stanton et al., 2020). Assoziationen zwischen einem erhöhten Expositionsrisiko bzw. einem schweren Verlauf bei Infektion und sowohl Ängstlichkeit als auch Schlafproblemen konnten bereits gezeigt werden. Wir testen deshalb anhand eines Mediationsmodells, ob Ängstlichkeit in Bezug auf COVID-19 bei der Erklärung des Zusammenhangs zwischen wahrgenommener Zugehörigkeit zu einer Risikogruppe und Schlafproblemen als Mediator fungiert.

Zusätzlich wollten wir herausfinden, ob subjektives Wissen über COVID-19 die Beziehung zwischen der wahrgenommenen Zugehörigkeit zu einer Risikogruppe und Ängstlichkeit in Bezug auf COVID-19 moderiert. Situationen, die mit Gefahr, großer Unsicherheit sowie teilweise unklaren bzw. unbekannten Bewältigungsmöglichkeiten einhergehen, werden oft als bedrohlich eingestuft (Lazarus & Folkman, 1984). Im Umkehrschluss erwarten wir, dass Personen, die sich über die Symptome und Konsequenzen einer Infektion mit COVID-19 informiert fühlen, eine geringere Ängstlichkeit aufgrund ihrer wahrgenommenen Zugehörigkeit zu einer Risikogruppe entwickeln. Diesen potentiellen moderierenden Effekt des Wissens zu untersuchen ist auch praktisch relevant, da fehlendes oder inkorrektes durch öffentlichen Gesundheitskampagnen adressiert werden kann (Anker et al., 2016). Die Untersuchung dieses Moderationseffektes ist daher von hoher Relevanz für Entschei-

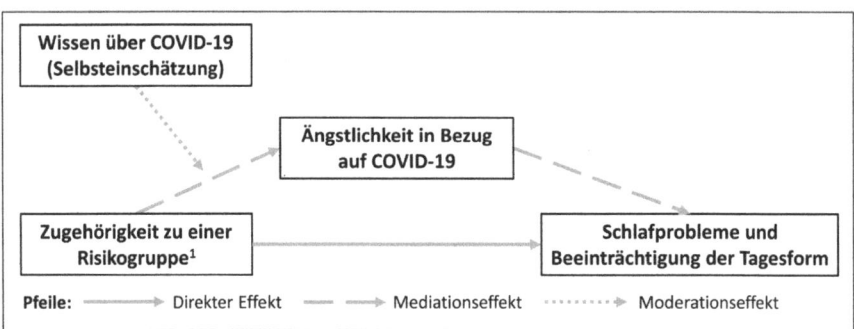

Abbildung 1 Vorgeschlagenes konzeptionelles Modell.
Anmerkungen: [1] Das wahrgenommene Risiko einer COVID-19-Exposition und eines schweren COVID-19-Verlaufs (Darstellung durch die Autor*innen).

dungsträger*innen, die Ängstlichkeit und Schlaflosigkeit in Bevölkerungsgruppen reduzieren möchten, die von COVID-19 und ähnlichen existierenden, zukünftig auftretenden Krankheiten oder durch andere Bedrohungen ihrer Gesundheit gefährdet sind. Eine solche moderierende Rolle von Wissen wurde im Kontext der Pandemie bereits diskutiert (Tan et al., 2020), aber im vorliegenden Forschungskontext noch nicht überprüft. Obwohl viele Studien die Auswirkungen der Pandemie auf psychische Gesundheit und Schlaf untersuchten, wurde nach unserem Wissen die Auswirkung der Zugehörigkeit zu einer Risikogruppe auf Schlafprobleme in Folge von COVID-19-Ängstlichkeit ebenfalls noch nicht untersucht. Abbildung 1 stellt das von uns vorgeschlagene konzeptionelle Modell für diese Untersuchung dar.

2. Methoden

Teilnehmer*innen und Untersuchungsdesign

Um die beschriebenen Auswirkungen zu untersuchen, haben wir 4.856 erwachsene Teilnehmer*innen (ab 18 Jahren) über die Online-Umfrageplattform „respondi" in Deutschland rekrutiert. Dabei handelt es sich um ein aktiv gemanagtes Marktforschungspanel mit freiwilliger Teilnahme und Double-Opt-In-Registrierung ist[2]. Wir haben eine quoten-repräsentative Stichprobe unter Berücksichtigung von Geschlecht, Alter (18–74) und Bundesland verwendet. Gemäß den deutschen

---

[2] Das Panel ist durch einen aufwändigen Bewertungs- und Kontrollprozess einer kontinuierlichen Qualitätskontrolle unterworfen.

Datenschutzrichtlinien werden personenbezogene Daten und Antworten aus der Umfrage getrennt voneinander gespeichert. Von den 4.856 Antwortenden haben 4.716 Personen (91,1 %) eine informierte Einwilligung hinsichtlich der Studienteilnahme erklärt. Aufgrund von fehlenden Werten bei Variablen in den statistischen Modellen konnten 4.167 Fälle (85,8 %) (weiblich: 49,3 %; Durchschnittsalter: 45,8 Jahre ± 15,5) für die Auswertung verwendet werden. Das heißt, es wurden nur Befragte mit vollständigen Antworten bei allen Skalen-Items für die Analysen berücksichtigt. Befragte, die die Umfrage vollständig ausgefüllt haben, erhielten eine kleine Entlohnung (€ 0,40), um sie für ihre Zeit zu entschädigen und zur Teilnahme zu motivieren (van Veen et al., 2016). Die Ethikkommission der Wirtschafts- und Sozialwissenschaftlichen Fakultät der Universität zu Köln erteilte ein positives Ethikvotum (Zulassungsnummer: 200015 DM_extension). Die Daten (Zerbini, Taflinger et al., 2022) wurden zwischen 16. und 29. Dezember 2020 erhoben. Zu dieser Zeit gab es in Deutschland einen Lockdown, bei dem unter anderem Schulen, Hotels, Bars und Restaurants geschlossen waren. Die meisten Personen arbeiteten im Homeoffice und private Zusammenkünfte waren stark eingeschränkt.

Erhebungsinstrumente

Schlafprobleme und Beeinträchtigung der Tagesform: Zur Messung von Schlafproblemen und der Beeinträchtigung der Tagesform haben wir die Athens Insomnia Scale for Non-Clinical Application verwendet (AIS-NCA; Sattler, Seddig et al., 2021). Die sieben Items dieses Instruments wurden auf einer Skala von eins bis fünf bewertet. Die AIS-NCA liefert zwei Subskalenwerte: 1. für Schlafprobleme (Beispiel-Item: „Einschlafen konnte ich meist (nach dem Ausschalten des Lichts) …" mit Antwortmöglichkeiten von „sofort" bis „nach sehr langer Zeit") und 2. für die Beeinträchtigung der Tagesform (Beispiel-Item: „Meine Leistungsfähigkeit (physisch und psychisch) war tagsüber meist …" mit Antwortmöglichkeiten von „sehr gut" bis „sehr schlecht"). Zudem wurde ein Gesamtwert für alle sieben Items erstellt. Für die Erstellung der (Sub-)Skalen wurden die entsprechenden Items gemittelt. Die Werte reichten jeweils von 1 bis 5. Höhere Werte weisen dabei auf mehr Schlafprobleme und eine stärkere Beeinträchtigung der Tagesform hin. Die Reliabilität war sowohl für die beiden Subskalen als auch für die Gesamtskala gut (Cronbachs α = 0,77–0,85).

Risikogruppe: Es wurden zwei Selbsteinschätzungsindikatoren für die Zugehörigkeit zu einer Risikogruppe verwendet. Der erste war ein erhöhtes Expositionsrisiko und der zweite war ein erhöhtes Risiko für einen schweren COVID-19-Verlauf im Falle einer Ansteckung. Die Befragten erhielten Beispiele, um zu verdeutlichen, was mit Expositionsrisiko (z. B. aufgrund der Beschäftigung in einem Krankenhaus oder an einer Schule) bzw. mit einem schweren COVID-19-Verlauf (z. B. wegen bestehender Diabetes oder Erkrankungen der Lungen) gemeint war (ähnlich zu Gouin et al., 2021). Die Antwortmöglichkeiten waren jeweils „nein" [0] und „ja" [1].

Ängstlichkeit in Bezug auf COVID-19: Wir verwendeten drei Items der deutschen Version der „Coronavirus Anxiety Scale" (CAS; Hölzel & Willenborg, 2020; Lee, 2020), um dysfunktionale Furcht und Ängstlichkeit in Bezug auf COVID-19 zu messen. Die Befragten bewerteten auf einer fünfstufigen Skala von „überhaupt nicht" [1] bis „nahezu jeden Tag in den letzten 2 Wochen" [5], wie häufig sie physiologische Erregungssymptome durch COVID-19-bezogene Informationen und Gedanken erlebten (z. B. „Ich fühlte mich schwindelig, benommen oder matt, wenn ich Nachrichten über das Coronavirus las oder hörte."). Die Antworten auf die drei Items wurden gemittelt, um einen Gesamtwert zu errechnen. Dieser konnte Werte zwischen 1 und 5 annehmen, wobei höhere Werte eine höhere Angst repräsentieren. Die Reliabilität der Skala kann als gut angesehen (Cronbachs $\alpha = 0{,}85$).

Wissen über COVID-19 (Selbsteinschätzung): Das Wissen über die Symptome und Auswirkungen von COVID-19 wurde mit dem Item „Meine Kenntnisse über die Symptome und Auswirkungen von Corona sind ..." gemessen. Und die Antwortoptionen reichten dabei von „sehr gering" [0] bis „sehr hoch" [10] (ähnlich zu Sattler, Escance et al., 2017).

Statistische Analyse

Wir haben zwei moderierte Mediationsmodelle mittels des PROCESS-Makros (Modell 7) (Hayes, 2017) in SPSS (IBM Statistics für Windows, Version 28.0.1.0) geschätzt, um zu untersuchen, ob Ängstlichkeit in Bezug auf COVID-19 die Auswirkungen der wahrgenommenen Zugehörigkeit zu einer Risikogruppe (Expositionsrisiko und Risiko eines schweren Verlaufs) auf Schlafprobleme und die Beeinträchtigung der Tagesform (Gesamtskala der AIS-NCA) mediiert und ob die Auswirkungen der Risikogruppe auf Ängstlichkeit in Bezug auf COVID-19 durch selbst eingeschätztes Wissen moderiert werden. Die getesteten Pfade der beiden moderierten Mediationsmodelle sind in Abbildung 1 dargestellt. Zusätzliche Analysen anhand der Subskalenwerte (Schlafprobleme und beeinträchtigte Tagesform), welche die hier präsentierten Ergebnisse bestätigen, sind in Tabelle A1–A2 im Anhang dargestellt. In der Testung der direkten und indirekten Effekte sowie des Indexes der moderierten Mediation wurde ein 95 %-Perzentil-Bootstrap-Konfidenzintervall (95 % KI_{Boot}) ($N = 10.000$) verwendet, wobei ein 95 % KI_{Boot}, das die „0" nicht enthält, auf einen statistisch signifikanten Effekt hinweist. Wir berichten die bedingten indirekten Effekte der Zugehörigkeit zu einer Risikogruppe für drei verschiedene Ausprägungen von Ängstlichkeit in Bezug auf COVID-19 („niedrig" bei einer Standardabweichung unter dem Mittelwert, „durchschnittlich" bei Werten um den Mittelwert und „hoch" bei Werten eine Standardabweichung über dem

Mittelwert). Bei allen berichteten Effekten handelt es sich um nicht-standardisierte Koeffizienten. Wir haben Alter und Geschlecht als Kontrollvariable verwendet, da bereits gezeigt wurde, dass beide Variablen in Zusammenhang mit der oben genannten Risikogruppenzugehörigkeit (z. B. Rommel et al., 2021), der Furcht vor COVID-19 (z. B. Niño et al., 2021) und mit Schlaf (z. B. Luca et al., 2015) stehen.

3. Ergebnisse

Deskriptive Befunde

Beinahe jede*r fünfte (18,33 %) Befragte hat sich selbst als einem COVID-19-Expositionsrisiko ausgesetzt empfunden und beinahe jede*r Dritte (30,19 %) ging davon aus, durch einen schweren COVID-19-Verlauf gefährdet zu sein. Wäh-

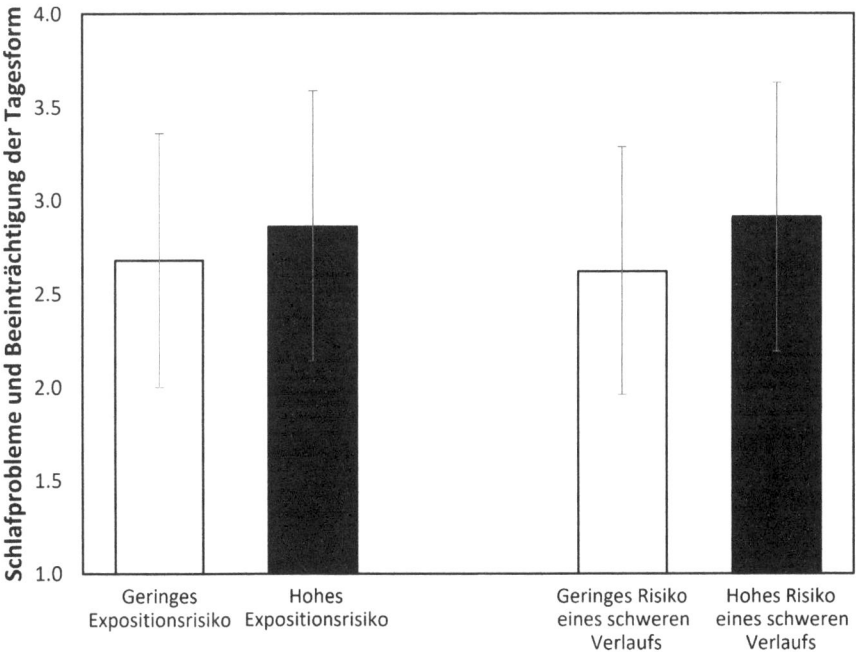

Abbildung 2 Mittelwerte (mit Standardabweichungen) von Schlafproblemen und Beeinträchtigung der Tagesform (AIS-NCA) nach COVID-19-Expositionsrisiko (links) und Risiko eines schweren COVID-19-Verlaufs (rechts) (Darstellung durch die Autor*innen). *Anmerkungen:* Die Variationsbreite des AIS-NCA ist 1–5, wobei ein höherer Wert auf mehr Schlafprobleme und eine höhere Beeinträchtigung der Tagesform hinweist.

rend die meisten Befragten (89,3 %) davon berichteten, (nahezu) niemals Symptome von Ängstlichkeit zu erleben, gab etwa 1 % an, dass sie während der letzten zwei Wochen fast täglich solche Symptome hatten. 16,3 % der Befragten hatten keine bzw. kaum Schlafprobleme oder Beeinträchtigung der Tagesform, wohingegen 5,3 % über (sehr) schwere Probleme berichteten. Menschen, die laut eigener Wahrnehmung ein höheres COVID-19-Expositionsrisiko oder ein höheres Risiko eines schweren COVID-19-Verlaufs hatten, berichteten über mehr solcher Probleme (siehe Abbildung 2).

Das selbsteingeschätzte Wissen über COVID-19 war recht hoch – 22,7 % der Befragten wählten eine der höchsten beiden Antwortmöglichkeiten (sehr gute Kenntnisse) auf der 11-stufigen Skala, wohingegen nur 1,0 % die untersten beiden Antwortoptionen (sehr geringe Kenntnisse) wählten. In Tabelle 1 sind weitere deskriptive Statistiken und paarweise Korrelationen der untersuchten Variablen dargestellt.

COVID-19-Expositionsrisiko

Das Mediationsmodell (siehe Modell 1 in Tabelle 2) zeigt einen statistisch signifikanten, positiven bedingten Haupteffekt des COVID-19-Expositionsrisikos auf Ängstlichkeit in Bezug auf COVID-19, d.h. wenn das selbsteingeschätzte Wissen über COVID-19 gering war, war das Expositionsrisiko mit einem höheren Angstniveau assoziiert (d.h. auf einer fünfstufigen Skala war die Angst um 0,711 Punkte höher). Im Falle von Personen ohne Expositionsrisiko hatte das selbsteingeschätzte Wissen keinen Einfluss auf die Ängstlichkeit (B = 0,006; siehe auch die Ergebnisse für „Geringes Expositionsrisiko" in Abbildung 3). Der statistisch signifikante, negative Interaktionseffekt zwischen Expositionsrisiko und Wissen (B = -0,064) legt nahe, dass der Effekt des Expositionsrisikos auf Ängstlichkeit in Bezug auf COVID-19 abnimmt, wenn das Wissen zunimmt (siehe Ergebnisse für „Expositionsrisiko" in Abbildung 3).

Das abhängige Variablenmodell (siehe Modell 3 in Tabelle 3) zeigt, dass Personen, die sich selbst einem höheren COVID-19-Expositionsrisiko ausgesetzt sehen, von einem statistisch signifikant höheren Level an Schlafproblemen und einer Beeinträchtigung der Tagesform berichtet haben (im Durchschnitt um 0,080 Punkte höher auf einer fünfstufigen Skala) als Personen, die sich selbst nicht als gefährdet sahen – unter Kontrolle des Mediators (also Ängstlichkeit in Bezug auf COVID-19). Der Mediator Ängstlichkeit zeigte auch einen statistisch signifikanten (B = 0,329) positiven direkten Effekt auf Schlafprobleme und die Beeinträchtigung der Tagesform.

Außerdem zeigte sich ein statistisch signifikanter, bedingter indirekter Effekt des wahrgenommenen COVID-19-Expositionsrisikos auf Schlafprobleme und die

Tabelle 1 Paarweise Korrelationen und deskriptive Statistik (N = 4.167).

	Paarweise Korrelationen[a] und Cronbachs α (Diagonale)							Deskriptive Statistik	
	1)	2)	3)	4)	5)	6)	7)	Mittelwert (SD) oder Proportion	Min-Max
1) Wahrgenommenes Expositionsrisiko (ja)	—[b]							0,18	0–1
2) Wahrgenommenes Risiko eines schweren Verlaufs (ja)	0,169***	—[b]						0,30	0–1
3) Ängstlichkeit in Bezug auf COVID-19	0,143***	0,112***	0,85					1,36 (0,69)	1–5
4) Schlafprobleme und Beeinträchtigung der Tagesform	0,100***	0,191***	0,349***	0,85				2,71 (0,69)	1–5
5) Wissen über COVID-19 (Selbsteinschätzung)	0,035*	0,046**	−0,023	−0,033*	—[b]			7,20 (1,87)	0–10
6) Geschlecht (weiblich)	0,045**	−0,024	0,037*	0,136***	0,080***	—[b]		0,49	0–1
7) Alter (Jahre)	−0,045***	0,301***	−0,144***	−0,083***	0,093***	0,025	—[b]	45,8 (15,5)	18–74

Anmerkungen: $^*p < 0,05$, $^{**}p < 0,01$, $^{***}p < 0,001$. Die p-Werte wurden anhand der Benjamini-Hochberg-Prozedur für mehrfache Vergleiche angepasst.
[a] Pearson's Koeffizienten. Bei kategorialen Variablen werden deskriptive Statistiken für die Kategorie in Klammer berichtet.
[b] Nicht zutreffend.

Tabelle 2 Mediatorvariablenmodelle des bedingten Mediationsmodells mit Wissen über COVID-19 als moderierende Variable (N = 4.167)[a]

	Modell 1: Expositionsrisiko			Modell 2: Risiko eines schweren Verlaufs		
	Effekt	SE_{Boot}	95 % KI_{Boot}	Effekt	SE_{Boot}	95 % KI_{Boot}
Mediatorvariablenmodelle für die abhängige Variable „Ängstlichkeit in Bezug auf COVID-19"						
Risikogruppe[b]	**0,711**	0,157	[0,403;1,014]	**0,345**	0,114	[0,122;0,568]
Wissen über COVID-19 (Selbsteinschätzung)	0,006	0,006	[-0,005;0,018]	-0,003	0,006	[-0,015;0,010]
Risikogruppe* Wissen über COVID-19 (Selbsteinschätzung)	**-0,064**	0,020	[-0,103;-0,024]	-0,011	0,015	[-0,041;0,019]
Konstante	1,516	0,055	[1,410;1,627]	1,659	0,061	[1,538;1,781]

Anmerkungen: 95 % KI_{Boot} = 95 % Perzentil-Bootstrap-Konfidenzintervall (N = 10.000); SE_{Boot} = Perzentil-Bootstrap-Standardfehler. Fett gedruckte Effekte weisen darauf hin, dass der jeweilige 95 % KI_{Boot} „0" nicht enthält und sie daher als statistisch signifikant gelten. Die Effekte sind nicht-standardisierte Koeffizienten. Ergebnisse kontrolliert für die Variablen Geschlecht und Alter.

[a] Pfad *a* ist von Wissen über COVID-19 (Selbsteinschätzung) moderiert.
[b] Die jeweilige Risikogruppe ist in der Tabellenüberschrift angegeben.

COVID-19 und Schlaf 81

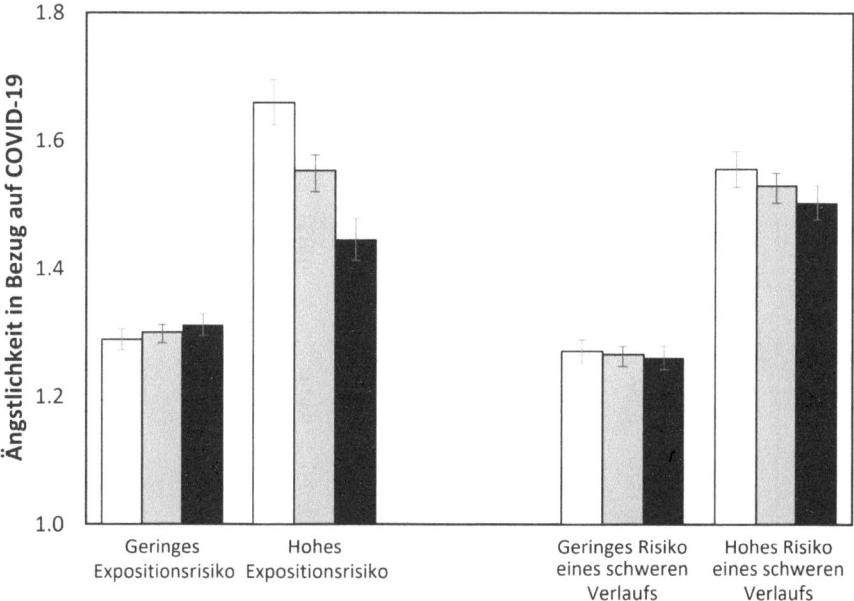

Abbildung 3 Prädiktive Werte (mit Standardfehlern) von Ängstlichkeit in Bezug auf COVID-19 (CAS) abhängig vom COVID-19-Expositionsrisiko (links) und dem Risiko eines schweren COVID-19-Verlaufs (rechts) und als Funktion unterschiedlicher Level von COVID-19-Wissen (Selbsteinschätzung) (Darstellung durch die Autor*innen). *Anmerkungen:* Die Variationsbreite der Skala für Ängstlichkeit in Bezug auf COVID-19 ist 1–5, wobei ein höherer Wert auf ein höheres Angstniveau hinweist. Das selbst eingeschätzte Wissen über COVID-19 wurde anhand von drei unterschiedlichen Werten vorhergesagt: „niedrig" bei einer Standardabweichung unter dem Mittelwert ☐, „durchschnittlich" beim Werten um den Mittelwert und „hoch" bei Werten eine Standardabweichung über dem Mittelwert ■.

Beeinträchtigung der Tagesform vermittelt über Ängstlichkeit in Bezug auf COVID-19 (B = -0,021). Das deutet darauf hin, dass die Risikogruppenzugehörigkeit zu mehr Schlafproblemen und einer Beeinträchtigung der Tagesform führt und dieser Effekt vermittelt wird durch ein gesteigertes Angstniveau und dass dieser Effekt insbesondere auf Befragte mit einem geringeren selbsteingeschätzten Wissen über COVID-19 zutraf (die Konfidenzintervalle der paarweisen Kontraste schließen nicht die „0" ein).

Tabelle 3 Abhängige Variablenmodelle des bedingten Mediationsmodells mit Wissen über COVID-19 (Selbsteinschätzung) als moderierende Variable und Schlafproblemen und Beeinträchtigung der Tagesform (Gesamtwert) als abhängige Variable ($N = 4.167$)[a].

	Modell 3: Expositionsrisiko			Modell 4: Risiko eines schweren Verlaufs		
	Effekt	SE_{Boot}	95 % KI_{Boot}	*Effekt*	SE_{Boot}	95 % KI_{Boot}
Schlafprobleme und Beeinträchtigung der Tagesform (Gesamtwert)						
Risikogruppe[b]	0,080	0,027	[0,028;0,132]	0,286	0,024	[0,237;0,332]
Ängstlichkeit in Bezug auf COVID-19	0,329	0,017	[0,297;0,362]	0,305	0,017	[0,272;0,337]
Konstante	2,244	0,041	[2,164;2,323]	2,327	0,041	[2,248;2,409]
	Effekt	SE_{Boot}	95 % KI_{Boot}	*Effekt*	SE_{Boot}	95 % KI_{Boot}
Bedingte indirekte Effekte der Risikogruppe bei unterschiedlichen Werten von Wissen über COVID-19 (Selbsteinschätzung) über Ängstlichkeit in Bezug auf COVID-19						
Geringes Wissen	0,122	0,020	[0,085;0,162]	0,087	0,013	[0,062;0,114]
Mittleres Wissen	0,083	0,012	[0,060;0,108]	0,080	0,009	[0,063;0,099]
Hohes Wissen	0,044	0,015	[0,015;0,075]	0,074	0,012	[0,052;0,098]
	Kontrast	SE_{Boot}	95 % KI_{Boot}	*Kontrast*	SE_{Boot}	95 % KI_{Boot}
Paarweise Kontraste zwischen bedingten indirekten Effekten von Ängstlichkeit in Bezug auf COVID-19 bei unterschiedlichen Werten von Wissen über COVID-19 (Selbsteinschätzung)						
Mittleres vs. geringes Wissen	−0,039	0,013	[−0,064;0,014]	−0,006	0,009	[−0,023;0,011]
Hohes vs. geringes Wissen	−0,078	0,026	[−0,128;−0,028]	−0,013	0,017	[−0,046;0,021]
Hohes vs. mittleres Wissen	−0,039	0,013	[−0,064;0,014]	−0,006	0,009	[−0,023;0,011]

	Effekt	SE_{Boot}	95 % KI_{Boot}	Effekt	SE_{Boot}	95 % KI_{Boot}
Index der moderierten Mediation	**-0,021**	0,007	[-0,034;-0,008]	-0,003	0,005	[-0,012;0,006]

Anmerkungen: 95 % KI_{Boot} = 95 % Perzentil-Bootstrap-Konfidenzintervall (N = 10.000); SE_{Boot} = Perzentil-Bootstrap-Standardfehler. Fett gedruckte Effekte weisen darauf hin, dass der jeweilige 95 % KI_{Boot} „0" nicht einschließt und sie somit als statistisch signifikant gelten. Die Effekte sind nicht-standardisierte Koeffizienten. Ergebnisse kontrolliert für die Variablen Geschlecht und Alter.
[a] Pfad *a* ist von Wissen über COVID-19 (Selbsteinschätzung) moderiert.
[b] Die jeweilige Risikogruppe ist in der Tabellenüberschrift angegeben.

Risiko eines schweren COVID-19-Verlaufs

Das Mediationsmodell Modell 2 in Tabelle 2 zeigt einen statistisch signifikanten, positiven bedingten Haupteffekt eines schweren Verlaufs auf die Ängstlichkeit in Bezug auf COVID-19. Personen, die laut eigener Wahrnehmung bei einer COVID-19-Infektion einen schweren Verlauf zu erwarten hätten, berichteten von mehr Ängstlichkeit in Bezug auf COVID-19 (die Ängstlichkeit ist durchschnittlich um 0,345 Punkte höher) als Personen, die sich nicht dieser Risikogruppe zugehörig fühlten. Dieser Effekt wurde statistisch nicht signifikant durch das selbst eingeschätzte Wissen über COVID-19 moderiert (B = -0,011). Wie schon bei Modell 1 hatte Wissen keinen bedingten Haupteffekt auf die Ängstlichkeit in Bezug auf COVID-19 (B = -0,003).

Das abhängige Variablenmodell in Tabelle 3 (Modell 4) zeigt, dass Personen, die laut eigener Wahrnehmung dem Risiko eines schweren Verlaufs ausgesetzt waren, von einem statistisch signifikant höheren Level an Schlafproblemen und einer Beeinträchtigung der Tagesform berichteten als Personen, die sich nicht im selben Maße gefährdet sahen (auf einer fünfstufigen Skala im Durchschnitt um 0,286 Punkte höher), unter Kontrolle des Mediators (also Ängstlichkeit in Bezug auf COVID-19). Ähnlich wie bei Modell 3 hat der Mediator hier einen statistisch signifikanten, positiven direkten Effekt auf Schlafprobleme und die Beeinträchtigung der Tagesform (B = 0,305). Es zeigten sich auch indirekte Effekte vom Risiko eines schweren Verlaufs auf Schlafprobleme und die Beeinträchtigung der Tagesform, die über Ängstlichkeit in Bezug auf COVID-19 mediiert werden (die Konfidenzintervalle enthielten die „0" nicht). Diese Effekte wurden allerdings nicht durch selbst eingeschätztes COVID-19-Wissen moderiert (wie die Konfidenzintervalle der paarweisen Kontraste zeigen, die jeweils die „0" enthielten).

4. Diskussion

Bisherige Untersuchungen legen nahe, dass sich die COVID-19-Pandemie teils ganz unterschiedlich auf die Schlafgesundheit der Bevölkerung ausgewirkt hat (Y. N. Lin et al., 2021). In einem kürzlich erschienen Scoping Review zeigten Simonelli et al. (2021) mehrere Risikofaktoren (z. B. geringes Alter, weibliches Geschlecht, niedriger sozio-ökonomischer Status oder das Vorhandensein psychologischer Probleme schon vor der Pandemie), welche einige Personen anfälliger für Schlafprobleme machen.

Auf der Suche nach weiteren Risikofaktoren sowie mediierenden und moderierenden Faktoren untersuchten wir die Auswirkungen der Risikogruppenzugehörigkeit auf Schlafprobleme und die Beeinträchtigung der Tagesform bei zwei besonders gefährdeten Personengruppen. Einerseits ging es um Personen, die laut eigener Wahrnehmung einem erhöhten COVID-19-Expositionsrisiko ausgesetzt waren und andererseits Personen, mit einem erhöhten Risiko eines schweren COVID-19-Verlaufs im Falle einer Ansteckung.

Zusammengefasst zeigten unsere Ergebnisse, dass eine wahrgenommene Zugehörigkeit zu einer dieser Risikogruppen mit mehr Schlafproblemen und einer höheren Beeinträchtigung der Tagesform in Zusammenhang steht. Dieser Effekte wurde durch ein höheres Niveau an Ängstlichkeit in Bezug auf COVID-19 mediiert. Zusätzlich reduzierte Wissen über COVID-19 die negativen Auswirkungen der Risikogruppenzugehörigkeit auf die Ängstlichkeit und somit auch auf den Schlaf, aber nur für die Personen, welche sich selbst einem höheren COVID-19-Expositionsrisiko ausgesetzt sahen.

Insgesamt sahen sich zwei von zehn Personen einem erhöhten COVID-19-Expositionsrisiko ausgesetzt und drei von zehn Personen einem gesteigerten Risiko eines schweren COVID-19-Verlaufs. Unsere Befunde über ein höheres Niveau an Ängstlichkeit in Bezug auf COVID-19 in beiden Risikogruppen (besonders in der Gruppe mit Expositionsrisiko) wurde bereits in früheren Studien gefunden, die positive Korrelationen zwischen dem wahrgenommenen Ansteckungsrisiko bzw. der Gefährlichkeit des Virus und Furcht bzw. Ängstlichkeit in Bezug auf COVID-19 feststellten (Harper et al., 2020; Y. Lin et al., 2020). Wir fanden zudem eine positive Assoziation zwischen erhöhter Angst mit Schlafproblemen und einer Beeinträchtigung der Tagesform. Auch dies zeigt sich bereits in früheren Studien (Al-Ajlouni et al., 2020; Cellini et al., 2020). Angst mediierte auch den Zusammenhang zwischen wahrgenommenem Risiko und Schlaf. Personen, die laut eigener Wahrnehmung einem erhöhten COVID-19-Expositionsrisiko ausgesetzt waren (besonders solche, die ein geringeres selbsteingeschätztes Wissen über COVID-19 hatten), berichteten von einem gesteigerten Angstniveau in Bezug auf COVID-19 und dies wirkte sich wiederum negativ auf ihren Schlaf aus. Derselbe Mediationspfad (ohne den Moderationseffekt Wissen) wurde bei Personen mit dem Risiko eines schweren Verlaufs gefunden. Wir beobachteten auch einen direkten Residualeffekt der Risikogruppenzugehörigkeit auf Schlaf, welcher darauf hinweist, dass die Zugehörigkeit zu einer der beiden Risikogruppen mit Schlafproblemen einherging, ganz unabhängig von der Ängstlichkeit. Ein möglicher Grund für den direkten Effekt des Expositionsrisikos auf Schlaf könnte die gesteigerte Arbeitslast von Personen in bestimmten Berufen aufgrund der Pandemie sein (Bell et al., 2021). Dementsprechend zeigen Studien aus der Zeit vor der Pandemie, dass viele chronische Erkrankungen (z. B. Herzerkrankungen und hoher Blutdruck, welche Risikofaktoren für einen schweren COVID-19-Verlauf sind) mit Schlaflosigkeit in Verbindung stehen (Taylor et al., 2007).

Wie bereits erwähnt, moderiert selbst eingeschätztes COVID-19-Wissen die Verbindung zwischen Expositionsrisiko und Ängstlichkeit in Bezug auf COVID-

19. Informationen darüber, wie eine COVID-19 Infektion vermieden werden kann (z. B. Einschränkung der sozialen Kontakte und das Tragen von Masken), waren fast ab dem Beginn der Pandemie verfügbar und wurden allgemein breit kommuniziert. Das bedeutet, dass klare Empfehlungen über eine einfache und effektive Vermeidung einer Infektion verfügbar waren, auch wenn die Informationen eventuell unterschiedlich wahrgenommen wurden (Alsan et al., 2020). Personen mit hohem Expositionsrisiko war es durch Informationen über das Virus sowie darüber, wie man eine Infektion vermeidet und wie vorbeugende Maßnahmen im Alltag angewandt werden können, möglich, sich trotzdem sicher zu fühlen. Dies konnte ihnen helfen ihr Angstniveau zu reduzieren. Solch ein dämpfender Effekt des Wissens über COVID-19 Informiertheit auf die Ängstlichkeit in Bezug auf COVID-19 konnte in der Risikogruppe mit einem schweren Verlauf nicht beobachtet werden. Der Grund dafür könnte darin liegen, dass es zum Zeitpunkt der Studie keine Behandlungs- und Vorsorgemöglichkeiten gab. So hatten bis 31. Dezember 2020 beispielsweise erst 200.000 Personen in Deutschland die erste Impfung erhalten. Daher half Wissen über das Virus wahrscheinlich nicht dabei, das Angstniveau bei Personen mit dem Risiko eines schweren Verlaufs zu reduzieren, da es keine wissenschaftlichen Belege gab, wie man im Falle einer Infektion einen schweren Verlauf vermeiden könnte. Unsere Ergebnisse passen auch zu den Befunden einer kürzlich veröffentlichten Studie, die einen ähnlichen Zusammenhang zwischen einem niedrigeren Angstniveau und der Wahrnehmung, ausreichend über die Pandemie informiert zu sein, berichtete (Cheng et al., 2021). Diese Studie verdeutlicht auch die Herausforderungen bei der Beschaffung korrekter und zuverlässiger Informationen sowie die komplexe Interaktion zwischen Informationsbewältigungsstilen und -strategien, die bestimmen, wie Menschen auf die überwältigende Menge an verfügbaren Informationen reagieren.

Limitationen und Ausblick für zukünftige Forschung

Unsere Studie weist einige Limitationen auf. Erstens verwendeten wir Einzel-Item-Indikatoren, um die wahrgenommene Zugehörigkeit zu einer Risikogruppe bezüglich COVID-19-Expositionsrisiko und eines schweren Verlaufs bei einer Infektion zu erfassen. Obwohl wir den Befragten Beispiele lieferten, könnten zukünftige Studien eine vollständige(re) Liste von Gründen angeben, wann jemand zu einer Risikogruppe gehört. Dies könnte die Aussagekraft solcher selbst eingeschätzter Kategorisierungen verbessern. Das subjektive Wissen über COVID-19 wurde ebenso mit nur einem allgemeinen Item erfasst. Die Messung könnte zukünftig verbessert werden, indem solches Wissen differenzier über mehrere Items erfasst würde (z. B. mit Items zu effektiven Wege einer Infektionsvermeidung oder zu Behandlungsmöglichkeiten, Folgen spezifischer Symptome oder regionale Inzidenzraten).

Zweitens waren die oben angeführten Maße sowie die Schlaf- und Ängstlichkeitsmaße subjektiv und dadurch anfällig für eine Verzerrungen. Auch wenn subjektive Maße höchst relevant sind (vor allem bei der Bewertung der psychischen Gesundheit), könnten zukünftige Studien zusätzlich objektive Messungen vornehmen (z. B. mittels Aktigraphie, um Schlaf zu bewerten oder über Wissenstests, um die COVID-19-Kenntnisse zu überprüfen). Eine dritte Limitation dieser Studie betrifft die Selbstselektion hinsichtlich der Teilnahme an das Befragungspanel. Zukünftige Studien sollten deshalb Zufallsstichproben der Allgemeinbevölkerung verwenden. Außerdem wurden hier nur Querschnittsdaten verwendet. Längsschnittstudien sind jedoch notwendig, um die kausalen Zusammenhänge die im theoretischen Modell postuliert wurden, zu validieren. Längsschnittanalysen wären auch nützlich, um Langzeitauswirkungen der Pandemie auf Schlaf und andere Indikatoren der physischen und psychischen Gesundheit zu untersuchen.

5. Fazit

Insgesamt verbessert die vorliegende Studie jedoch unser Verständnis darüber, wie sich die COVID-19-Pandemie besonders auf spezifische Personengruppen ausgewirkt hat. Sie bietet zudem Hinweise für mögliche Interventionen. Durch solche Interventionen könnte die Schlafqualität von Personen, die laut eigener Wahrnehmung einem erhöhten Expositionsrisiko oder dem Risiko eines schweren Verlaufs ausgesetzt sind, durch eine Verringerung der Ängstlichkeit in Bezug auf COVID-19 verbessert werden. Öffentliche Gesundheitskampagnen, die Informationen über das Virus und Schutzmaßnahmen liefern (Anker et al., 2016), könnten dabei eine mögliche Strategie sein, um nicht nur Infektionen zu verhindern, sondern auch um die Allgemeinbevölkerung und insbesondere gefährdete Personen mit praktischen Tipps zum Selbstschutz zu unterstützen. Dadurch könnte zeitgleich ihr Angstniveau gesenkt werden. Das Angstniveau zu senken und dadurch die Schlafqualität zu verbessern, ist generell ein wichtiges Ziel, um das Wohlbefinden von Menschen zu fördern, denn Schlaf spielt eine zentrale Rolle in Bezug auf mentale und physische Gesundheit (Freeman et al., 2020).

Danksagung

Wir danken allen, die bei der Durchführung dieser Studie geholfen haben, insbesondere Dina Maskileyson sowie Floris van Veen für die Programmierung der Studie.

Literatur

Al-Ajlouni, Y. A., Park, S. H., Alawa, J., Shamaileh, G., Bawab, A., El-Sadr, W. M., & Duncan, D. T. (2020). Anxiety and depressive symptoms are associated with poor sleep health during a period of COVID-19-induced nationwide lockdown: A cross-sectional analysis of adults in Jordan. *BMJ Open, 10*(12), e041995. https://doi.org/10.1136/bmjopen-2020-041995

Alfonsi, V., Gorgoni, M., Scarpelli, S., Zivi, P., Sdoia, S., Mari, E., Fraschetti, A., Ferlazzo, F., Giannini, A. M., & De Gennaro, L. (2021). COVID-19 lockdown and poor sleep quality: Not the whole story. *Journal of Sleep Research, 30*(5), e13368. https://doi.org/10.1111/jsr.13368

Alsan, M., Stantcheva, S., Yang, D., & Cutler, D. (2020). Disparities in Coronavirus 2019 Reported Incidence, Knowledge, and Behavior Among US Adults. *JAMA Network Open, 3*(6), e2012403. https://doi.org/10.1001/jamanetworkopen.2020.12403

Alvaro, P. K., Roberts, R. M., & Harris, J. K. (2013). A Systematic Review Assessing Bidirectionality between Sleep Disturbances, Anxiety, and Depression. *Sleep, 36*(7), 1059–1068. https://doi.org/10.5665/sleep.2810

Anker, A. E., Feeley, T. H., McCracken, B., & Lagoe, C. A. (2016). Measuring the Effectiveness of Mass-Mediated Health Campaigns Through Meta-Analysis. *Journal of Health Communication, 21*(4), 439–456. https://doi.org/10.1080/10810730.2015.1095820

Bell, C., Williman, J., Beaglehole, B., Stanley, J., Jenkins, M., Gendall, P., Rapsey, C., & Every-Palmer, S. (2021). Challenges facing essential workers: A cross-sectional survey of the subjective mental health and well-being of New Zealand healthcare and 'other' essential workers during the COVID-19 lockdown. *BMJ Open, 11*(7), e048107. https://doi.org/10.1136/bmjopen-2020-048107

Cellini, N., Canale, N., Mioni, G., & Costa, S. (2020). Changes in sleep pattern, sense of time and digital media use during COVID-19 lockdown in Italy. *Journal of Sleep Research, 29*(4), e13074. https://doi.org/10.1111/jsr.13074

Cheng, C., Ebrahimi, O. V., & Lau, Y. (2021). Maladaptive coping with the infodemic and sleep disturbance in the COVID-19 pandemic. *Journal of Sleep Research, 30*(4), e13235. https://doi.org/10.1111/jsr.13235

Freeman, D., Sheaves, B., Waite, F., Harvey, A. G., & Harrison, P. J. (2020). Sleep disturbance and psychiatric disorders. *The Lancet Psychiatry, 7*(7), 628–637. https://doi.org/10.1016/S2215-0366(20)30136-X

Godinic, D., Obrenovic, B., & Khudaykulov, A. (2020). Effects of Economic Uncertainty on Mental Health in the COVID-19 Pandemic Context: Social Identity Disturbance, Job Uncertainty and Psychological Well-Being Model. *International Journal of Innovation and Economic Development, 6*(1), 61–74.

Gouin, J.-P., MacNeil, S., Switzer, A., Carrese-Chacra, E., Durif, F., & Knäuper, B. (2021). Socio-demographic, social, cognitive, and emotional correlates of adherence to physical distancing during the COVID-19 pandemic: A cross-sectional study. *Canadian Journal of Public Health, 112*, 17–28. https://doi.org/10.17269/s41997-020-00457-5

Harper, C. A., Satchell, L. P., Fido, D., & Latzman, R. D. (2020). Functional Fear Predicts Public Health Compliance in the COVID-19 Pandemic. *International Journal of Mental Health and Addiction*, 1875–1888. https://doi.org/10.1007/s11469-020-00281-5

Hayes, A. F. (2017). *Introduction to Mediation, Moderation, and Conditional Process Analysis: A Regression-Based Approach* (2. Aufl.). Guilford Publications.

Holman, E. A., Thompson, R. R., Garfin, D. R., & Silver, R. C. (2020). The unfolding COVID-19 pandemic: A probability-based, nationally representative study of mental health in the United States. *Science Advances, 6*(42), eabd5390. https://doi.org/10.1126/sciadv.abd5390

Hölzel, L. P., & Willenborg, B. (2020). Coronavirus Angst Skala. https://drive.google.com/file/d/1vlppyqpSLLKDlOhUktrPfZ1lAzzEBsJZ/view

Kocevska, D., Blanken, T. F., Van Someren, E. J. W., & Rösler, L. (2020). Sleep quality during the COVID-19 pandemic: Not one size fits all. *Sleep Medicine, 76*, 86–88. https://doi.org/10.1016/j.sleep.2020.09.029

Korman, M., Tkachev, V., Reis, C., Komada, Y., Kitamura, S., Gubin, D., Kumar, V., & Roenneberg, T. (2020). COVID-19-mandated social restrictions unveil the impact of social time pressure on sleep and body clock. *Scientific Reports, 10*, 22225. https://doi.org/10.1038/s41598-020-79299-7

Lai, J., Ma, S., Wang, Y., Cai, Z., Hu, J., Wei, N., Wu, J., Du, H., Chen, T., Li, R., Tan, H., Kang, L., Yao, L., Huang, M., Wang, H., Wang, G., Liu, Z., & Hu, S. (2020). Factors Associated With Mental Health Outcomes Among Health Care Workers Exposed to Coronavirus Disease 2019. *JAMA Network Open, 3*(3), e203976. https://doi.org/10.1001/jamanetworkopen.2020.3976

Lazarus, R. S., & Folkman, S. (1984). *Stress, Appraisal, and Coping*. Springer Publishing Company, Inc.

Lee, S. A. (2020). Coronavirus Anxiety Scale: A brief mental health screener for COVID-19 related anxiety. *Death Studies, 44*(7), 393–401. https://doi.org/10.1080/07481187.2020.1748481

Leone, M. J., Sigman, M., & Golombek, D. A. (2020). Effects of lockdown on human sleep and chronotype during the COVID-19 pandemic. *Current Biology, 30*(16), R930-R931. https://doi.org/10.1016/j.cub.2020.07.015

Lin, Y., Hu, Z., Alias, H., & Wong, L. P. (2020). Knowledge, Attitudes, Impact, and Anxiety Regarding COVID-19 Infection Among the Public in China. *Frontiers in Public Health, 8*, 236. https://doi.org/10.3389/fpubh.2020.00236

Lin, Y. N., Liu, Z. R., Li, S. Q., Li, C. X., Zhang, L., Li, N., Sun, X. W., Li, H. P., Zhou, J. P., & Li, Q. Y. (2021). Burden of Sleep Disturbance During COVID-19 Pandemic: A Systematic Review. *Nature and Science of Sleep, 13*, 933–966. https://doi.org/10.2147/NSS.S312037

Luca, G., Haba Rubio, J., Andries, D., Tobback, N., Vollenweider, P., Waeber, G., Marques Vidal, P., Preisig, M., Heinzer, R., & Tafti, M. (2015). Age and gender variations of sleep in subjects without sleep disorders. *Annals of Medicine, 47*(6), 482–491. https://doi.org/10.3109/07853890.2015.1074271

Niño, M., Harris, C., Drawve, G., & Fitzpatrick, K. M. (2021). Race and ethnicity, gender, and age on perceived threats and fear of COVID-19: Evidence from two national data sources. *SSM – Population Health, 13*, 100717. https://doi.org/10.1016/j.ssmph.2020.100717

Pearlin, L. I., & Bierman, A. (2013). Current Issues and Future Directions in Research into the Stress Process. In C. S. Aneshensel, J. C. Phelan, & A. Bierman (Hrsg.), *Handbook of the Sociology of Mental Health* (S. 325–340). Springer Netherlands. https://doi.org/10.1007/978-94-007-4276-5_16

Qi, J., Xu, J., Li, B.-Z., Huang, J.-S., Yang, Y., Zhang, Z.-T., Yao, D.-A., Liu, Q.-H., Jia, M., Gong, D.-K., Ni, X.-H., Zhang, Q.-M., Shang, F.-R., Xiong, N., Zhu, C.-L., Wang, T., & Zhang, X. (2020). The evaluation of sleep disturbances for Chinese frontline medical workers under the outbreak of COVID-19. *Sleep Medicine, 72*, 1–4. https://doi.org/10.1016/j.sleep.2020.05.023

Robillard, R., Dion, K., Pennestri, M.-H., Solomonova, E., Lee, E., Saad, M., Murkar, A., Godbout, R., Edwards, J. D., Quilty, L., Daros, A. R., Bhatla, R., & Kendzerska, T. (2021). Profiles of sleep changes during the COVID-19 pandemic: Demographic, behavioural and psychological factors. *Journal of Sleep Research, 30*(1), e13231. https://doi.org/10.1111/jsr.13231

Rommel, A., von der Lippe, E., Treskova-Schwarzbach, M., & Scholz, S. (2021). Population with an increased risk of severe COVID-19 in Germany. *Analyses from GEDA 2019/2020-EHIS. 6*(S2), 2–15. http://dx.doi.org/10.25646/7859

Sahebi, A., Nejati-Zarnaqi, B., Moayedi, S., Yousefi, K., Torres, M., & Golitaleb, M. (2021). The prevalence of anxiety and depression among healthcare workers during the COVID-19 pandemic: An umbrella review of meta-analyses. *Progress in Neuro-Psychopharmacology & Biological Psychiatry, 107*, 110247. https://doi.org/10.1016/j.pnpbp.2021.110247

Salari, N., Hosseinian-Far, A., Jalali, R., Vaisi-Raygani, A., Rasoulpoor, S., Mohammadi, M., Rasoulpoor, S., & Khaledi, B. (2020). Prevalence of stress, anxiety, depression among the general population during the COVID-19 pandemic: A systematic review and meta-analysis. *Globalization and Health, 16*, 57. https://doi.org/10.1186/s12992-020-00589-w

Salfi, F., Lauriola, M., D'Atri, A., Amicucci, G., Viselli, L., Tempesta, D., & Ferrara, M. (2021). Demographic, psychological, chronobiological, and work-related predictors of sleep disturbances during the COVID-19 lockdown in Italy. *Scientific Reports, 11*, 11416. https://doi.org/10.1038/s41598-021-90993-y

Sattler, S., Escande, A., Racine, E., & Göritz, A. S. (2017). Public Stigma Toward People With Drug Addiction: A Factorial Survey. *Journal of Studies on Alcohol and Drugs, 78*, 415–425.

Sattler, S., Seddig, D., & Zerbini, G. (2021). Assessing Sleep Problems and Daytime Functioning: A Translation, Adaption, and Validation of the Athens Insomnia Scale for Non-Clinical Application (AIS-NCA). *Psychology & Health*. https://doi.org/10.1080/08870446.2021.1998498

Simonelli, G., Petit, D., Delage, J. P., Michaud, X., Lavoie, M. D., Morin, C. M., Godbout, R., Robillard, R., Vallières, A., Carrier, J., & Bastien, C. (2021). Sleep in times of crises: A scoping review in the early days of the COVID-19 crisis. *Sleep Medicine Reviews, 60*, 101545. https://doi.org/10.1016/j.smrv.2021.101545

Stanton, R., To, Q. G., Khalesi, S., Williams, S. L., Alley, S. J., Thwaite, T. L., Fenning, A. S., & Vandelanotte, C. (2020). Depression, Anxiety and Stress during COVID-19: Associations with Changes in Physical Activity, Sleep, Tobacco and Alcohol Use in Australian Adults. *International Journal of Environmental Research and Public Health, 17*(11), 4065. https://doi.org/10.3390/ijerph17114065

Tan, B. Y. Q., Chew, N. W. S., Lee, G. K. H., Jing, M., Goh, Y., Yeo, L. L. L., Zhang, K., Chin, H.-K., Ahmad, A., Khan, F. A., Shanmugam, G. N., Chan, B. P. L., Sunny, S., Chandra, B., Ong, J. J. Y., Paliwal, P. R., Wong, L. Y. H., Sagayanathan, R., Chen, J. T., … Sharma, V. K. (2020). Psychological Impact of the COVID-19 Pandemic on Health Care Workers in Singapore. *Annals of Internal Medicine, 173*(4), 317–320. https://doi.org/10.7326/M20-1083

Taylor, D. J., Mallory, L. J., Lichstein, K. L., Durrence, H. H., Riedel, B. W., & Bush, A. J. (2007). Comorbidity of Chronic Insomnia With Medical Problems. *Sleep, 30*(2), 213–218. https://doi.org/10.1093/sleep/30.2.213

van Veen, F., Göritz, A. S., & Sattler, S. (2016). Response Effects of Prenotification, Prepaid Cash, Prepaid Vouchers, and Postpaid Vouchers: An Experimental Comparison. *Social Science Computer Review, 34*(3), 333–346. https://doi.org/10.1177/0894439315585074

Weltgesundheitsorganisation (2021). WHO Coronavirus (COVID-19) Dashboard. https://covid19.who.int

Xiong, J., Lipsitz, O., Nasri, F., Lui, L. M. W., Gill, H., Phan, L., Chen-Li, D., Iacobucci, M., Ho, R., Majeed, A., & McIntyre, R. S. (2020). Impact of COVID-19 pandemic on mental health in the general population: A systematic review. *Journal of Affective Disorders, 277*, 55–64. https://doi.org/10.1016/j.jad.2020.08.001

Zerbini, G., Ebigbo, A., Reicherts, P., Kunz, M., & Messman, H. (2020). Psychosocial burden of healthcare professionals in times of COVID-19 – a survey conducted at the University Hospital Augsburg. *GMS German Medical Science, 18*, Doc05. https://doi.org/10.3205/000281

Zerbini, G., Taflinger, S., Reicherts, P., Kunz, M., & Sattler, S. (2022). Perceived risk of COVID-19 exposure and poor COVID-19 prognosis impair sleep: The mediating and moderating roles of COVID-19-related anxiety and knowledge. Bielefeld University. https://pub.uni-bielefeld.de/record/2961276

Anhang

Tabelle A1 Abhängige Variablenmodelle des bedingten Mediationsmodells mit Wissen über COVID-19 (Selbsteinschätzung) als moderierende Variable und Schlafprobleme (Subskala 1) als abhängige Variable (N = 4.167).

	Modell 5: Expositionsrisiko			Modell 6: Risiko eines schweren Verlaufs		
	Effekt	SE_{Boot}	95 % KI_{Boot}	*Effekt*	SE_{Boot}	95 % KI_{Boot}
Schlafprobleme (Subskala 1)						
Risikogruppe[a]	0,090	0,030	[0,031;0,148]	0,234	0,027	[0,181;0,289]
Ängstlichkeit in Bezug auf COVID-19	0,294	0,017	[0,260;0,328]	0,276	0,018	[0,242;0,312]
Konstante	2,306	0,045	[2,218;2,395]	2,376	0,046	[2,286;2,464]
	Effekt	SE_{Boot}	95 % CI_{Boot}	*Effect*	SE_{Boot}	95 % CI_{Boot}
Bedingte indirekte Effekte der Risikogruppe bei unterschiedlichen Werten von Wissen über COVID-19 (Selbsteinschätzung) über Ängstlichkeit in Bezug auf COVID-19						
Geringes Wissen	0,109	0,018	[0,075;0,146]	0,079	0,012	[0,055;0,104]
Mittleres Wissen	0,074	0,011	[0,053;0,097]	0,073	0,009	[0,056;0,091]
Hohes Wissen	0,039	0,014	[0,013;0,066]	0,067	0,011	[0,046;0,089]
	Effekt	SE_{Boot}	95 % KI_{Boot}	*Effekt*	SE_{Boot}	95 % KI_{Boot}
Paarweise Kontraste zwischen bedingten indirekten Effekten von Ängstlichkeit in Bezug auf COVID-19 bei unterschiedlichen Werten von Wissen über COVID-19 (Selbsteinschätzung)						
Mittleres vs. geringes Wissen	-0,035	0,011	[-0,058;-0,013]	-0,006	0,008	[-0,021;0,010]

	Effekt	SE_{Boot}	95 % CI_{Boot}	Effekt	SE_{Boot}	95 % CI_{Boot}
Hohes vs. geringes Wissen	-0,070	0,023	[-0,116;-0,025]	-0,012	0,016	[-0,043;0,020]
Hohes vs. mittleres Wissen	-0,035	0,011	[-0,058;-0,013]	-0,006	0,008	[-0,021;0,010]
Index der moderierten Mediation	-0,019	0,006	[-0,311;-0,007]	-0,003	0,004	[-0,011;0,005]

Anmerkungen: ᵃDie jeweilige Risikogruppe ist in der Tabellenüberschrift angegeben; Pfad a ist von Wissen über COVID-19 (Selbsteinschätzung) moderiert; 95 % KI = 95 % Perzentil-Bootstrap-Konfidenzintervall (N = 10.000); SE_{Boot} = Perzentil-Bootstrap-Standardfehler. Fett gedruckte Effekte weisen darauf hin, dass der jeweilige 95 % KI_{Boot} „0" nicht einschließt und sie somit als statistisch signifikant gelten. Die Effekte sind nicht-standardisierte Koeffizienten. Ergebnisse kontrolliert für die Variablen Geschlecht und Alter.

Tabelle A2 Abhängige Variablenmodelle des bedingten Mediationsmodells mit Wissen über COVID-19 (Selbsteinschätzung) als moderierende Variable und Beeinträchtigung der Tagesform (Subskala 2) als abhängige Variable (N = 4.167).

	Modell 7: Expositionsrisiko			Modell 8: Risiko eines schweren Verlaufs		
	Effekt	SE_{Boot}	95 % KI_{Boot}	Effekt	SE_{Boot}	95 % KI_{Boot}
Beeinträchtigung der Tagesform (Subskala 2)						
Risikogruppe[a]	0,066	0,029	[0,009;0,124]	0,354	0,027	[0,302;0,408]
Ängstlichkeit in Bezug auf COVID-19	0,375	0,020	[0,337;0,414]	0,343	0,020	[0,303;0,382]
Konstante	2,162	0,046	[2,072;2,254]	2,262	0,047	[2,171;2,355]
	Effekt	SE_{Boot}	95 % KI_{Boot}	Effekt	SE_{Boot}	95 % KI_{Boot}
Bedingte indirekte Effekte der Risikogruppe bei unterschiedlichen Werten von Wissen über COVID-19 (Selbsteinschätzung) über Ängstlichkeit in Bezug auf COVID-19						
Geringes Wissen	0,139	0,022	[0,097;0,184]	0,098	0,015	[0,069;0,128]
Mittleres Wissen	0,095	0,014	[0,068;0,122]	0,091	0,011	[0,070;0,112]
Hohes Wissen	0,050	0,017	[0,067;0,085]	0,083	0,013	[0,058;0,110]
	Effekt	SE_{Boot}	95 % KI_{Boot}	Effekt	SE_{Boot}	95 % KI_{Boot}
Paarweise Kontraste zwischen bedingten indirekten Effekten von Ängstlichkeit in Bezug auf COVID-19 bei unterschiedlichen Werten von Wissen über COVID-19 (Selbsteinschätzung)						
Mittleres vs. geringes Wissen	-0,045	0,014	[-0,073;-0,017]	-0,007	0,010	[-0,026;0,011]
Hohes vs. geringes Wissen	-0,089	0,029	[-0,146;-0,034]	-0,015	0,019	[-0,053;0,023]
Hohes vs. mittleres Wissen	-0,045	0,014	[-0,073;-0,017]	-0,007	0,010	[-0,026;0,011]

	Effekt	SE_{Boot}	95 % KI_{Boot}	Effekt	SE_{Boot}	95 % KI_{Boot}
Index der moderierten Mediation	-0,024	0,008	[-0,039;-0,009]	-0,004	0,005	[-0,014;0,006]

Anmerkungen: ªDie jeweilige Risikogruppe ist in der Tabellenüberschrift angegeben; Pfad a ist von Wissen über COVID-19 (Selbsteinschätzung) moderiert; 95 % KI_{Boot} = 95 % Perzentil-Bootstrap-Konfidenzintervall (N = 10.000); SE_{Boot} = Perzentil-Bootstrap-Standardfehler. Fett gedruckte Effekte weisen darauf hin, dass der jeweilige 95 % KI_{Boot} „0" nicht einschließt und sie somit als statistisch signifikant gelten. Die Effekte sind nicht-standardisierte Koeffizienten. Ergebnisse kontrolliert für die Variablen Geschlecht und Alter.

Situation und Rollen von Eltern in der Kommunikationsförderung ihrer Kinder mit Komplexer Behinderung während der COVID-19-Pandemie

Martin Ebers und Annika Endres

English Abstract

Parents of children with complex disabilities were considered a marginalized group even before the COVID-19 pandemic (Jesus et al., 2021).

Research question: What was the situation of parents of children with complex disabilities in communication support during the COVID-19 pandemic from March 2020 to January 2021? What roles did parents assume in the process?

Methodology: Using Reflexive Grounded Theory (Breuer et al., 2019), five research interviews were conducted with parents of children with complex disabilities via telephone or video calls.

Findings: On a role sociological basis, concrete challenges become apparent as parents acquired and were ascribed new roles. This resulted in additional work and thus the need for relief and to be heard.

Outlook: (Support) conditions must be created in order to defuse the role played by conflicts.

Einführung in Fragestellung und Thema

Bereits vor der COVID-19 Pandemie haben Menschen mit Behinderung verschiedene Formen der Ausgrenzung erfahren. Mit Eintritt der COVID-19-Pandemie wurden routinemäßige Versorgungsdienstleistungen ausgesetzt, die Menschen mit Behinderung und hohem Hilfebedarf jedoch in ihrem Alltag dringend benötigen (Jesus et al., 2021). Darunter sind auch Kinder mit Komplexer Behinderung, die eine Mehrfachbehinderung im Sinne einer physischen, kommunikativen oder sozialen Einschränkung haben (Fornefeld, 2008). Im Kontext ihrer sozial-gesellschaftlichen Lebenssituation werden sie mit komplex strukturierten Barrieren konfrontiert, die sie in ihrer Teilhabe einschränken können.

In der Alltagskommunikation benötigen einige Kinder mit Komplexer Behinderung eine Begleitung durch vertraute Bezugspersonen, zumeist ihre Eltern, die ihre kommunikativen Verhaltensweisen einschätzen und ihnen beim Einsatz von Unterstützter Kommunikation (UK) helfen (Wilder et al., 2004). Bereits vor der Pandemie gestalteten die Eltern UK-Angebote im Alltag mit ihren Kindern (Bunning et al., 2013). Eltern verfügen über praktische Erfahrungen im Umgang mit ihren Kindern und hilfreiche Informationen über die Lebenssituation, die sie in die Förderung einbringen können. Umso wichtiger ist es, die Elternperspektiven von Kindern mit Komplexer Behinderung hinsichtlich der Erreichbarkeit und Umsetzung von Zielen im Einsatz von UK zu berücksichtigen (Walton & Ingersoll, 2013).

Durch die Schließung pädagogischer Einrichtungen verlagerte sich die Kommunikationsförderung dieser Personengruppe ins heimische Umfeld, was die Situation ihrer Eltern veränderte. Die Umsetzung von kommunikativen Förderangeboten wurde an die Eltern weitergegeben, deren Arbeits- und Alltagsroutinen sich zusätzlich verschoben (Asbury et al., 2021). Dabei verweisen Studien auf eine Vielzahl von Belastungs- und Stressfaktoren, die auf Eltern von Kindern mit Komplexer Behinderung einwirken und bereits vor der Pandemie eingewirkt haben. So verbrachten sie viel Zeit mit der Unterstützung ihres Kindes (Luijkx et al., 2017; Mencap, 2001). Hierzu zählen beispielsweise pflegerische Aufgaben, die die Eltern für ihre Kinder mehrmals täglich durchführen (Luijkx et al., 2017; Mencap, 2001), sowie unter anderem das intensive Eingehen auf die Bedürfnisse der Kinder oder das Schaffen von Impulsen für ihre physische, psychische und soziale Entwicklung (Hurrelmann, 2006). Unter Pandemiebedingungen wurden Kontaktbeschränkungen erlassen, die professionelle Unterstützungsleistungen im heimischen Umfeld einschränkten. Es verringerte sich beispielsweise die pflegerische Versorgung zuhause (Houtrow et al., 2020). Das führte zu einer veränderten Situation der Eltern, die mit neuen Aufgaben und Erwartungshaltungen konfrontiert wurden.

An die Verlagerung der Aufgaben und diese Herausforderungen anknüpfend stellt sich die Frage, wie sich die Situation von Eltern mit Kindern mit Komplexer Behinderung hinsichtlich der Kommunikationsförderung während der COVID-19-Pandemie in der Phase zwischen März 2020 und Januar 2021 gestaltete und welche Rolle(n) die Eltern übernahmen.

Im weiteren Verlauf wird die Methodologie dieser Studie beleuchtet, anhand derer die erworbenen und zugeschriebenen Rollen der Eltern ermittelt wurden. Der anschließende Ausblick verweist auf weiterführende Implikationen für Wissenschaft und Praxis.

Methodologie

Da die Erfahrungen und Perspektiven von Eltern während der Pandemie im Mittelpunkt stehen sollen, wurde diese mikrosoziologische Studie als qualitativ-empirische Fallstudie gestaltet. Dieser Zugang ist geeignet, um die Innenwelt und die Sicht einzelner Individuen mit ihren individuellen Sinnzuschreibungen in den Fokus zu rücken (Flick, 2005). Im Rahmen einer Grounded-Theory-Studie (GT) kann zu diesem Forschungsthema „… eine gegenstandsverankerte Theorie, welche induktiv aus der Untersuchung" (Strauss & Corbin, 1996, S. 7) über einen bestimmten Gegenstand abgeleitet wird, entwickelt werden. Die Reflexive GT wurde ausgewählt, weil sie eine kreative Form der Theoriebildung durch Reflexion und Einklammerung theoretischer Präkonzepte zulässt (Breuer et al., 2019), ohne dabei Hypothesen aufzustellen. Zudem ist die sukzessive Auswahl und ein kontinuierlicher Vergleich von extremen, typischen und/oder sensiblen Fällen für dieses Forschungsvorhaben erkenntnisreich, um eine tentative theoretische Sättigung zu erlangen (Breuer et al., 2019). Das Sample der Studie besteht aus Eltern von Kindern mit Komplexer Behinderung verschiedener Altersgruppen (Kleinkind, Kindes- und Jugendalter), die über Gatekeeper angesprochen wurden. Geleitet vom Datenmaterial bieten der elterliche Erfahrungsschatz (keiner vs. reichlich), ihr beruflicher Hintergrund (Laien- vs. Fachwissen) oder die zuhause eingesetzten Kommunikationsmittel (Gebärden, Augensteuerungscomputer oder Talker) einen kontrastreichen Vergleich.

Aus methodischer Sicht wurden fünf leitfadenorientierte Forschungsgespräche mit den Eltern via (Video-)Telefonie durchgeführt (Dauer: zwischen 20 und 75 Minuten). Der Leitfaden der Forschungsgespräche basierte auf Reflexionsfragen von Breuer et al. (2019). Eine einleitende Frage zu Erfahrungen in der Kommunikationsförderung unter den damals aktuellen Pandemiebedingungen galt als erzählgenerierender Einstieg. Darüber hinaus wurden die Eltern gebeten, von Erfahrungen im Hinblick auf die Zusammenarbeit mit pädagogischen Fachkräften zu berichten. Weiter wurden zwei Fragen zu Unterstützungsbedingungen und eine offene Frage zum Abschluss gestellt. Nach dem Beenden der Aufnahme wurden die Eltern gefragt, wie sie das Gespräch erlebt hatten.

In der Datenauswertung wurden alle erhobenen Daten digitalisiert, inhaltlich-semantisch transkribiert und mit der Datenauswertungssoftware MAXQDA analysiert. Durch das ständige Vergleichen gleicher und extremer Sinnabschnitte wurden die Daten in einem dreiteiligen Verfahren kodiert (Strauss & Corbin, 1996): Im ersten Schritt kodierte das Forschungsduo separat voneinander alle Daten offen, indem Textstellen in Sinnabschnitte gegliedert und mit einem Kodetitel versehen wurden. Die unabhängig entstandenen Kodelisten wurden miteinander verglichen und zu einem System von Konzeptualisierungen fusioniert. Daraus entstanden im zweiten Schritt (axiales Kodieren) vorläufige (Achsen-)Kategorien. Diese wurden im dritten Schritt (selektives Kodieren) in Beziehung zueinander gesetzt, um die Schlüsselkategorie zu ermitteln.

Im gesamten Prozess der Datenerhebung und -auswertung wurden die Gütekriterien der Nachvollziehbarkeit, Transparenz und Intersubjektivität der Reflexiven

GT (Breuer et al., 2019) reflektiert. So ist der Auswertungs- und Samplingprozess kleinschrittig dokumentiert. Ferner sind die Kategorienbeschreibungen, die zuvor gemeinsam diskutiert worden, bis hin zum Erkenntnisgewinn hinterlegt, um verschiedene Lesarten und Widersprüche in den Daten zu erkennen. Zusätzlich wurden die Kategorienbeschreibungen und Achsenbeziehungen einem *critical friend* vorgestellt, der bereits an der Datenerhebung, nicht aber an der Datenauswertung beteiligt war. Durch seine Distanz zur Datenerhebung bei gleichzeitiger Vertrautheit mit dem Forschungsthema regte er zur Reflexion an und konnte neue Lesarten in die Daten einbringen, aber auch Unklarheiten in den Kategorienbeschreibungen und -beziehungen aufzeigen.

Erkenntnisse

Nachfolgend werden zunächst die Erkenntnisse zur Situation der Eltern und im Anschluss die erworbenen und zugeschriebenen Rollen dargelegt.

Situation der Eltern von Kindern mit Komplexer Behinderung unter Pandemiebedingungen

Die Eltern beschreiben anhand von drei Veränderungen, in welcher Art und Weise sich ihre Situation unter Pandemiebedingungen gestaltete: Erstens änderten sich die Strukturen (familiäre Abläufe und Routinen) in ihrer Familie, zum Beispiel durch den Wegfall von Freizeitbetreuungen für die Kinder. Zweitens wurden die Eltern mit personellen Veränderungen konfrontiert, zum Beispiel durch den Wegfall von Fachpersonal, das zuvor Förderangebote zuhause übernommen hatte. Diese Angebote stellten nun die Eltern ihren Kindern zur Verfügung. Drittens wurden diese Angebote mit arbeitsbezogenen Veränderungen, beispielsweise einer verstärkten Tätigkeit im Homeoffice, abgestimmt. Die zusätzliche Förderung und Betreuung ihrer Kinder neben einer Erwerbstätigkeit empfanden die meisten der befragten Eltern als herausfordernd.

Da ihre Kinder zur vulnerablen Gruppe gehören, reduzierten die Eltern ihren Angaben nach den sozialen Kontakt zu Mitmenschen weitestgehend. Dabei äußerten die Eltern ein grundlegendes Dilemma: Einerseits hießen sie die Eindämmungsverordnungen zur Bekämpfung der COVID-19-Pandemie gut. Andererseits waren sie auf Unterstützung anderer angewiesen, da sie infolge der Schließungen der Erziehungs- und Schuleinrichtungen die personellen und strukturellen Veränderungen nicht kompensieren konnten.

Die genannten Veränderungen lösten bei den Eltern das Bedürfnis nach Entlastung bezüglich der an sie gestellten Erwartungshaltungen aus, die sich aus den Rollen als Elternteil, Arbeitnehmer*in und Ersatz für das wegfallende Fachpersonal ergaben. Zusätzlich entwickelten sie daraus das Bedürfnis, gehört zu werden, weil sie sich in dieser pandemischen Phase zunehmend überfordert fühlten. An den Kräften zehrte auch, dass sie gleichsam als Zentrifugalkraft galten, die die personellen Ressourcen im Netzwerk (re-)aktivierte: Ihre Leistung war es, das Netzwerk in Bewegung zu setzen. Einerseits konnten sie dadurch beispielsweise auf die Unterstützung der pädagogischen Fachkräfte, die nunmehr eine begleitende statt führende Funktion in der Umsetzung der Ziele der UK innehatten, vertrauen. Andererseits erfuhren sie auch ihre Grenzen beim Akquirieren institutioneller Unterstützung. So hatten die Institutionen ihre eigenen Herausforderungen hinsichtlich der Digitalisierung ihrer Angebote zu bewältigen, infolgedessen sich die Eltern unter den institutionellen Umständen während der COVID-19-Pandemie zwischen März 2020 und Januar 2021 auch im Stich gelassen fühlten. Die Mehrfachbelastungen waren nur begrenzt aushaltbar, wie folgende Aussage exemplarisch verdeutlicht:

Aber da hat doch keiner / irgendwann geht mir auch die Kraft aus. Ich kann nicht für jede einzelne Stelle alles einzeln durchkämpfen. Ich kann meine Kämpfe auf die Sachen richten, die essenziell notwendig sind und die richtig wichtig sind. Und alles andere, irgendwann reicht es dann auch. (Fall B, Pos. 67)

Rollen der Eltern von Kindern mit Komplexer Behinderung unter Pandemiebedingungen

Durch die genannten Veränderungen befanden sich die Eltern laut ihren Aussagen in einem Rollenkonflikt, da sie vier, teils sich überschneidende Rollen in der Kommunikationsförderung ihrer Kinder im heimischen Umfeld übernahmen:

Eltern sind Lehrkräfte

Schulschließungen, „verkürzte Unterrichtszeiten" (Fall A, Pos. 7) oder Ausfallstunden führten dazu, dass die Eltern von Kindern im Schulalter diese neben der Alltagsbewältigung (z. B. Essen anreichen, pflegen) auch in verschiedenen Fächern unterrichten sollten. Hierfür erhielten die Eltern Materialien und vorbereitete Formen von UK, die daheim eingesetzt werden sollten (z. B. vorbereitete Symbole zur Kommunikation). Aus Sicht einiger Eltern fehlten dabei didaktische Anleitungen, wie der Einsatz dieser Materialien und von UK konkret aussehen sollte.

Eltern sind Dirigent*innen

Die Eltern betrachteten sich als Katalysatoren, die in der Begleitung ihrer Kinder zentrale Impulse geben und Bedingungen schaffen: „Aber auch da, da wird es so sein, dass ich diejenige sein werde, die Impulse geben [wird]. Und ich diejenige bin, die das umsetzen wird" (Fall B, Pos. 67). Dabei dirigierte zumeist ein Elternteil die verschiedenen Kräfte, die das Kind unterstützten (z. B. Krankenkasse, Hilfsmittelversorger, Lehrkräfte), indem beispielsweise aktuelle Informationen zwischen diesen weitergeleitet wurden.

Eltern sind Expert*innen

Die Eltern betrachteten sich als Expert*innen für das eigene Kind und seinen Umgang mit UK. Um ihr Kind bestmöglich in diesem Einsatz zu begleiten, eigneten sich die Eltern während des Lockdowns Fertigkeiten im Kontext von UK an. Über Lernvideos zu einzelnen Hilfsmitteln in den sozialen Medien lernten die Eltern beispielsweise, wie ein Sprachcomputer mit Symbolen bestückt werden kann. Dieser eigene Lernprozess war aus ihrer Sicht notwendig, da ihre Kinder auf die UK als Kommunikationsmittel angewiesen waren. Da sich die persönliche UK-Beratung und die Anpassung der UK an die Bedarfe der Kinder durch die pädagogischen Einrichtungen aus zeitlicher Sicht reduzierte, übernahmen nun die Eltern die Rolle der UK-Expert*innen. Diese selbst angeeigneten Fertigkeiten brachten sie auch in Gesprächen mit Fachkräften (z. B. Hilfsmittelversorgern) ein, in denen sie eine wichtige Grundlage für die gemeinsame Zusammenarbeit darstellten.

Eltern sind Case-Manager*innen

Aufgrund der Schließungen pädagogischer Einrichtungen sahen sich die befragten Eltern gezwungen, das Versorgungs- und Betreuungsnetz ihres Kindes „mehr oder weniger selbst zu managen" (Fall B, Pos. 3). Zentraler Bezugspunkt dieses Netzes blieben die pädagogischen Einrichtungen und Institutionen als „Hauptquelle" (Fall C, Pos. 111). Zusätzlich bemühten sich die Eltern, ambulante und außerhäusliche Betreuungskräfte zu akquirieren, um an Nachmittagsstunden eine Entlastung zu erfahren. Als hinderlich in diesem Netzwerk beschrieben die Eltern eine unzureichende Digitalisierung von Unterlagen und eine eingeschränkte Erreichbarkeit der Fachkräfte.

Fazit / Ausblick

Zusammenfassend zeigen die Erkenntnisse, vergleichbar mit Houtrow et al. (2020), dass sich die Situation der Eltern von Kindern mit Komplexer Behinderung aus ihrer Sicht zwischen März 2020 und Januar 2021 veränderte. In diesem Zeitraum wurden die Eltern laut ihren Aussagen mit vier zusätzlichen Herausforderungen und Rollen in der Kommunikationsförderung ihrer Kinder im heimischen Umfeld konfrontiert. Als besonders herausfordernd beschrieben die Eltern die Schließungen der Erziehungs- und Schuleinrichtungen. Grundsätzlich ist daher eine ausgebaute erzieherische und schulische Fachbetreuung außerhalb der Institution erforderlich. Dabei sollten Eltern im Transfer und in der Umsetzung der Förderung daheim begleitet werden. Die Ergebnisse sind insofern limitiert, als dass sie sich auf das ausgewählte Sample beziehen. Zukünftige Studien könnten zusätzlich die Sicht des Fachpersonals aus Erziehungs- und Bildungseinrichtungen erfassen, um aus ihrer Fachexpertise Handlungsempfehlungen für Eltern zu ermitteln. Weiterführend könnte untersucht werden, unter welchen Bedingungen Eltern Förder- und Bildungsangebote aus der Schule ins heimische Umfeld transferieren können und welche (Unterstützungs-)Bedingungen sie benötigen, um diese Angebote im heimischen Umfeld durchzuführen.

Literatur

Asbury, K., Fox, L., Deniz, E., Code, A. & Toseeb, U. (2021). How is COVID-19 affecting the mental health of children with Special Educational Needs and Disabilities and their families? *Journal of Autism and Development Disorders*, 51(5), 1772–1780. https://doi.org/10.1007/s10803-020-04577-2

Axelsson, A. K. & Wilder, J. (2014). Frequency of occurrence and child presence in family activities. A quantitative, comparative study of children with profound intellectual and multiple disabilities and children with typical development. *International Journal of Developmental Disabilities*, 60(1), 13–25. https://doi.org/10.1179/2047387712Y.0000000008

Breuer, F., Muckel, P. & Dieris, B. (2019). *Reflexive Grounded Theory. Eine Einführung in die Forschungspraxis* (4. Aufl.). Springer.

Bunning, K., Smith, C., Kennedy, P. & Greenham, C. (2013). Examination of the communication interface between students with severe to profound and multiple intellectual disability and educational staff during structured teaching sessions. *Journal of intellectual disability research*, 57(1), 39–52. https://doi.org/10.1111/j.1365-2788.2011.01513.x

Flick, U. (2005). *Qualitative Sozialforschung. Eine Einführung* (3., vollständige überarbeitete und erweiterte Neuausgabe). Rowohlt Verlag.

Fornefeld, B. (2008). *Menschen mit Komplexer Behinderung. Selbstverständnis und Aufgaben der Behindertenpädagogik*. Reinhardt.

Houtrow, A., Harris, D., Molinero, A., Levin-Decanini, T. & Robichaud, C. (2020). Children with disabilities in the United States and the COVID-19 pandemic. *Journal of pediatric rehabilitation medicine, 13*(3), 415–424. https://doi.org/10.3233/PRM-200769

Hurrelmann, K. (2006). *Einführung in die Sozialisationstheorie* (9. Aufl.). Beltz Verlag.

Jesus, T. S., Bhattacharjya, S., Papadimitriou, C., Bogdanova, Y., Bentley, J., Arango-Lasprilla, J. C., Kamalakannan, S. & The Refugee Empowerment Task Force, International Networking Group of the American Congress of Rehabilitation Medicine (2021). Lockdown-Related Disparities Experienced by People with Disabilities during the First Wave of the COVID-19 Pandemic: Scoping Review with Thematic Analysis. *International Journal of Environmental Research and Public Health*. 2021; 18(12):6178. https://doi.org/10.3390/ijerph18126178

Luijkx, J., van der Putten, A. A. J. & Vlaskamp, C. (2017). Time use of parents raising children with severe or profound intellectual and multiple disabilities. *Child: Care, Health and Development, 43*(4), 518–526. https://doi.org/10.1111/cch.12446

Mencap (2001). *No Ordinary Life. The support needs of families caring for children and adults with profound and multiple learning disabilities*. Royal Society for Mentally Handicapped Children and Adults.

Strauss, A. & Corbin, J. (1996). *Grounded Theory: Grundlagen qualitativer Sozialforschung*. Psychologie Verlags Union.

Walton, K. M. & Ingersoll, B. R. (2013). Improving Social Skills in Adolescents and Adults with Autism and Severe to Profound Intellectual Disability: A Review of the Literature. *Journal of Autism and Development Disorders, 43*, 594–615. https://doi.org/10.1007/s10803-012-1601-1

Wilder, J., Axelsson, C. & Granlund, M. (2004). Parent-child interaction. A comparison of parents' perceptions in three groups. *Disability and Rehabilitation, 26*, 1313–1322. https://doi.org/10.1080/09638280412331280343

Dressing through Crisis
Does Clothing Symbolically Protect Us from Existential Threats?

Robert Gruber and Sven Kachel

Deutsche Zusammenfassung

Obgleich sich Kleidungsverhalten phylogenetisch aus der Notwendigkeit heraus entwickelt hat, den Körper vor äußeren Einflüssen zu schützen, haben Menschen schon lange vorher Ornamente verwendet, um ihre Gruppenzugehörigkeit abzubilden. In diesem Beitrag argumentieren wir, dass Kleidung nicht nur physischen Schutz bietet, sondern auch symbolischen Schutz vor den psychischen Folgen existenzieller Bedrohungen, wobei der Identifikation durch Kleidung eine zentrale Rolle zukommt. In einer Feldstudie haben wir das Eindrucksmanagement in Social-Media-Posts während der COVID-19-Pandemie mittels einer Bildinhaltsanalyse untersucht (N = 248 Fotos). Erwartungskonform zeigte sich, dass Menschen in Reaktion auf eine akute pandemische Bedrohung vor allem ihre Geschlechtstypikalität mittels Kleidung erhöhen (z. B. Tragen körperbetonterer Kleidung bei Frauen vs. körperfernerer Kleidung bei Männern). Dies ist ein erster Hinweis darauf, dass Kleidung Schutz auf emotionaler Ebene bietet.

Introduction

It was during New York Fashion Week that the terrorist attacks on the World Trade Centre and Pentagon deeply disrupted the lives of the American people. "The [fashion] industry responded much like the rest of the country – with anger, shock, and bold strokes of patriotism" (Givhan, 2002, para. 2), and Americans shifted their clothing preferences toward American-made fashion (Brillson, 2013). In this contribution we argue that humans use clothing not only for physical protection but also to cope with the psychological consequences of existential threats such as mortality or anxiety.

The hypothesis that attire offers symbolic protection is substantiated by terror management theory (TMT; Greenberg et al., 1986). As humans' awareness of individual mortality conflicts with their drive for self-preservation, death-related stimuli (e.g., passing a cemetery) produce death anxiety by increasing the mental accessibility of the concept of mortality (i.e., mortality salience; MS) (Kosloff et al., 2019). One way to manage mortality concerns would be to evade the aspect of the self that is subject to death: the physical body (Goldenberg et al., 2000). Correspondingly, we assume that people manage death anxiety through clothing, thus transcending their creatureliness, and conceiving of themselves as symbolic entities.

We argue that such symbolic protection is achieved via two functions of clothing. First, clothing behavior developed over 170,000 years ago (Toups et al., 2011) to shield the body from the elements. Clothing may provide symbolic protection from the psychological consequences of existential threats as physical protection extends to the psychological level (e.g., wearing more layers of clothing). Second, before clothing the body, humans used body ornamentation to communicate group memberships (Jablonski, 2008), also serving protective functions (e.g., signaling group belonging to hostile collectives) and regulating the body according to sociocultural standards. Symbolic protection via attire may thus result from in-group prototypical dressing. Because of its centrality in everyday social life (Ruble et al., 2004) and previous work on clothing markers, we focus on gender as one exemplary relevant social dimension under existential threat (although appearance-related changes following mortality concerns could be observed via various social group affiliations, such as nationality).

In this contribution, we examine changes in clothing behavior in response to the COVID-19 pandemic. The pandemic made mortality concerns chronically salient throughout acute phases of the crisis, for example via media coverage of death toll statistics (Pyszczynski et al., 2020). In our study we therefore compared full-body social media posts between more threatening (high infection and death rates, enforcement of lockdowns and physical distancing) and less threatening intervals (such as at the end of lockdowns and with the easing of restrictions).

We expected individuals to display physically protective clothing attributes (i.e., more layers of clothing) during more vs. less threatening intervals (H1). Moreover, we assumed women and men to present more gender-typical attributes of appearance (see Table 1) during more vs. less threatening intervals (H2). For confirmatory analysis of H2, we focused on clothing-related attributes (fit, print, branding, color preference, color brightness, and overall gender typicality of clothing items). The remaining attributes were investigated on an exploratory basis. Skin exposure and fabric transparency are gender-typical attributes but are also associated with physical protection; for this reason we assumed that women would either expose less skin and wear more opaque fabrics during more threatening intervals (enhancing physically protective attributes as in H3a) or expose more skin and wear more transparent fabrics (thus increasing gender typicality as in H3b). Thus, for women, these two characteristics are highly diagnostic for understanding which of the proposed mechanisms can be ascribed greater relevance.

Table 1 Gender-Stereotypical Aspects of Self-Presentation

Attribute	Femininity	Masculinity	Reference
Vertical perspective	Worm's-eye view	Bird's-eye view	Goffman (1979)
Posture (body, arms, legs)	Contained	Protruding	Döring et al. (2016)
Gaze	Withdrawn	Engaging	Döring et al. (2016)
Self-touch	High	Little	Döring et al. (2016)
Smile	High	Little	LaFrance et al. (2003)
Beard	Little	High	Saxton et al. (2015)
Hair length	Long	Short	Huxley et al. (2014)
Facial make-up / nail polish	High	Little	Bernard et al. (2020)
Jewelry / piercings	High	Little	Lindemuth et al. (2011)
Clothing fit	Tight	Loose	Moor (2010)
Color brightness	Bright	Dark	Sebastián-Enesco & Semin (2020)
Color preference	Blue and red contrast	Blue contrast	Cunningham & Macrae (2011)
Clothing print	Little	High	Koca & Koç (2016)
Brand names	Little	High	Koca & Koç (2016)
Sexualizing body regions	High	Little	Moor (2010)
Skin exposure	High	Little	Kang (1997)
Transparency	High	Little	Moor (2010)

Methodology

Sample

We required 248 images in order to detect medium effect sizes (f = .23; Rodríguez-Ferreiro et al., 2019) in a 2 (existential threat) × 2 (gender) between-image design on continuous dependent variables with high test power 1 − β = .95 and = .05. Including 40 images for practice coding, we reached an overall sample of 288 images, equally distributed across cells for the combinations of the factors of existential threat and gender.

We focused on the COVID-19 pandemic as a naturalistic representation of an existential threat that increased mortality concerns. Due to stark contrasts between more and less threatening pandemic phases, we focused on London. In April 2020 (more threatening phase), the UK showed dramatic infection and death rates, a governmental refusal to carry out mass testing, but strict lockdowns. Exactly one year later, in April 2021, the UK temporarily demonstrated the most successful vaccination program in Europe, ended its lockdown, and eased social distancing regulations (less threatening interval). Keeping the geographical location of London and the month of April constant across both measurement phases rendered them highly comparable as the influence of further variables such as weather differences was reduced.

For random sampling, we employed a sampling stratification of images. London was divided into Northern, Eastern, Southern, and Western areas in order to account for socioeconomic differences. For each area, three parks were selected, assuming parks to be one of the few *public* social interaction spots in both pandemic phases: Primrose Hill, Regent's Park, Finsbury Park (North); London Fields, Victoria Park, Bethnal Green (East); Crystal Palace Park, Greenwich Park, Burgess Park (South); Holland Park, Hyde Park, and Kensington Park (West). To further ensure random selection, each park was accessed via Instagram's geotag function for each measurement phase, and every tenth image displaying an individual perceived as a woman or a man within the so-called "millennial" age group (20–40 years old at the time of measurement; Berkup, 2014) was included until the desired image sample size was reached. Five to six images were thus sourced for each cell (measurement interval × gender × park). We only considered full-body images of individuals in everyday clothing (persons wearing sportswear were excluded, for instance) taken in daylight from public profiles on Instagram and from non-social-media influencers (with < 1,000 account followers). Each target person was represented just once in the image set.

Measurement and Procedure

Using computer-assisted visual content analysis, we coded 22 appearance-related attributes per image (see Table 2). While the coding was executed manually, a precise surface determination was performed for skin exposure using the image analysis software ImageJ (Version 1.53k; National Institutes of Health, 2021). Images were opened in ImageJ, and the picture size was maximized to 100%. For each image, all attributes were coded in a pre-determined order, in a quiet environment, and without interruptions. Attributes were coded on three units of analysis. The *image unit* included attributes that could only be coded once for the entire body (e.g., hair length). The *body unit* incorporated attributes that could be coded once per body area (e.g., count of jewelry pieces). The *clothing unit* integrated attributes coded multiple times per body area (e.g., clothing fit).

We also tested inter-coder reliability for attributes entering confirmatory data analysis: 20% of the image material was coded by a secondary coder, and data were compared with data from the primary coder. While for nominal and count data, mean Cohen's κ = .95 indicated strong inter-coder agreement, for skin exposure, an intraclass correlation coefficient ICC = .99 indicated almost perfect agreement. Using the codebook for operationalizing clothing thus resulted in reliable measurements.[1]

Results

Table 2 presents the combined findings of confirmatory and explorative analyses. For hypothesis testing, we focused on clothing-related attributes only: number of clothing layers (H1), clothing fit, print, branding, color preference, color brightness, and overall gender typicality of clothing items (H2), as well as skin exposure and textile transparency (H3). Only the main effects of and interaction effects with the existential threat at $p < .05$ were described in more detail. For interaction effects, we applied simple-effects tests and focused on differences between phases of existential threat, holding the gender constant.

---

[1] We acknowledge the help of Sandra Ettl for drafting the coding scheme in Study 1 and the support of Antonia Eckstein for illustrating exemplary images for the codebook. We thank Adrian Altenburger for his help with coding for determining inter-coder reliability and Michael Häfner for providing conceptual and theoretical input.

Table 2 Frequencies of Coding Options per Attribute and Findings for Main and Interaction Effects of Existential Threat and Gender

Attribute	Frequencies per coding option	Model	Test statistics		
			Existential threat	Gender	Existential threat × Gender
Number of clothing layers	n/a	PR	$\chi^2(1) = .37$	$\chi^2(1) = .22$	$\chi^2(1) = 6.76^{**}$
Gender-typical attributes					
Clothing fit	Tight (41.4%); loose (44.3%); over-sized (14.3%)	OLR	$\chi^2(1) = 1.82$	$\chi^2(1) = 9.30^{**}$	$\chi^2(1) = 9.66^{**}$
Clothing print	No print (95.7%); visible print (4.3%)	BLR	$\chi^2(1) = .01$	$\chi^2(1) = 19.07^{***}$	$\chi^2(1) = 1.04$
Clothing branding	No logo (85.4%); visible logo (14.6%)	BLR	$\chi^2(1) = 1.67$	$\chi^2(1) = 65.61^{***}$	$\chi^2(1) = 13.57^{***}$
Color preference	Black, grey, or white (55.2%); red, pink, or purple (6.5%); yellow or orange (1.6%); blue (18.5%)	MLR	$\chi^2(2) = .68$	$\chi^2(2) = 9.82^{**}$	$\chi^2(2) = .81$
Color brightness	Dark shade (42.2%); medium bright shade (23.2%); bright shade (34.6%)	OLR	$\chi^2(1) = 13.20^{**}$	$\chi^2(1) = 18.00^{***}$	$\chi^2(1) = 11.00^{**}$
	green (7.1%); beige or brown (10.1%); multi-colored (1.00%)				
Gender typicality of clothing item	Feminine (28.7%); unisex (31.0%); masculine (39.3%)	MLR	$\chi^2(2) < .001$	$\chi^2(2) < .001$	$\chi^2(2) = 68.93^{***}$
Vertical perspective	Worm's-eye perspective (36.7%); eye-level (37.1%); bird's-eye perspective (26.2%)	OLR	$\chi^2(1) = 3.99$	$\chi^2(1) = 1.24$	$\chi^2(1) = .00$
Body posture	Contained (19.8%); indifferent (47.6%); protruding (32.7%)	MLR	$\chi^2(2) = 8.10^*$	$\chi^2(2) = .23$	$\chi^2(2) = 5.89$
Arm posture	Contained (8.9%); indifferent (22.6%); protruding (68.5%)	MLR	$\chi^2(2) = 7.77^*$	$\chi^2(2) = .67$	$\chi^2(2) = .04$
Leg posture	Contained (15.3%); indifferent (23.0%); protruding (61.7%)	MLR	$\chi^2(2) = 12.14^{**}$	$\chi^2(2) = 22.40^{***}$	$\chi^2(2) = 5.77$

Dressing through Crisis

Gaze	Averted (43.1%); directed at perceiver (56.9%)	BLR	$\chi^2(1) = .74$	$\chi^2(1) = 1.94$	$\chi^2(1) = 3.67$
Self-touch	None (43.5%); with one hand (33.5%); with both hands (18.5%); hands touching each other (4.4%)	MLR	$\chi^2(3) = 19.20^{***}$	$\chi^2(3) = 17.40^{***}$	$\chi^2(3) = 32.10^{***}$
Smile	None (39.5%); smile with closed mouth (23.8%); smile showing teeth (36.7%)	MLR	$\chi^2(2) = 4.07$	$\chi^2(2) = 16.55^{***}$	$\chi^2(2) = 7.99^{*}$
Beard	None (80.0%); light (13.8%); strong (6.2%)	OLR	$\chi^2(5) < .001$	$\chi^2(5) = 136.00^{***}$	$\chi^2(5) < .001$
Hair length	No beard (69.1%); five o'clock shadow (2.4%); light beard (2.8%); three-day beard (12.1%); full beard (10.9%); moustache (3.6%)	MLR	$\chi^2(1) = 4.83^{*}$	$\chi^2(1) = 193.21^{***}$	$\chi^2(1) = 1.15$
Facial make up	No makeup (80.2%); subtle makeup (4.4%); strong makeup (15.3%)	OLR	$\chi^2(1) = 4.39^{*}$	$\chi^2(1) = 59.54^{***}$	$\chi^2(1) = 5.23^{*}$
Nail polish	No nail polish (87.9%); black or white nail polish (2.8%); colorful nail polish (9.3%)	MLR	$\chi^2(2) = 2.31$	$\chi^2(2) = 18.30^{***}$	$\chi^2(2) = 5.71$
Number of pieces of jewelry	n/a	PR	$\chi^2(1) = 1.5$	$\chi^2(1) = 35.17^{***}$	$\chi^2(1) = 2.84$
Physically protective and gender-typical attributes					
Skin exposure[a]	n/a	ANOVA	$F(1,244) = 7.98^{**}$	$F(1,244) = 11.25^{***}$	$F(1,244) = 36.48^{***}$
Textile transparency	Opaque (95.9%); slightly transparent (1.7%); (almost) transparent (2.4%)	OLR	$\chi^2(1) = .63$	$\chi^2(1) = 9.61^{**}$	$\chi^2(1) = 6.18^{**}$

Note: The dependent variable body hair and sexualization of body regions were not analyzed as a quasi-complete separation existed in the data. Overall gender typicality of clothing items was additionally coded and analyzed. OLR = Ordinal Logistic Regression; MLR = Multinomial Logistic Regression; BLR = Binomial Logistic Regression; ANOVA = Analysis of Variance; PR = Poisson Regression.

[a] The main effects of existential threat ($\eta^2 = .03$) and gender ($\eta^2 = .04$) were small, and their interaction was medium to large ($\eta^2 = .12$).

*$p < .05$. **$p < .01$. ***$p < .001$.

Physically Protective Clothing

Number of Clothing Layers. There was an interaction effect of existential threat and gender with regard to the number of clothing layers. Women were less likely to wear many layers of clothing during high (M = 3.48, SE = 0.09) vs. reduced existential threat (M = 3.97, SE = 0.11), b = -0.13, SE = 0.04, OR = 0.88, 95% CI [0.82, 0.94], while men were more likely to wear many clothing layers during high (M = 4.26, SE = 0.13) vs. reduced existential threat (M = 3.45, SE = 0.09), b = 0.21, SE = 0.04, OR = 1.23, 95% CI [1.14, 1.33].

Gender-Prototypical Clothing

Fit of Clothing Item. An interaction effect was established between existential threat and gender on clothing fit. While women were less likely to wear oversized clothing items during high vs. reduced existential threat, b = -0.73, SE = 0.19, OR = 0.48, 95% CI [0.33, 0.70], men were more likely to wear oversized clothing items during high vs. reduced existential threat, b = 0.43, SE = 0.20, OR = 1.53, 95% CI [1.04, 2.25].

Brand Names. There was also an interaction effect between existential threat and gender with regard to brand names. Women were less likely to wear clothing items displaying brand names during high vs. reduced existential threat, b = -1.02, SE = 0.38, OR = 0.36. Men were more likely to wear clothing items displaying brand names during high vs. reduced existential threat, b = 0.48, SE = 0.20, OR = 1.61.

Textile Color Brightness. A main effect of existential threat on textile color brightness emerged. Compared to intervals of reduced existential threat, individuals became more likely to wear items of brighter colors during phases of high existential threat, b = -0.70, SE = 0.16, OR = 0.50, 95% CI [0.37, 0.68].

This main effect was qualified by an interaction effect between existential threat and gender. No significant difference in the color brightness of clothing items between pandemic phases occurred for women, $\chi^2(1)$ = 0.08, p = .77, while men were more likely to wear clothing items of darker color during high vs. reduced existential threat, b = -0.69, SE = 0.15, OR = 0.50, 95% CI [0.37, 0.68].

Gender-Typicality of Clothing Items. An interaction effect was observed between existential threat and gender regarding the gender-typicality of clothing items (coded as raters' overall perception of items as either typically feminine, masculine, or unisex). In comparison to reduced existential threat, during phases of high existential threat women were more likely to wear feminine rather than unisex items, b = 0.58, SE = 0.19, OR = 1.79, 95% CI [1.25, 2.58], and less likely to wear masculine rather than unisex items, b = -2.36, SE = 0.49, OR = 0.09, 95% CI [0.04, 0.25]. In the same vein, men were less likely to wear feminine rather than unisex items during times of high vs. reduced existential threat, $b = -1.77$, $SE = 0.64$, $OR = 0.17$, 95% CI [0.05, 0.60].

Attributes Affecting Both Mechanisms

Skin Exposure. There was a main effect of existential threat on skin exposure. Individuals exposed more skin during phases of high existential threat ($M = 18.03$, $SE = 0.93$) compared to those of reduced existential threat ($M = 14.32$, $SE = 0.93$).

This main effect was qualified by an interaction effect between existential threat and gender. Women exposed more skin ($M = 24.20$, $SE = 0.33$) during high vs. reduced existential threat ($M = 12.55$, $SE = 1.33$), $F(1,122) = 38.31$, $p < .001$, $\eta_p^2 = .24$, while men exposed less skin ($M = 11.86$, $SE = 1.23$) during high vs. reduced existential threat ($M = 16.08$, $SE = 1.23$), $F(1,122) = 5.30$, $p = .02$, $\eta_p^2 = .04$.

Textile Transparency. An interaction emerged between existential threat and gender regarding textile transparency. Women were more likely to wear more transparent clothing items during phases of high vs. reduced existential threat: $b = 1.11$, $SE = 0.38$, $OR = 3.04$, 95% CI [1.45, 6.38]. No significant difference was perceived in this regard for men when comparing intervals of high existential threat to those of reduced existential threat, $\chi^2(1) = 0.98$, $p = .32$.

Discussion and Conclusion

Empirical studies on the psychology of attire are sparse, and the present research revitalizes the discipline of clothing psychology. Focusing on the COVID-19 pandemic as an exemplary naturalistic threat, we have examined whether the protective function of clothing extends to the psychological level. Can attire shield from the mental consequences of existential threats by increasing distance between the threat and human corporeality? Based on theories around the evolution of clothing with the function of protecting the body from ecological hazards and visualizing one's social group affiliation and combining these with social psychological theory (TMT), we hypothesized that increased physically protective (i.e., more layers of) and in-group-prototypical (i.e., more gender-typical) clothing would be worn when faced with an existential threat.

Our findings offer strong support for the second mechanism of increased in-group-prototypical clothing. Compared to times of reduced pandemic threat, during highly threatening pandemic phases (a) women and men showed a decreased preference for unisex clothing items; (b) women were more likely to wear close-fitting attire, whereas men were more likely to wear oversized garments; (c) women were less likely, and men were more likely, to wear clothing items with brand names; and (d) men were more likely to wear clothing items with darker colors. The results thus suggest more gender-typical clothing expressions under acute threat. Moreover, for the attributes that we considered highly diagnostic for either one of the two proposed mechanisms, we found strong support for the second mechanism: While women exposed more skin and showed a preference for more transparent fabrics, men exposed less skin and wore less transparent fabrics during times of acute vs. non-acute pandemic threat.

Surprisingly, even the attribute we considered to be exclusively physically protective appears gendered: Women wore less and men more layers of clothing during high vs. low existential threat. Given that the number of layers is associated with the possibility of showing skin (the more garments, the more skin tends to be covered), this finding appears less unusual at a second glance. Moreover, TMT research has shown that women may begin to self-objectify under MS as a form of terror management, possibly because the childbearing and menstruating female body is more "biological" than the male body and thus "cognitively more problematic" (Morris et al., 2014). Women may decrease the amount of physically protective clothing they wear in order to signal vulnerability. However, regardless of individuals' gender, TMT has shown that people increasingly stereotype others and themselves under MS, targeting intra-group homogeneity and inter-group heterogeneity (Renkema et al., 2008). This substantiates the current finding of gaining symbolic protection via in-group (gender) prototypical dressing.

In sum, clothing behavior and phases of existential danger seem to be interrelated in as much as humans react to different phases of existential threat by adjusting their dress styles. Our research provides the first insight into the psychologically protective role of clothing behavior, mainly in terms of increased in-group prototypical clothing during an existential threat. It seems plausible that people adjust their dress style preferences in accordance with their situational context. Whereas individuals are likely to be less motivated to use clothing as a symbolic shield in phases of reduced existential threat, in phases of high existential threat, clothing is likely to be turned into a defensive armor by its wearer. As such, we do not assume trend-like changes in clothing behavior but rather situational appearance-related shifts.

This field study shows high ecological validity but is limited to one specific naturalistic threat in one country and one group for prototypicality measurement. For reasons of generalizability, it would be valuable to replicate the present study by investigating other real-life crises (e.g., Russia's war on Ukraine), group prototypicalities (e.g., nationality), and samples (e.g., Poland). Furthermore, because our findings are correlational, experimental research should test causal hypotheses on whether people would alter their behavioral intentions following existential threats (e.g., clothing choices after an MS manipulation), which would increase internal validity. Importantly, the coding approach in this research is not limited to the research question at hand but is a valuable instrument for versatile research in social psychology, particularly within the field of impression management, person perception, and embodied cognition.

As people are repeatedly confronted with existentially threatening situations throughout their lifetimes, our findings can translate into several practical implications. In highly threatening phases of the COVID-19 pandemic, or instances where individuals are infected with the virus, it might seem prudent to wear attire in line with one's group memberships (e.g., national costumes, sub-cultural dress styles), ultimately buffering the incorporeal consequences of such threat, namely (mortality) anxiety. Furthermore, in the area of internal and external security, uniforms can protect beyond the physical aspects (rough, tear-resistant, bulletproof fabrics) by reinforcing the sense of belonging to and prototypicality for a particular group (police officers, soldiers) and providing a symbolic shield.

References

Bernard, P., Content, J., Servais, L., Wollast, R., & Gervais, S. (2020). An initial test of the cosmetics dehumanization hypothesis: Heavy makeup diminishes attributions of humanness-related traits to women. *Sex Roles, 83*(5–6), 315–327. https://doi.org/10.1007/s11199-019-01115-y

Brillson, L. (2013, February 26). From Uggs to Y2K, what the '00s meant to us. *Refinery29*. https://www.refinery29.com/en-us/43445

Cunningham, S. J., & Macrae, C. N. (2011). The colour of gender stereotyping. *British Journal of Psychology, 102*(3), 598–614. https://doi.org/10.1111/j.2044-8295.2011.02023.x

Döring, N., Reif, A., & Poeschl, S. (2016). How gender-stereotypical are selfies? A content analysis and comparison with magazine adverts. *Computers in Human Behavior, 55*(Part B), 955–962. https://doi.org/10.1016/j.chb.2015.10.001

Givhan, R. (2002, September 17). Sober steps back to the runway. *The Washington Post*. https://www.washingtonpost.com/archive/lifestyle/2002/09/17/sober-steps-back-to-the-runway/8f414b55-f9cb-4d99-9937-38597b193ab8/

Goffman, E. (1979). *Gender advertisements*. Macmillan International Higher Education.

Goldenberg, J. L., Pyszczynski, T., Greenberg, J., & Solomon, S. (2000). Fleeing the body: A terror management perspective on the problem of human corporeality. *Personality and Social Psychology Review, 4*(3), 200–218. https://doi.org/10.1207/S15327957PSPR0403_1

Greenberg, J., Pyszczynski, T., & Solomon, S. (1986). The causes and consequences of a need for self-esteem: A terror management theory. In R.F. Baumeister (Ed.), *Public self and private self* (pp. 198–212). Springer.

Huxley, C., Clarke, V., & Halliwell, E. (2014). Resisting and conforming to the 'lesbian look': The importance of appearance norms for lesbian and bisexual women. *Journal of Community & Applied Social Psychology, 24*(3), 205–219. https://doi.org/10.1002/casp.2161

Jablonski, N. G. (2008). *Skin: A natural history*. University of California Press.

Kang, M. E. (1997). The portrayal of women's images in magazine advertisements: Goffman's gender analysis revisited. *Sex Roles, 37*(11–12), 979–996. https://doi.org/10.1007/BF02936350

Koca, E., & Koç, F. (2016). A study of clothing purchasing behavior by gender with respect to fashion and brand awareness. *European Scientific Journal, 12*(7), 234–248. https://doi.org/10.19044/esj.2016.v12n7p234

Kosloff, S., Anderson, G., Nottbohm, A., & Hoshiko, B. (2019). Proximal and distal terror management defenses: A systematic review and analysis. In C. Routledge & M. Vess (Eds.), *Handbook of terror management theory* (pp. 31–63). Academic Press.

LaFrance, M., Hecht, M. A., & Paluck, E. L. (2003). The contingent smile: A meta-analysis of sex differences in smiling. *Psychological Bulletin, 129*(2), 305–334. https://doi.org/10.1037/0033-2909.129.2.305

Lindemuth, C. J., Thomas, L. A., Mates, H. A., & Casey, J. A. (2011). Gender patterns in dress and outward appearance: An individual choice or fulfilment of cultural expectations? *Modern Psychological Studies, 17*(1), 30–36. https://scholar.utc.edu/mps/vol17/iss1/5

Moor, A. (2010). She dresses to attract, he perceives seduction: A gender gap in attribution of intent to women's revealing style of dress and its relation to blaming the victims of sexual violence. *Journal of International Women's Studies, 11*(4), 115–127. https://vc.bridgew.edu/jiws/vol11/iss4/8

Morris, K. L., Goldenberg, J. L., & Heflick, N. A. (2014). Trio of terror (pregnancy, menstruation, and breastfeeding): An existential function of literal self-objectification among women. *Journal of Personality and Social Psychology, 107*(1), 181–198. https://doi.org/10.1037/a0036493

National Institutes of Health. (2021). ImageJ (Version 1.53k). https://imagej.nih.gov/ij/index.html

Renkema, L. J., Stapel, D. A., Maringer, M., & van Yperen, N. W. (2008). Terror management and stereotyping: Why do people Stereotype when mortality is salient? *Personality and Social Psychology Bulletin, 34*(4), 553–564. https://doi.org/10.1177/0146167207312465

Rodríguez-Ferreiro, J., Barberia, I., González-Guerra, J., & Vadillo, M. A. (2019). Are we truly special and unique? A replication of Goldenberg et al. (2001). *Royal Society Open Science, 6*(11), Article 191114. https://doi.org/10.1098/rsos.191114

Ruble, D.N., Alvarez, J., Bachman, M., Cameron, J., Fuligni, A., Coll, C.G., & Rhee, E. (2004). The development of a sense of "we": The emergence and implications of children's collective identity. In M. Bennett & F. Sani (Eds.), *The development of the social self* (pp. 29–76). Psychology Press.

Saxton, T. K., Mackey, L. L., McCarty, K., & Neave, N. (2015). A lover or a fighter? Opposing sexual selection pressures on men's vocal pitch and facial hair. *Behavioral Ecology*, *27*(2), 512–519. https://doi.org/10.1093/beheco/arv178

Sebastián-Enesco, C., & Semin, G. R. (2020). The brightness dimension as a marker of gender across cultures and age. *Psychological Research*, *84*, 2375–2384. https://doi.org/10.1007/s00426-019-01213-2

Toups, M. A., Kitchen, A., Light, J. E., & Reed, D. L. (2011). Origin of clothing lice indicates early clothing use by anatomically modern humans in Africa. *Molecular Biology and Evolution*, *28*(1), 29–32. https://doi.org/10.1093/molbev/msq234

Kontingenzgestaltungsfähigkeiten
Empirische Explorationen zum ökonomischen Problem der Gegenwart

Jakob Fraisse, Lars Hochmann und Florian Wagner

English Abstract

Contingency is the central economic problem of the present. During the COVID-19 pandemic, this project explored which individual and institutional capabilities are required to deal with contingency in a corporate strategy. The interdisciplinary project Gelingensgeschichten *(stories of success) investigated the dynamic capabilities of enterprises that remain capable of managing in the face of crises such as the COVID-19 pandemic. Specifically, it addressed patterns of perceiving, interpreting and processing strategic fields characterized by structural change and ignorance. Within the framework of six empirical studies, the conditions for success were explored and generalized using methods of reconstructive social research. Along the 4 dimensions of signification, qualification, legitimation and reflection, a total of 12 dynamic capabilities were identified. This chapter frames and outlines the underlying project and provides conclusions for strategic action in turbulent times.*

Einführung: Kontingenz als neues ökonomisches Problem

Die Unternehmung, wie wir sie heute kennen, ist eine Errungenschaft moderner Gesellschaften. Sie konnte nur entstehen und sich kulturell verfestigen, weil im frühen 19. Jahrhundert finanzielle, technologische, soziale und geistige Entwicklungen in eins fielen (Pfriem, 1995, S. 45): die Akkumulation großer Kapitalwerte, die Technisierung produzierender Gewerbe, die Ausbreitung städtischer Lebensformen sowie die Etablierung der als unendlich steigerbar vorgestellten Idee von Wachstum und Fortschritt der Gesellschaft.

Aus dieser historisch-kontingenten kulturellen Konstellation heraus entstand die industrielle Unternehmung als institutionelle Antwort der nordamerikanischen und nordeuropäischen Gesellschaften auf Krankheit, Hunger, Armut und materielle Unterversorgung. Knappheit war das ökonomische Problem dieser Zeit, und die darunter leidenden Gesellschaften des Globalen Nordens ließen die Unternehmung als kulturelle Lösung für diese Notlage fungieren. Dieser Aufgabe ist sie überaus erfolgreich nachgekommen. Hier und heute gibt es für eine Welt „jenseits des Konsumismus" (Antoni-Komar et al., 2012) von ungefähr allem genug: Nahrungsmittel, Obdach, Kleidung, Energie, Bildung usw. Problematisch sind die spezifischen Beschaffenheiten sowie die Verteilung der Güter und Dienstleistungen. Das Problem der Knappheit als materielle Unterversorgung in dem Sinne, dass es insgesamt zu wenig für ein gelingendes Leben gibt, ist gleichwohl gelöst. Es hieße unhistorisch zu verfahren, also falsch zu denken, führte man Imperialismus, Klimakrise und sozialökologische Problemlagen an dieser Stelle als Gegenargumente an. Die Welt jener Gesellschaften des frühen 19. Jahrhunderts war deutlich überschaubarer als die unsere. Weder Menschenrechte noch Robotik, Internet oder Klimakrise waren bekannt. CO_2 hieß noch „fixed air" (Priestley, 1772) und bedeutete für sie nur Erfrischung durch Sodawasser. Der Zusammenhang zwischen Erderwärmung und CO_2 wurde erst in den 1970er-Jahren zu einem wissenschaftlichen Konsens (Broecker, 1975). Insofern kann den Gesellschaften jener Zeit kein Vorwurf gemacht werden, dass sie beispielsweise den Weg bereitet haben für das, was seit einigen Jahren als ökologische Krise thematisiert wird. Sie war ihnen nicht denkmöglich – ganz anders als den Gesellschaften der Gegenwart, die um all diese Probleme wissen.

Nun, da Knappheit als gesellschaftliches Problem erledigt ist, hat dieser Zweck seine Kraft verloren, den Einsatz darauf bezogener Mittel zu seiner Erreichung zu rechtfertigen. Effizienz, Konkurrenz und Opportunismus, die gesamte utilitaristische Orientierung an Eigennutz, samt ökonomischer Übersetzung in Profite, ist als leitende Maxime gesellschaftlicher Versorgung, also der Ökonomie, hinfällig geworden. Das hat tiefgreifende Auswirkungen darauf, wie wir heute über Unternehmen nachdenken. Denn diese Orientierung ist Mittel, nicht Zweck der Unternehmung. Aus dieser historischen Konstellation heraus lautet die entscheidende betriebswirtschaftliche Frage unserer Zeit: Wozu sind Unternehmen heute da? Diese Frage ist empirisch und findet demgemäß ihre Beantwortung als praktisches Anliegen, wozu Unternehmungen heute da sein *wollen*. Wissenschaftlich folgt aus dem Problem die Frage: Wenn der alte Zweck der Unternehmung erfüllt ist, welche neuen Mittel sind erforderlich, um die neuen Zwecke zu erfüllen?

Die COVID-19-Pandemie hat, trotz und gerade wegen all des Leids und Grauens, das mit ihr einherging, Licht auf diesen Zusammenhang geworfen. Unübersehbar ist geworden: Das ökonomische Problem der Gegenwart kreist um die Bewältigung von Kontingenz. Damit ist eine historische Entwicklung bezeichnet, die „neither necessary nor impossible" (James, 1921, S. 286) ist, also ist, wie sie ist, aber auch ganz anders sein könnte. In diesem Andersmöglichsein liegt der Gestaltungsauftrag der Unternehmung: Wenn das gesellschaftliche Leben nicht vorherbestimmt, sondern gestaltbar ist, sind die Formen und Weisen der gesellschaftlichen Versorgung mit alledem, was zu einem gelingenden Leben dazugehört, ebenso gestaltbar. Es ist gestaltbar, wie wir Nahrungsmittel anbauen, uns mit Kunst und Kultur versorgen, kleiden, mobil sind, bilden usw. Anders als die Gesellschaften des 19. und 20. Jahrhunderts wissen wir dabei um viele Problemlagen und Risiken – und können in diesem Sinne neue und nachhaltigere Formen der Unternehmung institutionalisieren.

Ausgehend von dieser theoretischen Überlegung haben wir an der *Cusanus Hochschule für Gesellschaftsgestaltung* von Juni 2020 bis April 2021 das Lehr-Forschungs-Projekt *Gelingensgeschichten – neue Narrative nachhaltigen Wirtschaftens* durchgeführt. Es fragte nach den spezifischen Fähigkeiten und transformativen Potenzialen von solchen Unternehmungen, die sich im Angesicht der Corona-Pandemie selbst gestaltungsfähig hielten. Ausgangspunkt dieser Frage war die Beobachtung, dass einige Unternehmungen besser als andere mit der unausweichlichen Situation radikaler Kontingenz umgingen und -gehen.

Die Projektergebnisse sind in einer Anthologie im Open Access verfügbar (Hochmann, 2021; 2. Auflage 2022). Mit dem vorliegenden Beitrag stellen wir knapp das Projekt und die zentralen Befunde vor und entwickeln die theoretische Einbettung und Pointierung weiter. Um uns im Sinne fortschreitenden Denkens weder zu wiederholen noch eines Selbstplagiats schuldig zu machen, verweisen wir für Details zur Erhebung auf die oben genannte Abschlusspublikation.

Methodologie: Praxistheorie als Perspektive rekonstruierender Sozialforschung

Die Figur der Kontingenz ist analytisch auf der ontologischen Ebene verortet. Das heißt, sie bezeichnet eine Vorstellung davon, was sein kann. Als Teil eines Weltbildes ist sie epistemologischen und methodologischen Fragen vorangestellt. Wer von einer Ontologie der Kontingenz ausgeht, geht methodologisch davon aus, dass es kein Entrinnen gibt: Es gibt keine Kritik der Praxis, die nicht selbst Praxis ist, kein Bruch mit Zukunftsbildern, der nicht selbst ein Zukunftsbild darstellt. In Anlehnung an das bekannte Kommunikationsaxiom von Watzlawick et al. (2011) ließe sich zuspitzen: Man kann nicht nicht handeln. Oder etwas salopper dem Volksmund das Wort geredet: Irgendwas ist immer.

Um diesen tieferliegenden Prämissen gerecht zu werden, stellt sich methodologisch die Frage danach, was denn konkret passiert, wie gehandelt wird und welche die ermöglichenden und restringierenden Bedingungen dafür sind. Für das Lehr-Forschungs-Projekt haben wir uns daher für eine praxistheoretische Methodologie entschieden. Der besondere Reiz von Theorien der Praxis reflektiert sich darin, dass in Praktiken stets beides zum Ausdruck kommt: die Individualität und die Gesellschaftlichkeit der Menschen. Denn:

> Die Menschen machen ihre eigene Geschichte, aber sie machen sie nicht aus freien Stücken unter selbstgewählten, sondern unter unmittelbar vorhandenen, gegebenen und überlieferten Umständen. (Marx, 1869, S. 1)

In ausführlicher Reflexion über diesen Satz von Karl Marx hat Anthony Giddens (1984) seine Theorie der Strukturation entwickelt. Ausgehend von seiner zentralen Figur der Dualität von Struktur – dass Strukturen Handeln ermöglichen und einschränken, in und durch das Handeln wiederum Strukturen erhalten und verändert werden – haben wir vier zentrale Fragedimensionen formuliert (siehe vertiefend Hochmann, 2022):

- *Signifikation/Kennen:* Welche Deutungs- und Wahrnehmungsmuster der Krise liegen vor? Wie wird über die Krise kommuniziert und was resultiert daraus?
- *Qualifikation/Können:* Welche Umgangsweisen mit der Krise entstehen? Welche Befähigungen bedingen die Mitspielfähigkeit in dieser neuen Praxis?
- *Legitimation/Dürfen:* Welche Begründungs- und Rechtfertigungsmuster der Krisenbewältigung entstehen? Wie wird mit Widerstand umgegangen?
- *Reflexion/Wollen:* Welcher Wille, welche Wünsche und Hoffnungen artikulieren sich in dieser neuen Praxis? Wie werden sie reflektiert und eingeordnet?

Für die Beantwortung dieser Fragen haben wir leitfadengestützte Interviews mit Expert*innen durchgeführt. Ziel der Interviews war die Rekonstruktion der Handlungen samt ihren Bedingungen zur Klärung, über welche besonderen individuellen und institutionellen Fähigkeiten sowie transformativen Potenziale die Interviewten verfügten. In der Theorie der Unternehmung werden solche Fähigkeiten als „dynamic capabilities" (Barreto, 2010; Eisenhardt & Martin, 2000; Teece et al., 1997) diskutiert, das heißt als „the firm's ability to integrate, build, and reconfigure internal and external competences to address rapidly changing environments" (Teece et al., 1997, S. 516). Um diesen Fähigkeiten auf die Spur zu kommen, haben wir den Leitfaden und das Kodierschema (diese und weitere Details zur Studie im Open Access bei Hochmann, 2021) mit weiteren praxistheoretischen Elementen fundiert. Dafür haben wir uns insbesondere auf die Konzeption von Andreas Reckwitz (2003) bezogen, der drei zentrale Bausteine identifiziert: erstens die Materialität von Praktiken, die auch die Körperlichkeit und Leiblichkeit der Menschen einschließt, zweitens eine implizite Logik, die sowohl das in Fleisch und Blut übergegangene Wissen beinhaltet als auch die ungeschriebenen Gesetze des Feldes, und drittens das Spannungsfeld aus einerseits Routinisiertheit, andererseits Unberechenbarkeit. Praktiken sind also eingeübte Verhaltensweisen, die situativ gleichwohl immer wieder erneut hervorgebracht werden müssen und insofern kein bloßer Automatismus sind.

Die gesamte Studie umfasst sechs Teilstudien, die sich jeweils spezifischen Versorgungsdomänen der Gesellschaft widmen. Die Interviews wurden nach Kuckartz (2012) mit einer qualitativ strukturierenden Inhaltsanalyse ausgewertet. Mittels *peer debriefing*, *member checking* und *mixed methods* haben wir ebenfalls nach Kuckartz (2012) die Güte der Analyse gewahrt.

Erkenntnisse: „Es ist nicht egal, dass es uns gibt."

Für die vier praxistheoretisch hergeleiteten Fragedimensionen – Kennen, Können, Dürfen, Wollen – haben wir im empirischen Material jeweils drei zentrale Fähigkeitsbereiche identifiziert, die in der nachfolgenden Tabelle 1 als Synopse dargestellt und kurz erläutert sind.

Tabelle 1 Dynamische Fähigkeiten von Unternehmen während der COVID-19-Pandemie

Kennen	– *Wahrnehmen:* Das Engagement wird politischer, reflektierter und gesellschaftsbezogener. – *Deuten:* Die Pandemie wird als Symptom tieferliegender Krisen der Gesellschaft reflektiert. – *Kommunizieren:* Der Austausch wird digitaler, politischer und aufwändiger durch kollektives Nichtwissen.
Können	– *Ermächtigen:* Die Interessen werden gebündelt in Netzwerken, Lobbying und strategischen Allianzen. – *Kooperieren:* Die Tätigkeit wird partizipativer, solidarischer und entweder regionaler oder digitaler. – *Instituieren:* Externe Dynamiken werden nicht abgeblockt, sondern aufgegriffen und intern transformiert.
Dürfen	– *Anerkennen:* Die Macht über die Deutung der eigenen Krise wird errungen und politisch verortet. – *Rechtfertigen:* Die Gewohnheiten werden durch Kreativität und Konzentration auf Kernkompetenzen gebrochen. – *Verständigen:* Toleranz entsteht für Fehler, Bedenken und Vielfalt durch geteiltes Nichtwissen.
Wollen	– *Aktivieren:* Die gemeinsam übernommene Verantwortung überwindet die Orientierungslosigkeit der Krisensituation. – *Beharren:* Das Erleben der Gestaltungskraft schafft Souveränität und verändert die Einstellung zu Krisen. – *Besinnen:* Das Geschäftsmodell wird entschlackt, reformuliert und entlang der eigenen Werte versinnlicht.

Quelle: Hochmann (2021).

Diese individuellen und institutionellen dynamischen Fähigkeiten stellen Gelingensbedingungen für den unternehmerischen Umgang mit Kontingenz dar. Sie zu verfeinern, zu professionalisieren und in Bildungskontexte zu übertragen, Orte der Erprobung zu schaffen, kurz: sie politisch, organisatorisch und individuell zu fördern, ist eine Lektion, welche die COVID-19-Pandemie uns lehrte. Nicht ein technisches oder instrumentelles Wissen führte dabei zur Initiative, letztlich zum Durchbruch, sondern personale und soziale Kompetenzen: starke Persönlichkeiten, die Verantwortung übernehmen. Ein wiederkehrendes Urmoment im empirischen Material war eine Selbstresponsibilisierung, das heißt, die befragten Akteur*innen begannen, sich selbst für die Entwicklung einer Lösung verantwortlich zu fühlen, da es ihnen nicht egal war, wie die Versorgung in ihrer jeweiligen Domäne organisiert ist. Im Geiste von Joseph Alois Schumpeter (1947) haben sie sich *ver-antwortet*, indem sie kreativ-schöpferische Antworten auf die Krise gaben.

In Bezug auf die eingangs aufgeworfene Grundsatzfrage, wozu Unternehmungen heute da sein wollen, liefert unsere Studie ebenfalls erste Hinweise. Sie lassen sich systematisieren entlang der drei Stufen des Managements bei Hans Ulrich (1981, S. 12): Das normative Management behandelt die Überzeugungen und Werthaltungen. Es speist sich aus und wirkt zurück auf das strategische Management, das die Ziele und Zwecksetzungen behandelt und sich wiederum speist aus und zurückwirkt auf das operative Management, das die laufenden Arbeits- und Geschäftsprozesse organisiert. Entlang dieser Trias deutet sich im Material unserer Studie normativ ein zunehmender Gesellschaftsbezug, strategisch eine zunehmende Kooperation und operativ eine zunehmende Solidarität ab. Inwiefern sich diese Phänomene verfestigen oder postpandemisch wieder zum Verschwinden gebracht werden, ist erneut eine empirische Frage, die, da nicht nicht gehandelt werden kann, vom Tun und Lassen all jener abhängt, die angesichts sich aufschaukelnder Vielfachkrisen etwas unternehmen.

Ausblick: Sie nannten es Wertschöpfung

In den meisten Unternehmen steckt heute mehr Unterlassung als Unternehmung. Das Gros fällt eher dadurch auf, Krisen zu leugnen, wegzuschauen, sie kleinzureden. Diese Praxis ist anachronistisch im deutlichen Wortsinn: Sie ist aus der Zeit gefallen und wird sukzessive an Bedeutung verlieren, irgendwann verschwinden und als bloße Erinnerungsspur oder als Eintrag in den Geschichtsbüchern überdauern. *By design or by disaster.* Vermutlich werden sich Menschen in 50, 100, 200 Jahren über unsere Epoche wundern und sich fragen, wie wir nur darauf gekommen sind, die wissentliche und in Teilen gewollte Zerstörung der Lebensgrundlagen auf diesem Planeten eine „Wertschöpfung" zu nennen. Und sie werden dankbar sein dafür, dass sich inmitten dieses Wahnsinns schon seinerzeit eine wachsende Zahl von Menschen haben als Spinner*innen verlachen lassen, um gegen allen Widerstand ihrer Zeit eine nachhaltige Wirtschaft auf den Weg zu bringen. Die Kontingenzgestaltungsfähigkeiten, die diese Menschen schon heute herausbilden, verfeinern und institutionalisieren, brauchen nun Räume der Ermöglichung und Befähigung, um skaliert zu werden und das Bestehende zu verdrängen. Der Auftrag für Wissenschaft, Politik und Wirtschaft ist damit klar formuliert. Fragen wir uns also: *Wer wollen wir gewesen sein?*

Literatur

Antoni-Komar, I., Lautermann, C. & Pfriem, R. (2012). Unternehmen und Konsumenten in Verantwortungsgemeinschaft jenseits des Konsumismus. *Zeitschrift für Wirtschafts- und Unternehmensethik*, *13*(3), 297–316.

Barreto, I. (2010). Dynamic Capabilities: A Review of Past Research and an Agenda for the Future. *Journal of Management*, *36*(1), 256–280. https://doi.org/10.1177/0149206309350776

Broecker, W. S. (1975). Are We on the Brink of a Pronounced Global Warming? *Science*, *189*(4201), 460–463.

Eisenhardt, K. M. & Martin, J. A. (2000). Dynamic capabilities: What are they? *Strategic Management Journal*, *21*(10–11), 1105–1121. https://doi.org/10.1002/1097-0266(200010/11)21:10/11<1105::AID-SMJ133>3.0.CO;2-E

Giddens, A. (1984). *The Constitution of Society: Outline of the Theory of Structuration*. University of California Press.

Hochmann, L. (Hrsg.). (2021). *Geschichten des Gelingens: Inmitten von Krisen Wandel gestalten*. metropolis.

Hochmann, L. (2022). *Das Imaginäre der Unternehmung: Eine reflexive Theorie der Transformation*. Campus.

James, W. (1921). *Pragmatism: A New Name for Some Old Ways of Thinking*. Longmans, Green and Co.

Kuckartz, U. (2012). *Qualitative Inhaltsanalyse: Methoden, Praxis, Computerunterstützung*. Beltz.

Marx, K. (1869). *Der achtzehnte Brumaire des Louis Bonaparte* (2. Aufl.). Otto Weißner.

Pfriem, R. (1995). *Unternehmenspolitik in sozialökologischen Perspektiven*. metropolis.

Priestley, J. (1772). XIX. Observations on different kinds of air. *Philosophical Transactions*, *62*, 147–264. https://doi.org/10.1098/rstl.1772.0021

Reckwitz, A. (2003). Grundelemente einer Theorie sozialer Praktiken. *Zeitschrift für Soziologie*, *32*(4), 282–301.

Schumpeter, J. A. (1947). The Creative Response in Economic History. *The Journal of Economic History*, *7*(2), 149–159.

Teece, D. J., Pisano, G. & Shuen, A. (1997). Dynamic Capabilities and Strategic Management. *Strategic Management Journal*, *18*(7), 509–533.

Ulrich, H. (1981). Die Bedeutung der Management-Philosophie für die Unternehmungsführung. In H. Ulrich (Hrsg.), *Management-Philosophie für die Zukunft: Gesellschaftlicher Wertewandel als Herausforderung an das Management* (S. 11–24). Haupt.

Watzlawick, P., Beavin, J. H. & Jackson, D. D. (2011). *Menschliche Kommunikation: Formen, Störungen, Paradoxien* (12. Aufl.). Hans Huber.

Crisis-driven Economic Change
Insights into Innovation, Fundamental Human Needs, and Sensemaking during the COVID-19 Pandemic

Michael P. Schlaile, Veronica Hector, Johannes Dahlke, Luis Peters, Annette Hilt, and Silja Graupe

Executive Summary (German)

Im Umgang mit Unsicherheit und Komplexität in Krisenzeiten wie der COVID-19-Pandemie sind sowohl die Wirtschaftswissenschaften als auch Menschen in Entscheidungspositionen gefordert, die Grenzen ihrer tradierten Denkweisen zu durchbrechen und neue Herangehensweisen zu erproben. Unser Beitrag nimmt diese Herausforderung zum Anlass, zwei unabhängig voneinander durchgeführte, aber miteinander inhaltlich zusammenhängende Studien vorzustellen, die die Notwendigkeit unterstreichen, Innovation und Kooperation in Krisenzeiten aus dem systemischen Blickwinkel menschlicher Grundbedürfnisse zu betrachten. Konkret greift der Beitrag die neun axiologischen Bedürfnisse nach Max-Neef auf und nutzt diese, um sowohl Innovationsprozesse während der ersten Pandemiemonate im Frühjahr 2020 (erste Studie) als auch transformatives Potenzial von Sinnstiftungsprozessen von deutschen Führungskräften im Sommer 2021 (zweite Studie) zu analysieren. Die Ergebnisse zeigen, dass ein Fokus auf die systemische Natur von Bedürfnissen eine Brücke zwischen individueller Gestaltungskraft und staatlichen Verordnungen bzw. sozioökonomischen Maßgaben schlagen kann.

Introduction: Never Let a Good Crisis go to Waste

Given the seriousness of societal and economic disruptions in the wake of the COVID-19 pandemic, it may seem trite and perhaps somewhat irreverent to begin this chapter by repeating the Churchillian mantra to "never let a good crisis go to waste." Yet, while the pandemic has indeed cost millions of lives and obstructed the fulfilment of fundamental human needs on a global scale, there have been various valid arguments in the scientific literature for the notion that the crisis has also opened up "windows of opportunity" for transforming our social-ecological and economic systems toward more resilient and sustainable ones (e.g., Alva Ferrari et al., 2023; Bodenheimer & Leidenberger, 2020; D'Adamo & Lupi, 2021). In other words, both scientists and decision-makers should "make use of" the COVID-19 crisis and learn as much as possible in order to be prepared for future crises.[1] Generally speaking, the COVID19 crisis has posed new and exacerbated challenges, including issues of social injustice, unsustainable global value chains, food and resource insecurity, the looming collapse of health care systems, and an increasing political polarization, to name just a few. Such deeply interrelated and complex issues are also known as "wicked problems" (Rittel & Webber, 1973) because cause and effect relationships are often unclear, which also means that solving parts of the problem may aggravate others, and both problem definition and proper solution paths are frequently contested. One of the most palpable examples in the context of the pandemic may be the lockdown measures imposed by policymakers across the globe, which clearly aimed at protecting citizens' physical health at the cost of other fundamental needs such as societal participation or personal freedom. In this regard, in an almost prophetic manner, Max-Neef and colleagues wrote more than three decades ago:

> In much the same way that a disease is a medical problem, and that the same disease having become an epidemic transcends the field of medicine, our present challenge lies not only in how to deal with problems, but also in how to cope with the tremendous magnitude of the problems. Their growing magnitude and complexity is transforming probl*isciplinary contours into problem complexes of a diffuse transdisciplinary character. (Max-Neef et al., 1991, p. 15)

In our present context, this implies that tackling "wicked problems" related to the COVID-19 pandemic requires responses from both researchers and decision-makers that move beyond monodisciplinary approaches and dominant institutional logics. With this chapter, we take this demand for pluralism seriously by drawing on multiple strands of the literature and applying an exploratory mixed-methods approach to studying the interplay of innovation, basic needs, and sensemaking during the COVID-19 pandemic.[2]

The overarching research question of this chapter is: *(How) can a focus on the relevance and complexity of fundamental human needs and their satisfiers contribute to*

---

1 We use the term crisis rather loosely to highlight that the pandemic has negatively affected multiple interrelated systems at the same time in an unprecedented and largely unforeseen way, thus involving decision situations under a high degree of uncertainty and unpredictability.
2 In this sense, we are attempting to address such 'probl*isciplinary' complexity and interrelatedness.

a better understanding of the axiological dimension of innovation[3] *and sensemaking*[4] *processes during crises?* In this regard, we are in a unique position to complement findings from an earlier study by Dahlke et al. (2021) on the needs addressed by rapid-response innovations in spring 2020 with novel results from an online SenseMaker® questionnaire conducted among German decision-makers during summer 2021, We bring these two studies together in our findings and interpretation.

The following section introduces the approach to fundamental human needs developed by Manfred Max-Neef and discusses how this approach can be applied as a typological framework in the context of rapid-response COVID-19 innovations. Subsequently, we explain how we used SenseMaker® as a research method to conduct an online questionnaire among German decision-makers and analyzed this according to the typological frameworks of human needs. Thereafter, we discuss and synthesize the findings from these two studies.

Fundamental Human Needs and Innovation: Can We Get Some Satisfaction?

An approach based on fundamental human needs offers an intuitive way of understanding the complexity of crises and crisis management because needs themselves can be understood as interrelated elements. Human needs exist both in tension and harmony with each other, depending on how and under which conditions they are addressed. Contesting earlier conceptualizations of hierarchy and linearity of need satisfaction (Maslow, 1943), Max-Neef et al. (1991) assert that human needs should best be understood as a system without clear hierarchies – except for the need for subsistence in order to remain alive.

Max-Neef and colleagues (1991) developed an approach to fundamental human needs that differentiates needs and their potential satisfiers along an axiological and an existential dimension. For the sake of brevity, in this contribution we do not differentiate between the four existential categories but focus instead on the nine axiological needs and, subsequently, on their function for sensemaking. Individuals can

---

3 It should be noted that innovation is understood here in a broader sense beyond new technologies or products, including new ways of organizing or doing business. Nonetheless, later in this chapter we take up a common differentiation between *incremental* and *radical* innovation to distinguish the degree and extent of novelty or improvements associated with an innovation (see Norman and Verganti, 2014).

4 While there is no generally agreed definition of sensemaking, it often refers to "those processes by which people seek plausibly to understand ambiguous, equivocal or confusing issues or events" (Brown et al., 2015, p. 266). We will come back to sensemaking and our approach in the section on "Sensemaking and SenseMaker® as a Research Method" below.

be in need of *subsistence, protection, affection, understanding, participation, idleness* (or *leisure*), *creation, identity*, and *freedom*. While these terms are still broad – and we refer the interested reader to Max-Neef and colleagues' original work (e.g., Max-Neef, 1992; Max-Neef et al., 1991) for a thorough explanation and definition – it is easy to see how the need to remain healthy or protect others from harm (subsistence, protection) and to foster friendship over a couple of drinks in a cozy pub (affection, participation, leisure) can conflict with each other in a pandemic.

Where this dilemma may be resolved by an individual endogenously weighing these needs in order to arrive at a personal decision, it complicates the matter once the means of satisfaction becomes exogenous to the individual, as in the case of a state-imposed lockdown for the purpose of greater societal subsistence. As the agency shifts from the individual to the collective, it not only restricts the ways in which the individual's needs can be satisfied; it also externalizes the sources of *dis*satisfaction. This is due to lockdowns acting as satisfiers in addressing the need for protection while simultaneously inhibiting the fulfilment of other needs. To understand the diversity of satisfiers, Max-Neef and colleagues differentiate between seven types according to their functions, summarized in Table 1 based on Kletzka (2021, pp. 121–122).

Table 1 Satisfiers according to Max-Neef

Satisfiers	Function
Violators / Destroyers	Initially appear to satisfy a need but render its actual fulfilment impossible over time
Pseudo-satisfiers	Generate a false sense of having satisfied a need
Inhibiting satisfiers	Oversatisfy one need while limiting the adequate satisfaction of other needs
Singular satisfiers	Do not influence the satisfaction of other needs
Synergic satisfiers	Adequately satisfy one need while contributing to the satisfaction of other needs
Divergent satisfiers	Are intended for the satisfaction of one's own needs but undermine the ability of other people to satisfy theirs
Convergent satisfiers	Satisfy one's own needs while either enhancing or having no impact on the ability of others to satisfy their needs

Source: summary based on Kletzka (2021).

Socioeconomic dynamics during the COVID-19 crisis revealed a new way of perceiving the satisfaction of the needs of producers, consumers or clients, and employees. Dahlke et al. (2021) show how rapid-response innovations have emerged as satisfiers for various needs during the initial phase of the pandemic. They analyzed a sample of 707 descriptions of COVID-19 related innovation projects in the period between March and May 2020. The authors document how needs and their salience can change as society is adapting and reacting to a crisis over time, moving from needs of subsistence and protection to a stronger emphasis on sociopsychological needs (e.g., affection and participation). The (textual) analysis of crisis-driven innovations by Dahlke et al. (2021) shows how crises render many needs unfulfilled and that coordinated economic activities can respond by offering novel ways of satisfying a multiplicity of needs. These innovation projects range from technological (ventilators and medical equipment) to organizational (online platforms and home delivery) and even (pro)social ones (pro-bono work). Table 2 presents some specific examples.

Table 2 Examples of innovation projects representing fundamental human needs

Innovation projects (from www.covidinnovations.com)	Represented needs
"ZeSight helps companies to take proactive measures to keep their workforce safe from COVID, capturing real-time health status and working conditions of their teams and assessing the capacity and resilience of the workforce."	Protection Understanding
"Joint venture by several Turkish companies displays prototype of first locally made ventilator. The ventilator was produced with the help of drone manufacturer Baykar, major appliances firm Arçelik and defense giant Aselsan."	Subsistence Protection
"Home Learning School platform offers remote learning resources for parents and kids. The website, created by parents of early years, KS2 and KS3 children, helps parents and kids discover activities, video content, and more to find fun and engaging things to do at home during school closures."	Participation Creation Idleness
"PocketCoach launches new app to help people cope with COVID anxiety. Mental health app PocketCoach released a new app featuring digital coaches who answer questions to help people deal with COVID anxiety by providing them with the best available information."	Understanding Affection

Source: https://www.covidinnovations.com/ as processed by Dahlke et al. (2021).

The analysis shows that many domains of rapid-response innovation exhibit the characteristics of synergic and convergent satisfiers (e.g., vacant hotel rooms being repurposed as protected spaces in which to work outside the home or use for joint dinners). One intuitive reason for this is the collaborative production that emerges from a grassroots level to address salient needs with the available means. Here, the strength of the needs-oriented approach becomes visible, as it allows innovations to be described in terms of the needs addressed on the production side as well as the on the consumption side. For example, in pursuing rapid-response projects to offer on-site testing of travelers, airports addressed their own needs for subsistence of their business as effective hygiene protocols contributed to the lifting of travel restrictions, also encouraging travel itself. At the same time, these actions enabled the satisfaction of the need for protection and freedom on the part of travelers and society at large.

Through these types of rapid-response innovations, the actors involved found ways of endogenizing the satisfaction of needs through novel channels that had previously been unavailable, thereby reclaiming a degree of collective agency in crisis management. However, the findings also show that crisis-driven innovation requires not only a strong creative effort but also effective ways of communicating and collaborating across heterogeneous groups of actors. In order to better understand these communication processes and the emerging satisfiers in relation to innovation, we must also consider how individuals and organizations make sense of their environment (i.e., individually and collectively perceive and interpret their current situation according to their needs) and identify (novel) pathways to satisfaction during crises. This is addressed in our second study presented below.

Sensemaking and SenseMaker® as a Research Method

In the wake of crises, established patterns of meaning can fall apart, and known narratives and interpretations may no longer work or can become contradictory. It is therefore important to explore how people make sense of what is happening to and around them at such times of uncertainty. These sensemaking processes are embedded in societal contexts. For example, collective narratives, norms, or values help to structure information and knowledge and shape how we act in the world by creating new meaning (van der Merwe et al., 2019) and meaningful ways of satisfying human needs. To uncover sensemaking processes, new research approaches are required to adequately reflect the complexity, uncertainty, and contestation of current challenges and the lived experiences of people confronted with such wicked problems. One way to approach this is the SenseMaker® software platform developed by complexity researcher Dave Snowden and colleagues (van der Merwe et al., 2019). The software facilitates exploring large-scale collective sensemaking processes by collecting short stories from day-to-day experiences at work or at home. These micro-narratives are then self-interpreted by respondents through a set of relational questions such as triads (see next section for examples) to explore the relative importance of three concepts or positions, dyads to explore how a particular issue would be positioned along a continuum between two extremes, and/or multiple-choice questions about the respondents themselves (Mager et al., 2018; Wamsler et al., 2022). Through the process of self-signification, responses are quantitatively plotted or tagged and thereby linked to the shared story, thus providing a further contextualization of the stories (see also Mager et al., 2018; Wamsler et al., 2022, for studies employing this method). We cannot go into more detail on this method within the scope of this chapter, but we refer interested readers to Guijt et al. (2022) for a practical guide to using SenseMaker®.

In 2021, we adopted SenseMaker® as a research method to explore how German leaders in organizations made sense of their decisions during the COVID-19 pandemic. For this purpose, we designed an online questionnaire divided into three main parts: 1) an inquiry into the narrative of the present (how are decisions made / influenced *during* the pandemic?), 2) an inquiry into the narrative of the future (how will decisions be made / influenced *after* the pandemic?), 3) multiple-choice questions. To elicit the micro-narratives, in the first part, we asked participants of our study the following question:

> The COVID-19 pandemic has put decision-makers like yourself in unprecedented situations. Imagine that, after a long time of protective measures against the virus, you are meeting a business partner in person again. Which example of a particular course of action you took during this time would you tell them about? Please share your story below.

Selected results of this SenseMaker® data collection and analysis between July and September 2021 are presented in the next section. Here, we focus on the results of our needs-based narrative analysis to reveal which fundamental human needs are most prevalent in the stories shared by German decision-makers.

Results: Needs-based Narrative Analysis

We collected 623 data entries in the SenseMaker® study (for a description of our sample see Figure 1). For the needs-based analysis, we used a subsample of 209 stories, consisting of micro-narratives of more than 30 words. To give an example of the results from one of the triads used in the questionnaire, in Figure 2 we can see how participants positioned themselves in response to the question as to what was important in the situation shared in their story. The three edges of the triangle reflect the respective positions (*do different things, do things differently, assign new meaning to my actions*). As shown in Figure 2, there is a strong bias towards the bottom right (do things differently and doing different things to a certain extent). This is also reflected in the respective stories as shown in the two examples in the text bubbles. Many stories (roughly one third of the stories in our subsample) revolved around the challenges and/or opportunities of the sudden shift towards working from home.

Using the fundamental human needs from Max-Neef et al. (1991) as a typological framework promises a more fine-grained perspective on the axiological dimension of the sensemaking processes behind the stories that were shared. We therefore applied the nine axiological needs as deductive codes for a qualitative text analysis. The frequencies of the codes/needs are depicted in Figure 3 together with the co-occurrences of the needs (measured per story). Rather unsurprisingly, subsistence and protection needs occurred most frequently in the context of the pandemic, followed by participation and freedom. These four needs also build a strong cluster in the co-occurrence network. The needs for understanding, affection, identity,

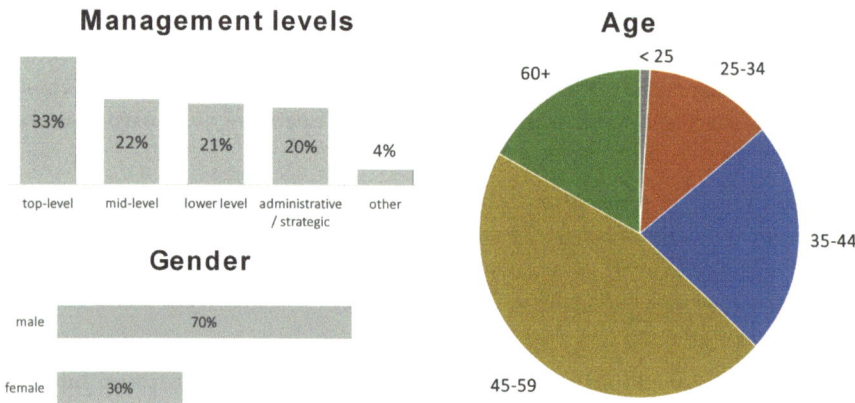

Figure 1 Overview of the Sample (N = 623) (Source: authors' own illustration)

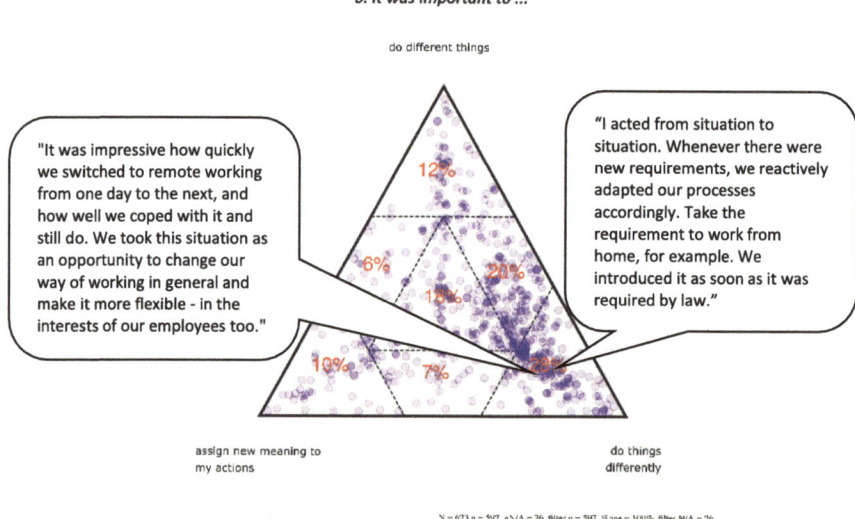

Figure 2 Sample Triad and Stories for "It was important to …" (Source: authors' own illustration)

creation, and idleness were addressed to a lesser extent. To give some examples of how we coded the stories, Figure 4 depicts five selected stories from our subsample and shows a color coding of the needs and examples of their co-occurrence.

The relatively low frequency of the need for creation addressed in the narratives is, to a certain degree, also reflected in Figure 2. While it was important for almost one third of our respondents to *do things differently* (e.g., shifting to remote work), which may be linked to the notion of *incremental innovation*, only about 12 % found it important to do *different things*, which may be linked to the notion of more *radical innovation*. Interestingly, when asked for the factors that are expected to shape their own future, *human creativity and ingenuity* was expected to play a more central role than *randomness/chance and new unforeseen events* or *norms and rules* (see Figure 5).

Discussion and Conclusion

Human needs are fundamental in the sense that they are universal across individuals and societies, not least because they are grounded in the biochemical reality of the human body. Yet, unlike a law of nature, satisfiers addressing these needs are artificial products as a function of the (physical and mental) resources available and existing systemic rules and constraints. In this way, economic activities can be seen as satisfiers expressing the salience of needs. The study of rapid-response innovations during the first wave of the COVID-19 pandemic documents how heterogenous societal groups have united and coordinated around a set of simultaneous needs by co-creating and co-producing satisfiers. The findings culminate in the crucial realization that effective crisis management – where possible – ought to embrace and facilitate adaptive bottom-up collaboration that allows synergic and convergent satisfiers to emerge endogenously, that is, from recombinant cooperation (especially of previously unrelated actors) within innovation systems (Dahlke et al., 2021).

Although the design of satisfiers opens the way for creativity and agency in producing effective responses to crisis situations in collaborative bottom-up approaches, it calls into question the qualitative properties of these innovations. While the study of innovation projects has shown that many rapid-response COVID-19 innovations exhibited a synergic and convergent character, this is unlikely to be a robust, universal mechanism. The reason for this is that innovations are contingent on formal and informal institutions embedded in innovation systems. While formal institutions (e.g., codified norms, rules, and laws) may both impose restrictions and offer financial aid during crises, informal institutions such as narratives and values guide actors in their sensemaking and shape their community spirit and possible ways of collaboration (Graupe, 2020). Our SenseMaker® analy-

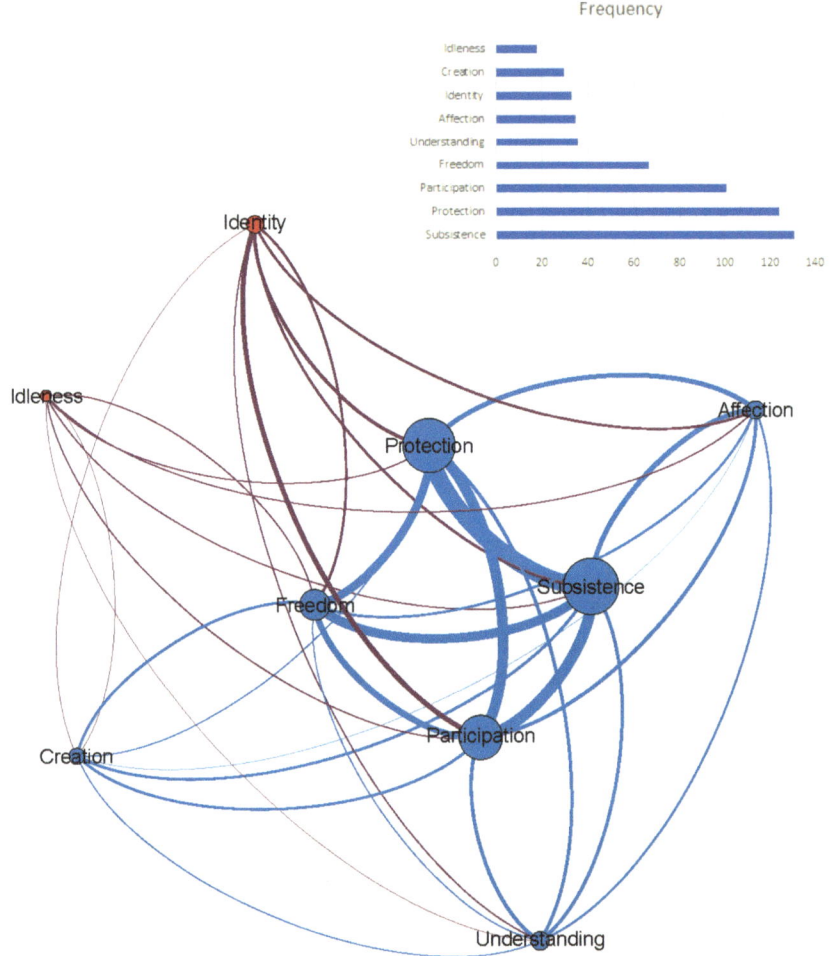

Need	Subsistence	Protection	Affection	Understanding	Participation	Idleness	Creation	Identity	Freedom
Subsistence	0	57	15	9	36	4	7	6	29
Protection	57	0	14	9	34	3	4	9	26
Affection	15	14	0	5	10	3	2	6	6
Understanding	9	9	5	0	10	1	4	3	3
Participation	36	34	10	10	0	4	7	14	19
Idleness	4	3	3	1	4	0	2	0	4
Creation	7	4	2	4	7	2	0	2	7
Identity	6	9	6	3	14	0	2	0	6
Freedom	29	26	6	3	19	4	7	6	0

Figure 3 Frequencies and Co-occurrences of Needs in Narratives (Source: authors' own illustration)

Please note: Node size proportional to frequency, co-occurrence reflected in edge thickness. Colors according to degree.

Crisis-driven Economic Change 137

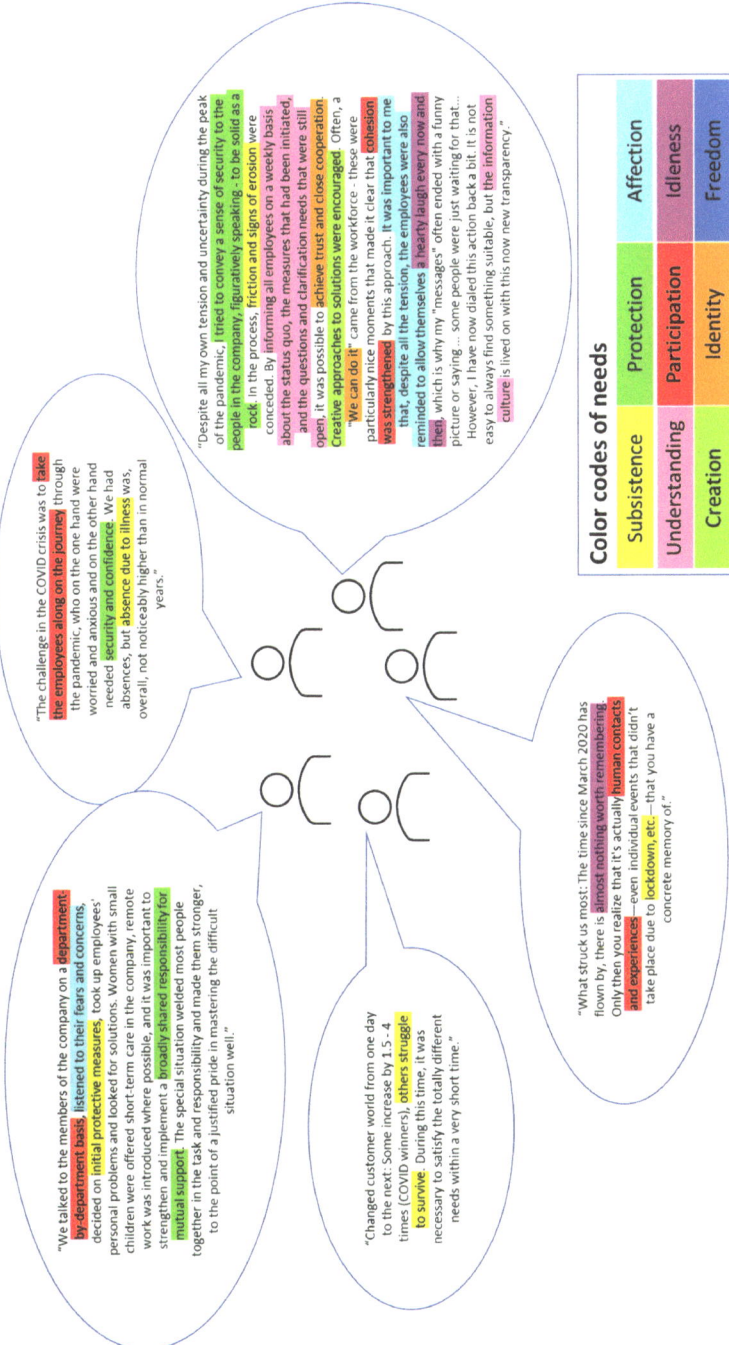

Figure 4 Coding Examples (Source: authors' own illustration)

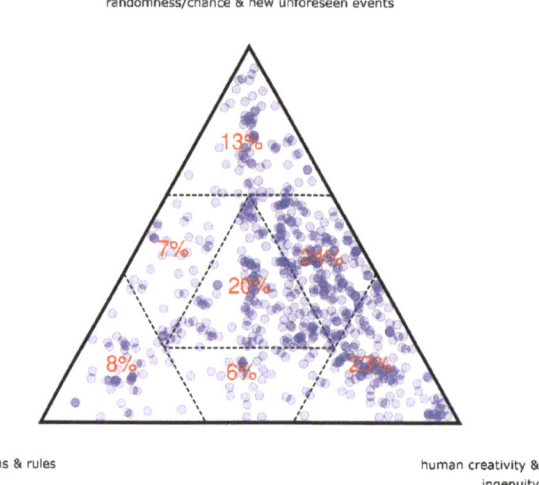

Figure 5 Future Expectations (Source: authors' own illustration)

sis shows, for example, that human creativity and ingenuity is expected to be the main factor (compared to randomness/chance or norms and rules) influencing the personal future of the decision-makers we asked. At the same time, however, the dominant strategy shared in the stories seemed to be the pursuit of incremental adjustments rather than leveraging this unprecedented cesura for radical changes and rethinking the mission or purpose of the organization. In other words, to take up the initial metaphor again, the "window of opportunity" for changing economic habits (including habits of thought; cf. Graupe, 2020) may have been open but most decision-makers in our study appear to have preferred to sit on its sill rather than climbing through.

Our two studies converge on the insight that one promising approach to addressing "wicked problems" during crises is to conceptualize and screen economic activities in terms of the needs they address and the modes of satisfaction they pursue. This approach offers an intuitive way of capturing the "wickedness" of problems (Rittel & Webber, 1973) – especially in the sense of the complexity and contestation associated with responses to crises – on a level that acknowledges both individual capabilities and collective needs. A systemic representation of needs aligns with the inherent complexity of wicked problems constituted by interrelated factors and interlocking challenges. The fundamentality of needs suggests that satisfaction is a continuous effort against the backdrop of changing context, which relates to the notion of wicked problems not having a "stopping rule" (Rittel & Webber, 1973). While the representation of (systems of) needs may reflect these dynamics, they can act as analytical frames. Where wicked problems are ill-defined and ill-structured, systems of needs may be structured and more easily depicted from a relational perspective. Where wicked problems tend to be unique in the sense that they do not lend themselves to prior evidence-based solutions, the fundamental nature of human needs allows us to make comparisons and transfer learnings from one context to another. Where problems and the set of issues and constraints encountered in solving them are dynamically evolving, the character of fundamental human needs remains consistent across time and individuals. Although needs may differ in their subjective salience and modes of satisfaction across time, individuals, and other contexts (which makes them dynamic enough to depict complexity), they form a common ground to analyze and design solution attempts aimed at wicked problems (again, see Dahlke et al., 2021). Finally, by explicitly focusing on the axiological needs influencing the sensemaking processes of decision-makers, we can identify potential contestation related to solution attempts or even anticipate them before designing solution attempts. Future research should thus focus on mapping and interrelating the salience of needs during crises, as well as how they connect to various types of satisfiers.

Most importantly, both of our studies highlight the value of this needs-based approach and show that the understandable impetus to issue broad calls for either state-imposed restrictions or blank checks for individual responsibility falls short of the desired impact. Rather, such a strategy needs to be traded for a more nuanced understanding of the qualitative properties of innovations as satisfiers and of ways in which informal institutions and sensemaking processes manifest in collaborations to co-create synergy and convergence in a systemic context. This clearly appeals to understanding opportunity as a window for change. Nevertheless, while our contribution has made an initial effort to capture these processes, more comprehensive and reliable analytical frameworks need to be devised. After all, as much as opportunity is a child of turmoil, impulsiveness and fundamentalism have never made good parents.

References

Alva Ferrari, A., Bogner, K., Palacio, V., Crisostomo, D., Seeber, N., & Ebersberger, B. (2023). The COVID-19 pandemic as a window of opportunity for more sustainable and circular supply chains. *Cleaner Logistics and Supply Chain, 7*, 100101. https://doi.org/10.1016/j.clscn.2023.100101

Bodenheimer, M., & Leidenberger, J. (2020). COVID-19 as a window of opportunity for sustainability transitions? Narratives and communication strategies beyond the pandemic. *Sustainability: Science, Practice and Policy, 16*(1), 61–66. https://doi.org/10.1080/15487733.2020.1766318

Brown, A. D., Colville, I., & Pye, A. (2015). Making sense of sensemaking in Organization Studies. *Organization Studies, 36*(2), 265–277. https://doi.org/10.1177/0170840614559259

D'Adamo, I., & Lupi, G. (2021). Sustainability and resilience after COVID-19: A circular premium in the fashion industry. *Sustainability, 13*(4), 1861. https://doi.org/10.3390/su13041861

Dahlke, J., Bogner, K., Becker, M., Schlaile, M. P., Pyka, A., & Ebersberger, B. (2021). Crisis-driven innovation and fundamental human needs: A typological framework of rapid-response COVID-19 innovations. *Technological Forecasting and Social Change, 169*, 120799. https://doi.org/10.1016/j.techfore.2021.120799

Graupe, S. (2020). Change is always as a last resort change in habits of thought: For a new biodiversity of cognition in the face of today's crisis. *International Journal of Pluralism and Economics Education, 11*(3), 243–254. https://doi.org/10.1504/IJPEE.2020.116219

Guijt, I., Gottret, M. V., Hanchar, A., Deprez, S., & Muckenhirn, R. (2022). *The learning power of listening: A practical guide for using SenseMaker*. Catholic Relief Services and Oxfam.

Kletzka, P. T. (2021). *Inside barefoot economics*. Logos Verlag.

Mager, F., Smith, B., & Guijt, I. (2018). *How decent is decent work? Using SenseMaker to understand workers' experiences* (Oxfam Research Report).

Maslow, A. H. (1943). A theory of human motivation. *Psychological Review, 50*(4), 370–396. https://doi.org/10.1037/h0054346

Max-Neef, M. (1992). Development and human needs. In P. Ekins & M. Max-Neef (Eds.), *Real-Life Economics* (pp. 197–214). Routledge.

Max-Neef, M., Elizalde, A., & Hopenhayn, M. (1991). *Human scale development: Conception, application and further reflections*. The Apex Press.

Norman, D. A., & Verganti, R. (2014). Incremental and radical innovation: Design research vs. technology and meaning change. *Design Issues, 30*(1), 78–96. https://doi.org/10.1162/DESI_a_00250

Rauschmayer, F., & Omann, I. (2015). Well-being and sustainability transitions: Making use of needs. In K. L. Syse & M. L. Mueller (Eds.), *Sustainable consumption and the Good Life: Interdisciplinary perspectives* (pp. 111–125). Routledge.

Rittel, H. W. J., & Webber, M. M. (1973). Dilemmas in a general theory of planning. *Policy Sciences, 4*(2), 155–169. https://doi.org/10.1007/BF01405730

van der Merwe, S. E., Biggs, R., Preiser, R., Cunningham, C., Snowden, D. J., O'Brien, K., Jenal, M., Vosloo, M., Blignaut, S., & Goh, Z. (2019). Making sense of complexity: Using SenseMaker as a research tool. *Systems*, *7*(2), 25. https://doi.org/10.3390/systems7020025

Wamsler, C., Osberg, G., Panagiotou, A., Smith, B., Stanbridge, P., Osika, W., & Mundaca, L. (2022). Meaning-making in a context of climate change: Supporting agency and political engagement. *Climate Policy*, 1–16. https://doi.org/10.1080/14693062.2022.2121254

An Industry in the Spotlight of a Global Crisis
Insights on How COVID-19 Impacted the Transportation Industry

Christoph Küffner, Christopher Münch, and Georg Kessler

Executive Summary (German)

Die COVID-19-Pandemie hat das deutsche Straßengüterverkehrsgewerbe auf verschiedene Weise beeinträchtigt, aber auch die Möglichkeit geboten, die Branche zu verändern, da ihre Relevanz in der Gesellschaft Beachtung gefunden hat. In dieser Studie wird untersucht, inwieweit sich COVID-19 auf die Logistikdienstleister („Logistic Service Providers", LSPs) ausgewirkt hat. Im Zentrum stehen die Auswirkungen auf die Fähigkeiten von LSPs sowie mögliche Veränderungen in der Arbeitsweise. Dazu wurde ein Strukturgleichungsmodell erstellt und anhand einer Umfrage unter LSP-Experten mit empirischen Daten unterlegt. Die Ergebnisse zeigen, dass die LSPs eine relativ geringe Anfälligkeit für die Pandemie aufwiesen, was insbesondere auf die Arbeitskräfte und ihr Engagement zurückzuführen ist. Die COVID-19-Krise offenbarte jedoch, dass in Bezug auf Zusammenarbeit und Digitalisierung mehr getan werden muss. Darüber hinaus sollte die Branche dem Fachkräftemangel mehr Aufmerksamkeit widmen, da die Studie die große Abhängigkeit von den Arbeitskräften in Krisenzeiten aufzeigt.

Introduction

Logistics is a people-intensive industry, reflected in the more than 600,000 employees in Germany (DSLV, 2022a). A large part of the activities of logistics service providers (LSPs) is performed by people, particularly in road freight transportation. This dependency affects the industry and leads to different challenges. On the one hand, there has been a shortage of qualified workers for several years. National associations estimate a demand of approximately 80,000 truck drivers for the German labor market (DSLV, 2022b). Future prognoses reinforce this assessment. An annual study on working conditions shows that more than 30 % of truck drivers are 55 years or older; 67,000 professional drivers retire annually, and only 27,000 obtain new driver qualifications (BAG, 2019). This suggests a significant increase in demand for drivers over the next few years, and thus a high risk for the industry. The reasons why this profession has become less attractive today are manifold. In the past, freedom and independence attracted people to the profession, whereas today, technologies such as GPS, telemetry, and unlimited accessibility via cell phones enable constant monitoring of drivers (Da Silva-Júnior et al., 2009). In addition, due to a shift in society's understanding of balancing private life and work, the commitment of professional drivers has changed, especially in terms of working hours and the time away from their families (Mittal et al., 2018). On the other hand, not only the execution of the operations, but also the renumeration of their services has changed to the disadvantage of LSPs. The services are often characterized by low complexity and a high degree of standardization, which has led to the market becoming dominated by small and very small companies. According to surveys, 77 % of the approximately 47,000 German transport companies have no more than ten vehicles (BAG, 2020). As a result, many of the LSPs are considered by customers to be replaceable, creating a particularly high cost pressure (Centobelli et al., 2020). These examples of current industry challenges and the industry's already fraught situation render resilience to disruptions such as COVID-19 limited.

Nevertheless, in the first phase of the COVID-19 pandemic, this crisis shifted the industry into the spotlight, and in a positive way. At that time, the importance of the LSPs' work was evident, as supplies of important goods such as food or medicine were available despite a large percentage of the population staying at home. As in sectors such as the healthcare industry, drivers exposed themselves to the risks of the pandemic in order to provide services to the public, and despite the fact that COVID-19 hit the industry hard. While demand was high in some sectors (e.g., pharmaceuticals), other sectors (e.g., automotive) experienced a standstill in supply. This led to a significant drop in transport prices, as transport volumes in industries such as the automotive sector collapsed. It is therefore reasonable to assume that COVID-19 has had an impactful effect on an already vulnerable industry.

To achieve change in existing and highly interconnected sociotechnical systems (STS), external pressure is often needed to change the way systems operate. As an example, the COVID-19 pandemic helped to replace existing work patterns with home workplace solutions in various labor markets. Socio-technical transition theory and the multi-level perspective (MLP) approach offer a scientific perspective that can serve to understand how change can be achieved in STS (Geels, 2002). In such systems, people create structures to satisfy important requirements, such as a steady As STSs are composed of different supply of goods at optimized costs. actors, the behavioral change of one single person, such as the willingness of this single person to pay more for logistics services, is necessary but insufficient. For this reason, a substantially change in the cost structure must be achieved by the industry.

The characteristics of STS are difficult to transform because of the stability of institutionalized processes which is particularly due to organizational, normative, as well as cognitive routines and rules (Coenen et al., 2012). For example, clients of LSPs expect a certain market-compliant price and performance and would draw consequences if these were not offered or provided. This institutionalization leads to lock-in mechanisms, such as decision-makers feeling trapped in existing patterns. Consequently, pressure must be exerted on the established STSs in order to achieve major changes. The MLP approach provides a framework to explain STSs through the creation of the following levels: the landscape level, the level of socio-technical regimes, and the niche level, and this approach can also be applied to change in industries such as the road freight transportation sector (Geels, 2002; Raven et al., 2012).

Pressure beginning at the landscape level, for example, is triggered by crises such as a pandemic, where expectations for change arise and apply pressure to the existing sociotechnical regimes. Innovations and ideas (emerging in niches) as alternatives to these regimes are then needed. Here, the interaction of the actors is highly important. When innovations and ideas are seen as alternatives, they can destabilize existing systems (Smith et al., 2010) and the intertwined structures inside existing sociotechnical regimes become fragile. This may lead to disengagement movements by the actors within the system, as they become disloyal and doubtful. According to the MLP, these moments provide the opportunity to subvert a system and bring about profound change. Here, windows of opportunity can emerge in which industries, and in consequence the assets and skills of companies, can be transformed significantly.

This research therefore focuses on how the pandemic has impacted LSPs, using key assets and skills of German road freight LSPs. This chapter examines whether the external pressure of the pandemic has led to critical changes in the assets and skills of this important industry in order to be better prepared for future crises.

Methodology

While examining the impacts of assets and skills on LSPs is not new (e.g., Hartmann and Grahl 2011), the impact of COVID-19 has not been examined so far. A quantitative study based on nine hypotheses was chosen for this research, where existing and thus already tested items were used to assess the assets and skills of LSPs. To address the pandemic, new items had to be developed to reflect the specific COVID-19 factors. The development of the new items was supported by interviews with experts from leading German logistics associations as well as by extensive literature research in high quality supply chain management and logistics journals. As constructs for the COVID-19 factors, *increased cooperation needs, vulnerability, asset increase, asset decrease, increased digitalization needs,* for LSP assets, *transportation capacity, knowledge, information exchange, and relationship*, and for LSP skills *flexi-*

bility, service reliability, information integration, and relationship building emerged as important.

The data were collected among German LSPs in the first half of 2021, with 1,939 experts contacted by email. The original sample was drawn from a database of a major business information publisher and expanded by member companies of German freight forwarding and logistics associations. A total of 353 participants completed the questionnaire in an online survey, resulting in a response rate of 18%. The participants operate in different business sectors of the transport industry (e.g., retailing, industrial equipment) and represent different company sizes (in terms of the number of employees and trucks, for example), which provides a good overview of the industry. The sample additionally demonstrates a high level of logistics experience (65% have more than 20 years of work experience).

Findings

The descriptive results show that LSPs servicing road transportation have, in general, good assets and developed skills (scoring between 4 and 6 on a 7-point Likert-like scale). Regarding COVID-19 factors, the results are more varied. While there is a common understanding that the pandemic has shown the *need for increased cooperation*, most of the LSPs consider themselves only marginally *vulnerable* to the impacts of the pandemic. In contrast, comparatively large standard deviations and medium-size averages for *increases and decreases in assets* indicate that LSPs have responded differently to the pandemic. Results pertaining to *digitization needs* show that more digitalization is seen as important based on the experience of the pandemic.

Moreover, this research connected dependency structures, resulting in a pathway model with measurement procedures. To examine the effects of COVID-19 factors on LSP assets and LSP skills, a structural equation model provides an excellent basis for data analysis (Brown, 2015). In order to evaluate the overall model and test them in terms of their significance, the literature recommends conducting several statistical tests (e.g., standardized root mean square residual, minimum fit function chi-square, comparative fit index, the root mean square error of approximation), which were applied accordingly.

Regarding the relationships between the COVID-19 factors and LSP assets, the study supports the hypothesis that *increased cooperation* positively affects the *transportation capacity*. The research also shows that *vulnerability* is significantly associated with the dimensions of *transportation capacity*, *knowledge*, and *information exchange*. For the paths between LSP assets and LSP skills, the results indicate support for *transportation capacity* on *flexibility* and *service reliability*. The results further support a positive and significant impact of *knowledge* on *flexibility, service reliability, information integration*, and *relationship building*. *Information exchange* on *information integration* and *relationship* on *relationship building* was also supported. The results further revealed a significant negative relationship between increased *digitization needs* and the LSP skills of *information integration* and *flexibility*, which were not expected in the initial model.

Discussion and Conclusion

The COVID-19 pandemic had both negative and positive impacts on the LSP industry (Gultekin et al., 2022; Hohenstein, 2022). Whereas this industry sector had been a rigid system in recent decades, with path dependencies and only incremental change along trajectories (Geels, 2002), COVID-19 provided the industry with an unprecedented opportunity to address existing problems, transform, and move in new directions. This study therefore aimed to identify the impact of COVID-19 on the industry as a landscape-level event and, in this case, on assets and skills.

From a theoretical perspective, however, the survey results show that the industry has not made use of the opportunity to transform. It is only in the areas of increased collaboration or digitalization that LSPs see the need for change due to COVID-19. Collaboration is considered a strategy to fight disruption in many industries (e.g., Münch and Hartmann, 2022; Küffner et al., 2022) and will occur more frequently in the road freight transportation industry in the future. Collaboration with customers is the basis for information sharing and enables joint decision-making and rapid solution-finding (Hohenstein, 2022). Consequently, this positively affects transportation capacity, as coordinated processes result in efficiency, increasing the flexibility and service reliability of an LSP. The pandemic also had a catalytic effect with regard to digitalization, pushing the industry – otherwise digitalized at a rather low level – to change. COVID-19 created awareness and ensured that existing unwillingness or resistance to organizational change was eliminated and that the industry became more digitalized, at least on the operational level (Herold et al., 2021). The implementation of digital technologies increases the flexibility of LSPs and allows for the integration of various kinds of information such as traffic and weather updates as well as real-time customer data. However, aside from these two transformations, LSPs do not feel the need for any other changes, which is expressed in the study by the industry's rather low-rated vulnerability. This low vulnerability of LSPs is particularly based on the fact that the company's employees have absorbed a great deal of uncertainty and risk and yet nevertheless keep the business running. The study identifies the employees and their commitment to the companies as key drivers of flexibility, service reliability, information integration, and relationship building. This confirms that the human workforce is the most important resource of LSPs (Alkhatib et al., 2015). To summarize, COVID-19, despite the apparent severity of its impacts on the LSPs, in fact did not bring about drastic change within the industry, as only small elements of the system changed, such as increased collaboration and the application of digital technologies.

From a practical perspective, this study unveils the pressure for change that LSPs have experienced due to COVID-19 and the transformation that the companies have undergone. Practitioners will focus on increasing collaboration with customers and digitization in the future. Furthermore, the study highlights the importance of employees as a key resource to keep the business thriving. Managers should cultivate this resource, which also helps the company gain a competitive advantage, even more so in the future. Nevertheless, practitioners must actively address the shortage of skilled workers that will hit the industry in the coming years (Goebel, 2022).

References

Alkhatib, S. F., Darlington, R., Yang, Z., & Nguyen, T. T. (2015). A novel technique for evaluating and selecting logistics service providers based on the logistics resource view. *Expert Systems with Applications, 42*(20), 6976–6989. https://doi.org/10.1016/j.eswa.2015.05.010

BAG (2019). Auswertung der Arbeitsbedingungen in Güterverkehr und Logistik 2019-I: Fahrerberufe. https://www.bag.bund.de/SharedDocs/Downloads/DE/Marktbeobachtung/Turnusberichte_Arbeitsbedingungen/AGL_2019I.pdf;jsessionid=1EA8FEB373F92B1B437462E1FBF85DCD.live 21303?__blob=publicationFile&v=1

BAG (2020). Struktur der Unternehmen des gewerblichen Güterkraftverkehrs und des Werkverkehrs. https://www.bag.bund.de/SharedDocs/Downloads/DE/Statistik/Unternehmen/Ustat/Ustat_2020.pdf?__blob=publicationFile&v=2

Brown, T. A. (2015). *Confirmatory factor analysis for applied research* (Second edition). *Methodology in the social sciences.* The Guilford Press.

Centobelli, P., Cerchione, R., & Esposito, E. (2020). Pursuing supply chain sustainable development goals through the adoption of green practices and enabling technologies: A cross-country analysis of LSPs. *Technological Forecasting and Social Change, 153*, 119920. https://doi.org/10.1016/j.techfore.2020.119920

Coenen, L., Benneworth, P., & Truffer, B. (2012). Toward a spatial perspective on sustainability transitions. *Research Policy, 41*(6), 968–979. https://doi.org/10.1016/j.respol.2012.02.014

Da Silva-Júnior, F. P., Pinho, R. S. N. de, Mello, M. T. de, Bruin, V. M. S. de, & Bruin, P. F. C. de (2009). Risk factors for depression in truck drivers. *Social Psychiatry and Psychiatric Epidemiology, 44*(2), 125–129. https://doi.org/10.1007/s00127-008-0412-3

DSLV. (2022a). *Beschäftigte in Spedition und Logistik.* https://www.dslv.org/de/die-branche/umsatz-und-beschaeftigte

DSLV (2022b). Maßnahmen gegen den Berufskraftfahrermangel hinsichtlich ihrer Qualifikation. https://www.dslv.org/fileadmin/Redaktion/PDFs/04_Positionen/DSLV_Stellungnahme_BT-Anhoerung_BKF_Qualifikation_26.09.22.pdf

Geels, F. W. (2002). Technological transitions as evolutionary reconfiguration processes: a multi-level perspective and a case-study. *Research Policy, 31*(8–9), 1257–1274. https://doi.org/10.1016/S0048-7333(02)00062-8

Goebel, J. (2022). *Lkw-Fahrer gesucht! Diese Studie offenbart die Brisanz des Problems.* https://www.wiwo.de/unternehmen/dienstleister/logistik-lkw-fahrer-gesucht-diese-studie-offenbart-die-brisanz-des-problems/28744592.html

Gultekin, B., Demir, S., Gunduz, M. A., Cura, F., & Ozer, L. (2022). The logistics service providers during the COVID-19 pandemic: The prominence and the cause-effect structure of uncertainties and risks. *Computers & Industrial Engineering, 165,* 107950. https://doi.org/10.1016/j.cie.2022.107950

Hartmann, E., & Grahl, A. de (2011). The flexibility of logistics service providers and its impact on customer loyalty: An empirical study. *Journal of Supply Chain Management, 47*(3), 63–85. https://doi.org/10.1111/j.1745-493X.2011.03228.x

Herold, D. M., Nowicka, K., Pluta-Zaremba, A., & Kummer, S. (2021). COVID-19 and the pursuit of supply chain resilience: reactions and "lessons learned" from logistics service providers (LSPs). *Supply Chain Management: An International Journal, 26*(6), 702–714. https://doi.org/10.1108/SCM-09-2020-0439

Hohenstein, N.-O. (2022). Supply chain risk management in the COVID-19 pandemic: strategies and empirical lessons for improving global logistics service providers' performance. *The International Journal of Logistics Management.* Advance online publication. https://doi.org/10.1108/IJLM-02-2021-0109

Küffner, C., Kopyto, M., Wohlleber, A. J., & Hartmann, E. (2022). The interplay between relationships, technologies and organizational structures in enhancing supply chain resilience: empirical evidence from a Delphi study. *International Journal of Physical Distribution & Logistics Management.* Advance online publication. https://doi.org/10.1108/IJPDLM-07-2021-0303

Mittal, N., Udayakumar, P. D., Raghuram, G., & Bajaj, N. (2018). The endemic issue of truck driver shortage – A comparative study between India and the United States. *Research in Transportation Economics, 71,* 76–84. https://doi.org/10.1016/j.retrec.2018.06.005

Münch, C., & Hartmann, E. (2022). Transforming resilience in the context of a pandemic: results from a cross-industry case study exploring supply chain viability. *International Journal of Production Research,* 1–19. https://doi.org/10.1080/00207543.2022.2029610

Raven, R., Schot, J., & Berkhout, F. (2012). Space and scale in socio-technical transitions. *Environmental Innovation and Societal Transitions, 4*, 63–78. https://doi.org/10.1016/j.eist.2012.08.001

Smith, A., Voß, J.-P., & Grin, J. (2010). Innovation studies and sustainability transitions: The allure of the multi-level perspective and its challenges. *Research Policy, 39*(4), 435–448. https://doi.org/10.1016/j.respol.2010.01.023

Homeoffice, Sweet Homeoffice?
Effekte von Telearbeit auf das Empfinden von Isolation während des Lockdowns

Christina Fuchs und Petra Eggenhofer-Rehart

English Abstract

This chapter studies the impact of increased teleworking during the COVID-19 pandemic on professional isolation, using a mixed methods approach. The first quantitative study investigates how the extent of telework affects work-related and social isolation with a focus on differences between sociodemographic groups. While we found that teleworking women and younger employees feel comparably more isolated, generally speaking teleworking leads to a greater perceived isolation across the board, regardless of gender and age. To investigate whether the use of advanced communication technologies (ACT) can counteract this, we conducted a second qualitative study relying on a sociomaterial perspective. We found that, while the intensive use of ACT features can avoid the spread of work-related isolation, it is unable to avoid social isolation.

Einführung

Soziale Netzwerke und Beziehungen tragen maßgeblich zum Erfolg moderner Organisationen bei (Kwon & Adler, 2014). Derzeit besteht jedoch ein Trend zur Telearbeit (Baert et al., 2020), der Ausführung von Erwerbstätigkeit außerhalb traditioneller Büroräume, wobei das Ausmaß der Telearbeit zwischen Mitarbeiter*innen variieren kann (Hoose, 1994). Verstärkte Telearbeit steht jedoch mit einer Abnahme der Beziehungsqualität (Gajendra & Harrison, 2007) bis hin zur beruflichen Isolation in Verbindung (Harrington & Santiago, 2006). Berufliche Isolation ist die wahrgenommene Isolierung von anderen am Arbeitsplatz und umfasst eine soziale (d. h. kollegiale Beziehungen und Unterstützung) sowie eine organisationale bzw. arbeitsbezogene Dimension (d. h. Integration in das Unternehmens- oder Abteilungsnetzwerk, Zugang zu Informationen, Wertschätzung der individuellen Leistung) (Marshall et al., 2007).

Dieser Artikel berichtet über die Ergebnisse eines Mixed-Method-Ansatzes zur Untersuchung der Implikationen verstärkter Telearbeit während der COVID-19-Pandemie in Österreich mit Fokus auf beruflicher Isolation.

Studie 1 – quantitative Erhebung

Die erste Erhebung untersucht den Zusammenhang zwischen dem Ausmaß der Telearbeit und arbeitsbezogener sowie sozialer Isolation. Zudem vergleicht die quantitative Studie etwaige Unterschiede zwischen soziodemographischen Gruppen.

Dass die soziale Isolation eine große Herausforderung für Telearbeitende darstellt, ist gut belegt (Bentley et al., 2016). Bisherige Befunde zeigen zudem, dass eine höhere Produktivität in der Telearbeit zulasten der Zeit für die Kommunikation mit Kolleg*innen geht (Nakrošienė et al., 2019). Je mehr von der gesamten Wochenarbeitszeit allein zuhause gearbeitet wird, umso stärker dürfte der soziale Kontakt gegen eine Fokussierung auf die Arbeitsaufgaben getauscht werden. Somit verringern sich Gespräche mit Kolleg*innen – von zuhause aus oder direkt am Arbeitsplatz. Daraus kann Hypothese 1 abgeleitet werden:

H1:   Das Ausmaß von Telearbeit korreliert positiv mit der wahrgenommenen Isolation.

Der Fokus der quantitativen Studie liegt auf potenziellen Unterschieden zwischen verschiedenen soziodemographischen Gruppen. Insbesondere Geschlechter- und Altersunterschiede waren hier von Interesse. Aus der bisherigen Forschung ist bekannt, dass Frauen tendenziell eine höhere Ausprägung im Persönlichkeitsmerkmal Extraversion aufweisen als Männer (Weisberg et al., 2011). Extraversion ist durch Geselligkeit und ein höheres Bedürfnis nach sozialem Kontakt gekennzeichnet. Daraus ergibt sich Hypothese 2:

H2:   Frauen fühlen sich stärker sozial isoliert als Männer.

Allerdings nutzen Frauen auch häufiger technische Medien zur Kommunikation als Männer (Kimbrough et al., 2013). Die in H1 beschriebene positive Korrelation zwischen dem Ausmaß an Telearbeit und gefühlter sozialer Isolation sollte also bei Frauen nicht stärker ausfallen als bei Männern, sondern durch die vermehrte technologisch vermittelte Kommunikation bei Frauen kompensiert werden.

In Bezug auf das Alter wurde bei jüngeren Erwerbstätigen ein höheres Bedürfnis, mit anderen zusammenzuarbeiten, festgestellt (Kooij et al., 2011). Daraus folgt Hypothese H3a:

H3a: Jüngere fühlen sich stärker sozial isoliert als ältere Erwerbstätige.

Da gerade jüngere Personen ein stärkeres Bedürfnis nach sozialem Kontakt haben, kann auch vermutet werden, dass sich bei ihnen ein vermehrtes Ausmaß von Telearbeit besonders deutlich auf die wahrgenommene soziale Isolation auswirkt.

H3b: Das Alter moderiert die positive Korrelation zwischen dem Ausmaß von Telearbeit und der sozialen Isolation (beschrieben in H1), indem der Zusammenhang bei jüngeren Personen stärker ausgeprägt ist als bei älteren.

Um diesen Fragestellungen nachzugehen, wurden mittels Online-Survey 596 Führungskräfte und Professionals (Durchschnittsalter 46,8 Jahre), davon 48 % Frauen, im 1. Quartal 2021 befragt. Das Ausmaß an Telearbeit wurde auf einer 7-stufigen Skala gemessen (1 = „Ich nutze niemals Telearbeit"; 7 = „Ich nutze Telearbeit jeden Tag"). Die berufliche Isolation während der Lockdowns wurde anhand von 7 Items (Golden et al., 2008) bewertet. Diese erfassen Isolation eindimensional, wurden in unserer Studie aber auch getrennt nach den valide abgrenzbaren Komponenten[1] „arbeitsbezogen" (3 Items, z. B.: „Ich habe das Gefühl, nicht auf dem Laufenden zu sein", Cronbachs Alpha = 0,81) und „sozial" (4 Items, z. B.: „Ich vermisse den persönlichen Kontakt mit meinen Arbeitskolleg*innen", Cronbachs Alpha = 0,87) analysiert. Da die Kontrollvariablen „Familienstand" und „Kinder" keine Auswirkungen auf die interessierenden Effekte haben, werden hierzu aus Platzgründen keine Detailergebnisse dargestellt.

Tabelle 1 zeigt die Regressionsanalyse zum Effekt von Telearbeit und Geschlecht auf die empfundene Isolation (generell sowie differenziert nach arbeitsbezogener und sozialer Isolation), ergänzt um potenziell moderierende Effekte des Geschlechts.

Die Ergebnisse unterstützen H1, wonach das Ausmaß von Telearbeit positiv mit der empfundenen Isolation korreliert. Dies gilt für Isolation generell genauso wie für die beiden Komponenten, arbeitsbezogene und soziale Isolation. Im Einklang mit H2 sehen sich Frauen stärker isoliert, sowohl arbeitsbezogen als auch sozial. Ein moderierender Effekt geht vom Geschlecht aber nicht aus, das heißt, für beide Geschlechter gilt die positive Korrelation zwischen Telearbeit und Isolation in vergleichbarem Ausmaß.

Analog zu Tabelle 1 zeigt Tabelle 2 die Regressionsanalyse zum Effekt von Telearbeit und Alter auf die empfundene Isolation, ergänzt um potenziell moderierende Effekte des Alters.

---

1 Die konfirmatorische Faktorenanalyse ergab für die 2-Faktoren-Lösung zufriedenstellende (und gegenüber der 1-Faktor-Lösung bessere) Werte von CFI = 0,93 und SRMR = 0,05.

Tabelle 1 Regression von Isolation auf Telearbeit, moderiert durch Geschlecht (Darstellung durch die Autorinnen).

Modell	Generelle Isolation			Arbeitsbezogene Isolation			Soziale Isolation		
	Koeff.	T		Koeff.	T		Koeff.	T	
1 (Konstante)		67,32	**		48,89	**		66,49	**
Ausmaß Telearbeit	0,14	3,32	**	0,03	0,82		0,17	4,25	**
Geschlecht (w = 0, m = 1)	−0,14	−3,51	**	−0,12	−2,88	**	−0,13	−3,27	**
2 (Konstante)		67,29	**		48,85	**		66,47	**
Ausmaß Telearbeit	0,14	3,32	**	0,03	0,82		0,17	4,24	**
Geschlecht (w = 0, m = 1)	−0,15	−3,55	**	−0,12	−2,76	**	−0,14	−3,36	**
Telearbeit x Geschlecht	0,03	0,69		0,00	0,07		0,03	0,79	

** $p < 0,01$.

Tabelle 2 Regression von Isolation auf Telearbeit, moderiert durch Alter (Darstellung durch die Autorinnen)

Modell	Generelle Isolation			Arbeitsbezogene Isolation			Soziale Isolation		
	Koeff.	T		Koeff.	T		Koeff.	T	
1 (Konstante)		57,14	**		41,09	**		56,86	**
Ausmaß Telearbeit	0,12	2,91	**	0,02	0,40		0,16	3,96	**
Alter	−0,18	−4,31	**	−0,17	−4,11	**	−0,14	−3,39	**
2 (Konstante)		56,39	**		40,60	**		56,02	**
Ausmaß Telearbeit	0,13	2,54	*	0,01	0,15		0,18	3,59	**
Alter	−0,18	−4,18	**	−0,16	−3,79	**	−0,15	−3,42	**
Telearbeit x Alter	0,02	0,33		−0,02	−0,29		0,04	0,67	

* $p < 0,05$. ** $p < 0,01$.

Die Daten unterstützen H3a, der zufolge das Alter negativ mit der Isolation korreliert, das heißt, Jüngere fühlen sich stärker arbeitsbezogen und sozial isoliert. Es zeigt sich aber wiederum kein moderierender Effekt des Alters, das heißt, die Daten unterstützen H3b, wonach der Effekt von Telearbeit auf die Isolation für Jüngere stärker sein könnte, nicht.

Insgesamt zeigt sich also, dass weibliche und jüngere Mitarbeiter*innen berufliche Isolation zwar in einem höheren Ausmaß wahrnehmen, dass vermehrte Telearbeit jedoch unabhängig von soziodemographischen Merkmalen mit einem höheren Isolationsempfinden einhergeht.

Studie 2 – qualitative Erhebung

Die Ergebnisse von Studie 1, wonach ein erhöhtes Ausmaß von Telearbeit mit wachsender beruflicher Isolation in Verbindung steht, sind alarmierend. Immerhin führen derzeit mehr Personen Telearbeit aus als je zuvor (Baert et al., 2020) und berufliche Isolation hat negative Auswirkungen auf Arbeitsleistung (Golden et al., 2008), Arbeitsengagement (Wang et al., 2020) und Arbeitszufriedenheit (Bentley et al., 2016).

Es stellt sich also die Frage, wie Unternehmen dazu beitragen können, berufliche Isolation ihrer telearbeitenden Mitarbeiter*innen zu vermeiden. Bei räumlich getrennter Arbeit spielen Informations- und Kommunikationstechnologien (IKTs) eine entscheidende Rolle, um Kooperation zu ermöglichen (Greer & Payne, 2014), was deren Stellenwert auch zur Vermeidung von wahrgenommener Isolation nahelegt. Ob und inwieweit IKTs in der Lage sind, berufliche Isolation tatsächlich zu vermeiden, ist jedoch fraglich (Leonardi et al., 2010; Wang et al, 2020).

Vor diesem Hintergrund untersucht Studie 2, ob wahrgenommene berufliche Isolation in der Extremsituation eines kurzzeitigen Telearbeit-Arrangements während des COVID-19-Lockdowns durch den Einsatz hochentwickelter IKTs (z. B. MS Teams, Webex) vermieden werden kann. Theoretischer Ausgangspunkt ist eine soziomaterielle Perspektive, welche die Interaktion von Nutzer*innen mit Technologien als Kernpunkt jeglicher Entwicklungen versteht (z. B. Leonardi, 2013). Die Untersuchung der Mensch-IKT-Interaktion zur Aufrechterhaltung beruflicher Kontakte vertieft das Verständnis der sozio-technischen Prozesse, die der Entstehung oder Vermeidung von beruflicher Isolation zugrunde liegen.

Grundlage ist ein qualitatives Design mit semi-strukturierten Interviews in Kooperation mit zwei international tätigen Unternehmen, deren Mitarbeiter*innen im Bürobereich zum Zeitpunkt der Interviews (4. Quartal 2020 bis 1. Quartal 2021) wegen pandemiebedingter Restriktionen telearbeiteten. Die Interviewpartner*innen wurden zwecks Heterogenität der Arbeitstätigkeit, hierarchischer Stellung und Dauer der Unternehmenszugehörigkeit mit einem qualitativen Stichprobenplan (Schreier, 2010) ausgewählt. Zirka 69% der Informant*innen waren weiblich ($n = 18$), 31% männlich ($n = 8$). Die Verteilung je nach Tätigkeitsbereich gestaltete sich wie folgt: 7 Personen (27%) arbeiteten im Personalwesen, 5 Personen (19%) im IT-Bereich, 5 Personen im Product Management (19%), 4 Personen im Schulungs- und Trainingsbereich (15%), 3 Personen im Finanz-/Buchhaltungs-Bereich (12%) und 2 Personen im Marketing (8%). Von den insgesamt 26 Informant*innen hatten 9 Personen (35%) eine Führungstätigkeit inne, 6 weitere Informant*innen (23%) wiesen eine kurze Unternehmenszugehörigkeit von 1,5 Jahren oder weniger auf.

Die 26 Interviews, die detaillierte Informationen zu Telearbeits-Erfahrungen, der Interaktion mit IKTs sowie zu (Veränderungen in) der (Zusammen-)Arbeit nach dem Wechsel in die Telearbeit erfragten, wurden mittels qualitativer Inhaltsanalyse kodiert und hinsichtlich relevanter Kernthemen analysiert. Zur Kategorienbildung wurde ein gemischt deduktiv-induktiver Ansatz verfolgt (Schreier, 2012).[2]

Beide untersuchte Unternehmen setzten auf IKTs, um Kommunikation und Koordination zwischen Telearbeitenden zu ermöglichen, und es zeigt sich eine Zunahme der IKT-Interaktionen zwischen Telearbeitnehmer*innen. Trotzdem finden sich bei fast allen Informant*innen Hinweise auf wahrgenommene berufliche Isolation. Dies scheint vor allem mit einem Rückgang von spontaner und informeller Kommunikation in Verbindung zu stehen, die IKTs nicht vollständig replizieren können.

> … das hat natürlich gelitten unter dieser Corona-Geschichte, weil man spricht ja nicht zu vielen, so wie das im Büro ist zum Beispiel. Oder man sagt nicht, ah, servus, du, ich treffe dich jetzt bei der Kaffeemaschine oder … auf dem Weg in ein anderes Büro und quatscht halt kurz. Sondern man muss das schon bewusst machen. (Interview 4)

Betrachtet man die soziale und arbeitsbezogene Dimension der beruflichen Isolation getrennt, finden sich Abweichungen zwischen Informant*innen, die sich auf die Mensch-IKT-Interaktion und im Speziellen auf individuelle Unterschiede des Interaktionsumfangs (d. h. welche und wie viele Features werden eingesetzt) und der Interaktionsart (d. h. wie und wofür werden Features eingesetzt) zurückführen lassen.

Hinweise auf die *arbeitsbezogene Dimension* beruflicher Isolation zeigen sich in Form von erschwertem oder verringertem Informationsaustausch sowie fehlenden formellen Networking- und verringerten Lernmöglichkeiten vor allem für neue Mitarbeiter*innen.

> Es zeigt sich, dass die Leute, die länger schon in der Firma sind, besser mit der Situation umgehen können. Einfach weil es für sie leichter ist, … in Vernetzung mit Kolleginnen und Kollegen zu bleiben, die sie eh schon gut kennen. Aber es ist einfach ein Thema für neue Kolleginnen und Kollegen, … in Netzwerke reinzufinden. (Interview 6)

Mitarbeiter*innen, die häufig und umfassend mit IKTs interagieren, die also mehr Features benutzen, berichten seltener von solchen negativen Entwicklungen hinsichtlich der Vernetzung und des Informationsaustauschs. Im Gegenteil erleben einige Informant*innen eine Verbesserung des Informationsaustauschs und bessere teamübergreifende Vernetzung durch den Einsatz von IKTs:

> Man ist doch irgendwie extrem vernetzt und sich irgendwie wieder sehr nahe, obwohl man an ganz anderen Ecken und Enden der Welt vielleicht sitzt. Es hat einen großen Vorteil, dass einfach die Leute … viel greifbarer sind eigentlich. (Interview 1)

---

2 Das Kodierschema sowie weitere Beispielzitate sind auf Anfrage bei den Autorinnen einsehbar.

Besonders der Einsatz von digitalen Features für spontane und informelle Kommunikation hilft, arbeitsbezogene Isolation zu vermeiden. Dasselbe scheint jedoch nicht für *die soziale Dimension* der Isolation zu gelten. Diese äußert sich bei den Informant*innen durch einen wahrgenommenen Rückgang der Beziehungsqualität innerhalb und zwischen Teams, das Fehlen der „sozialen Komponente" und eine größere Distanz zu Kolleg*innen:

> Bei uns ist der Spaß wirklich sehr, sehr hochgeschrieben im Team, im Büro, und man merkt das schon, wenn Kollegen eben nicht mehr so oft da sind. ... Wir chatten halt dann via [IKT] und wir telefonieren, wir schreiben. Von dem her, der Kontakt ist ja da. Aber das Persönliche ... ist vorher viel besser gewesen. (Interview 9)

Überraschenderweise ist diese Isolationsdimension auch unter jenen verbreitet, die umfassend mit IKTs interagieren und die Features sowohl für informelle als auch spontane Kommunikation einsetzen. Gleichzeitig weisen manche Mitarbeiter*innen trotz niedrigem IKT-Einsatz und geringer Kommunikation mit Kolleg*innen keine wahrgenommene soziale Isolation auf.

Insgesamt zeigt sich also auch in dieser Teilstudie eine Tendenz zu wahrgenommener beruflicher Isolation trotz Zugang zu IKTs. Dies liegt vor allem am Rückgang spontaner und informeller Kommunikation. Eine umfassende Mensch-IKT-Interaktion, die gerade solche Interaktionen beinhaltet, erscheint erfolgversprechend, um arbeitsbezogene Isolation zu vermeiden. Die soziale Isolation ist jedoch bei Personen mit unterschiedlichster Ausprägung der Mensch-IKT-Interaktion weit verbreitet, was darauf hindeutet, dass individuelle Faktoren die empfundene Isolation maßgeblich beeinflussen.

Diskussion

In Abbildung 1 werden die Befunde aus der quantitativen und der qualitativen Studie sowie deren Zusammenhänge visuell zusammengeführt.

Telearbeit erhöht die wahrgenommene berufliche Isolation, sozial vor allem durch die geringere Beziehungsqualität etwas stärker als arbeitsbezogen (siehe Abbildung 1). Letzteres widerspricht scheinbar Befunden zum „flexibility stigma" (Fernandez-Lozano et al., 2020), nach dem vermehrte physische Abwesenheit zu geringerer Sichtbarkeit und damit weniger Einbindung in Arbeitsprozesse und Karrierechancen führt. Dies wurde für solche Angestellte nachgewiesen, die mehr Telearbeit in Anspruch nahmen als ihre Kolleg*innen im Team. Während der pandemiebedingten Lockdowns befanden sich hingegen meist alle Kolleg*innen im selben (hohen) Ausmaß in Telearbeit, wodurch es kaum zu Nachteilen für telearbeitende Angestellte gegenüber ihren Kolleg*innen kommen konnte.

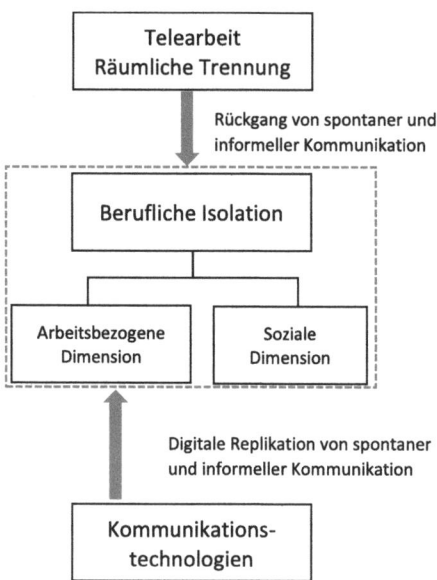

Abbildung 1 Telearbeit, Kommunikationstechnologien und berufliche Isolation – Verknüpfung der qualitativen und quantitativen Ergebnisse (Darstellung durch die Autorinnen)

Individuelle Faktoren wie das Geschlecht und Alter spielen durch unterschiedlich starke Dispositionen für sozialen Kontakt eine Rolle für das Isolationsempfinden generell, dürften aber den Effekt des Ausmaßes an Telearbeit auf die Isolation nicht moderieren. Passend zur Literatur, die die höhere Geselligkeit von Frauen (Weisberg et al., 2011) und die stärkeren Bedürfnisse jüngerer Personen nach Zusammenarbeit (Kooij et al., 2011) herausstreicht, fühlen sich Frauen und jüngere Angestellte arbeitsbezogen und sozial stärker isoliert. Ein höheres Ausmaß an Telearbeit erhöht die soziale Isolation aber unabhängig von Geschlecht und Alter.

Für alle Altersgruppen und Geschlechter gilt zudem, dass der gezielte Einsatz von IKTs zwar der arbeitsbezogenen Dimension beruflicher Isolation entgegenwirken kann, nicht jedoch der sozialen Dimension. Die intensive Nutzung von IKT-Features kann sogar zu einer Verbesserung des Informationsaustausches führen, wenn IKTs eingesetzt werden, um informelle und spontane Kommunikation digital zu replizieren. Dies deckt sich mit Befunden, dass die berufliche Isolation Telearbeitender auf die Reduktion informeller Kontakte zurückgeht (Cooper & Kurland, 2002).

Fazit / Ausblick

Wie neue Erkenntnisse zum Wertewandel in der Arbeitswelt zeigen, wird Telearbeit künftig nicht mehr aus dem Arbeitsalltag wegzudenken sein (Flavian et al., 2022). Diese Entwicklung birgt jedoch das Risiko verstärkter beruflicher Isolation. Ein umfassender IKT-Einsatz zeigt sich erfolgreich in der Überwindung *arbeitsbezogener* Isolation und sollte daher in Unternehmen und von Führungskräften gezielt gefördert werden. Um auch *soziale* Isolation zu vermeiden, sollten Unternehmen und Führungskräfte jedoch gezielte Maßnahmen setzen. Führungskräfte können zu regelmäßigem informellem Austausch ermutigen und hierzu ihre Vorbildwirkung nutzen. Wichtig ist aber auch, dass sie auf individueller Ebene mit ihren Mitarbeiter*innen das jeweils ideale Ausmaß von Telearbeit vereinbaren, um unterschiedlichen Bedürfnissen nach direktem Kontakt entgegenzukommen und soziale Isolation so gering wie möglich zu halten. Dass Telearbeit geschlechts- und altersunabhängig Isolation hervorruft, zeigt indes, dass Führungskräfte mit allen Angestellten während der Telearbeitszeiten die – auch informelle – Kommunikation intensivieren sollten, um Wohlbefinden, Teameinbindung und Arbeitsverhalten zu fördern.

Literatur

Baert, S., Lippens, L., Moens, E., Weytjens, J. & Sterkens, P. (2020). The COVID-19 crisis and telework: A research survey on experiences, expectations and hopes. *IZA Discussion Paper No. 13229.*

Bentley, T. A., Teo, S. T. T., McLeod, L., Tan, F., Bosua, R. & Gloet, M. (2016). The role of organisational support in teleworker wellbeing: A socio-technical systems approach. *Applied Ergonomics, 52,* 207–215.

Cooper, C. D. & Kurland, N. B. (2002). Telecommuting, professional isolation, and employee development in public and private organizations. *Journal of Organizational Behavior, 23(4),* 511–532.

Fernandez-Lozano, I., González, M. J., Jurado-Guerrero, T. & Martínez-Pastor, J.-I. (2020). The hidden cost of flexibility: A factorial survey experiment on job promotion. *European Sociological Review, 36(2),* 265–283.

Flavian, C., Guinaliu, M. & Jordan, P. (2022). Virtual teams are here to stay: How personality traits, virtuality and leader gender impact trust in the leader and team commitment. *European Research on Management and Business Economics, 28(2),* 100193.

Gajendra, R. & Harrison, D. (2007). The good, the bad and the unknown about telecommuting. *Journal of Applied Psychology, 92(6),* 1524–1541.

Golden, T. D., Veiga, J. F. & Dino, R. N. (2008). The impact of professional isolation on teleworker job performance and turnover intentions: Does time spent teleworking, interacting face-to-face, or having access to communication-enhancing technology matter? *Journal of Applied Psychology, 93*(6), 1412–1421.

Greer, T. W. & Payne, S. C. (2014). Overcoming telework challenges: Outcomes of successful telework strategies. *The Psychologist-Manager Journal, 17*(2), 87–111.

Harrington, S. J. & Santiago, J. (2006). Organizational culture and telecommuters' quality of work life and professional isolation. *Communications of the IIMA, 6*(3).

Hoose, A. (1994). Telearbeit – Instrument zur Flexibilisierung und Deregulation: Arbeitsmarkt des 21. Jahrhunderts. *Arbeit und Sozialpolitik, 48*(11/12), 53–58.

Kimbrough, A. M., Guadagno, R. E., Muscanell, N. L. & Dill, J. (2013). Gender differences in mediated communication: Women connect more than do men. *Computers in Human Behavior, 29*(3), 896–900.

Kooij, D. T. A. M., De Lange, A. H., Jansen, P. G. W., Kanfer, R. & Dikkers, J. S. E. (2011). Age and work-related motives: Results of a meta-analysis. *Journal of Organizational Behavior, 32*(2), 197–225.

Kwon, S.-W. & Adler, P. S. (2014). Social capital: Maturation of a field of research. *Academy of Management Review, 39*(4), 412–422.

Leonardi, P. M. (2013). Theoretical foundations for the study of sociomateriality. *Information and Organization, 23*(2), 59–76.

Leonardi, P. M., Treem, J. W. & Jackson, M. H. (2010). The Connectivity Paradox: Using technology to both decrease and increase perceptions of distance in distributed work arrangements. *Journal of Applied Communication Research, 38*(1), 85–105.

Marshall, G. W., Michaels, C. E. & Mulki, J. P. (2007). Workplace isolation: Exploring the construct and its measurement. *Psychology and Marketing, 24*(3), 195–223.

Nakrošienė, A., Bučiūnienė, I. & Goštautaitė, B. (2019). Working from home: characteristics and outcomes of telework. *International Journal of Manpower, 40*(1), 87–101.

Schreier, M. (2010). Fallauswahl. In G. Mey & K. Mruck (Hrsg.), *Handbuch Qualitative Forschung in der Psychologie* (S. 238–251). VS Verlag für Sozialwissenschaften.

Schreier, M. (2012). *Qualitative content analysis in practice*. Sage Publications.

Wang, W., Albert, L. & Sun, Q. (2020). Employee isolation and telecommuter organizational commitment. *Employee Relations: The International Journal, 42*(3), 609–625.

Weisberg, Y. J., DeYoung, C. G. & Hirsh, J. B. (2011). Gender differences in personality across the ten aspects of the Big Five. *Frontiers in Psychology, 2*.

Turnover Intention during COVID-19
Learnings for HR on Better Understanding Working from Home

Kyra Voll, Felix Gauger, and Andreas Pfnür

Deutsche Zusammenfassung

Die COVID-19-Pandemie hat Unternehmen dazu gezwungen, abrupte Veränderungen hinsichtlich der Art und Weise hinzunehmen, wie Arbeit verrichtet wird. Um in dynamischen Zeiten handlungsfähig zu bleiben, kommt der Bindung von Mitarbeiter*innen aus Sicht des Personalmanagements besondere Bedeutung zu. Unternehmen benötigen daher Informationen darüber, welche Faktoren ihre Mitarbeiter*innen im Homeoffice dazu bewegen, eine Kündigung zu erwägen. Basierend auf einer deutschen Stichprobenerhebung (N = 429) wird mittels partieller Kleinst-Quadrat-Strukturgleichungsmodellierung der Einfluss der physischen Arbeitsumgebung im Homeoffice auf die Kündigungsbereitschaft untersucht.

Die Ergebnisse zeigen für alle getesteten Arbeitsplatzmerkmale einen signifikanten Einfluss auf die Bereitschaft zur Kündigung, wobei eine vollständige Mediation von Burnout und Zufriedenheit angenommen wird. Der stärkste Zusammenhang besteht zwischen Ausstattung/Einrichtung und Zufriedenheit. Diese Studie leistet einen Beitrag zur Personalmanagement- und Arbeitsplatzforschung, indem sie die JD-R-Theorie auf das Homeoffice anwendet. Da sich das Arbeiten im Homeoffice seit der COVID-19-Pandemie zunehmend weiter etabliert, hat dieses Kapitel – insbesondere durch seine Handlungsempfehlungen – eine hohe Relevanz für Praktiker*innen.

Introduction

Over the course of the COVID-19 pandemic, an exogenous crisis for organizations, many changes occurred in the world of work (Chon et al., 2021). Foremost among these was the change in work location for knowledge workers from the office to the home. For many, this novelty forced employees to integrate their work environment more closely with their home and living circumstances. To address the new situation with its hurdles, organizations' management and human resources departments sought to guide their companies and employees through the crisis, and regulate the overall impact of working from home on the organization. Human capital represents one of the most important resources of a company and is the basis for maintaining activity while recovering from economically challenging times (Boxall, 1996; Jensen et al., 2017). Research demonstrates that a loss of high-performing employees causes an overload for the remaining workforce and can lead to decreased productivity, decreased profitability, and increased expenses for an organization overall (Trevor et al., 1997). It is therefore extremely important for human resource management (HRM), as the link between employees and management (Boxall, 1996), to understand the demands of working from home, how these might lead to an increase of turnover intention, how they can be avoided, and which resources will counteract this intention. With this knowledge, management strategies can subsequently be adapted effectively (Carnevale & Hatak, 2020; Gigauri, 2020). Even before the pandemic, but especially since, research has addressed the home workplace and its impact on personal and organizational outcomes (Fadinger & Schymik, 2020; Contreras et al., 2020). A number of workplace characteristics have already been identified that increase satisfaction but also burnout in knowledge workers (Voll et al., 2022). In addition, research on the home workplace and remote working has already established general interrelations between burnout, satisfaction, and turnover intention (Gigauri, 2020; Carnevale & Hatak, 2020; Winfield & Paris, 2021). What has remained unanswered so far is the influence of various aspects of the home workplace on turnover intention. This question is particularly interesting from an HR perspective. By building on existing home workplace research, this study aims to empirically measure workplace characteristics that influence turnover intention while working from home by using partial least squares structural equation modeling (PLS-SEM). The results provide important insights at the intersection of the research fields of workplace research and HRM. Practitioners can also use the findings to best position themselves in the face of continuing high rates of home-based work and to be prepared for emerging crises or future forms of work and their impact on companies' workforce loyalty.

Methodology

Derivation of Hypotheses and Research Model

Building on the job demands-resources (JD-R) model (Demerouti et al., 2001; Bakker & Demerouti, 2017), several work-related factors that exert an influence on knowledge workers' turnover intention while working from home have been ascertained. The characteristics of the workplace influence employees' conditions, such as satisfaction and burnout, and organizational outcomes through employee responses, for example turnover intention (Bakker et al., 2004; Demerouti & Baker, 2011; Lu & Gursoy, 2016). Workplace characteristics are classified as either demands or resources (Bakker & Demerouti, 2007). Job demands can give rise to a health-impairment process, while job resources inspire a motivational process (Bakker & Demerouti, 2017). The health-impairment process is represented in this study by burnout (e.g., Hakanen et al., 2006; Hakanen et al., 2008; Crawford et al., 2010) and the motivational process by satisfaction, based on the idea that an employee who feels supported by the company shows a desirable work attitude in return, such as loyalty to the organization (Rousseau, 1995; Guimaraes & Dallow, 1999).

Turnover intention as a personal outcome with organizational consequences is influenced through burnout and satisfaction (Bakker & Demerouti, 2017). Different research disciplines also identify an increase in satisfaction and a decrease in turnover intention when working from home (Bloom et al., 2015; Kröll & Nüesch, 2019). Dissatisfied knowledge workers develop turnover intention triggered through a series of steps to change their unfavorable work situation (Porter & Steers, 1973). Empirical evidence shows a negative correlation between job satisfaction and employee turnover (e.g., Mobley, 1977).

Job demands are primarily related to the exhaustion component of burnout (Demerouti et al., 2001). Physical isolation is mentioned as an issue while working from home during COVID-19 (Wang et al., 2021) and considered a health risk. Prolonged periods of professional isolation are associated with an increase in burnout and dissatisfaction, and the tendency to leave an organization (Golden et al., 2008). Bauer and Silver (2018) confirm a direct relationship between isolation and burnout, and an indirect relationship between isolation and turnover intention through burnout. The isolation caused by working from home is countered by the occurrence of overlap between family and work. Family–work interference during COVID-19, for example, was especially due to the need to care for children and take responsibility for homeschooling because schools and daycare centers were closed (Xiao et al., 2021). Working from home increases the risk of blurring the boundary between the work location and one's private life (Janke et al., 2014; Wang et al., 2021). Working at one's place of residence makes it more difficult to find the right balance between stress and recovery phases (Landes et al., 2021). During the lockdowns caused by COVID-19, conflicts between the family role and the professional role emerged as a result of the whole family being compelled to stay at home, in many cases leading to burnout (Xiao et al., 2021; Alarcon, 2011). In addition, according to the underlying JD-R theory, burnout as a result of the psychological stress caused by the COVID-19 pandemic reduces an employee's required resources (Falatha, 2019). In line with this idea, empirical evidence also shows burnout to be an important predictor of satisfaction and turnover intention (Schaufeli/Bakker, 2004; Lu & Gursoy, 2016; Scanlan & Still, 2019).

In response to the increase in working from home, some companies have helped their employees make their workplaces at home more functional. In addition to sufficient space and furniture, technical equipment is one of the most important requirements (Messenger & Gschwind, 2016). Van der Voordt (2004) recognizes a positive correlation between access to needed technology and satisfaction. Another job resource included in the model, skill variety, is at the task level and counted among the knowledge characteristics of a job (Humphrey et al., 2007). Previous theories of job design recognized higher levels of knowledge characteristics as enriching work and leading to greater satisfaction (Morgeson & Humphrey, 2006). In their meta-analysis, Humphrey et al. (2007) identify skill variety as positively related to satisfaction. The literature encompasses seven hypotheses. Figure 1 shows the research model. Satisfaction and burnout are presumed to be mediator variables that perform full mediation.

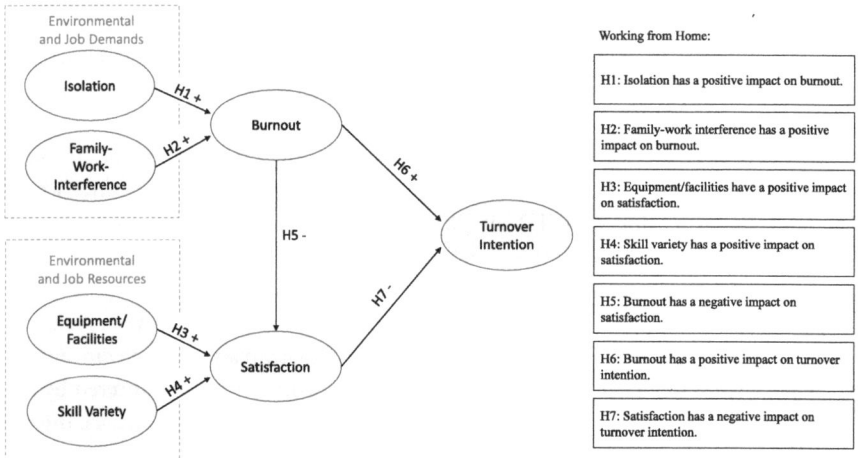

Figure 1 Research Model and Hypotheses (authors' own illustration, following Voll & Pfnür, 2022)

Data Collection, Analysis, and Sample

The PLS-SEM analysis of this study is based on primary data. This analytical method was chosen because it has received considerable attention in recent HRM research (Ringle et al., 2018). The dataset is from the Work-from-Home program, "Homeoffice im Interessenkonflikt" (Pfnür et al., 2021). Data collection was carried out through an electronic questionnaire and distributed online with the software LamaPoll via the platform Clickworker. Items were combined from existing survey instruments as far as possible. The operationalization can be found in the Appendix. A five/seven-point-Likert-scale was used for all items to measure perceived fit and provide metric data for the analysis. Two thousand (2,000) office and knowledge workers who worked from home during the COVID-19 pandemic were addressed by the survey. After data cleaning no missing values occur. The given sample size ($N = 429$) exceeds estimates of minimum sample size requirements and ensures a sufficient level of statistical power (Barclay et al., 1995; Hair et al., 2017).[1]

Table 1 Demographic Characteristics (author's own illustration)

Demographic Characteristics	Frequency ($N = 429$)	Percentage (%)	Demographic Characteristics	Frequency ($N = 429$)	Percentage (%)
Gender			**Position**		
Male	262	61.1	Entrepreneur/Freelancer	46	10.7
Female	166	38.7	Managing Director	5	1.2
Diverse	1	0.2	Management	65	15.2
Age			Project Manager	45	10.5
18–20	13	3.0	Employee	244	56.9
21–39	257	60.0	Temporary Staff	4	0.9
40–55	131	30.5	Apprentice	10	2.3
56–68	28	6.5	Intern	2	0.5
Relationship Status			Other	8	1.9
Divorced	12	2.8	**Level of Education**		
Married	142	33.1	Hauptschule	7	1.6
Relation			Realschule	85	19.8
Single	102	23.8	High School Certificate (Abitur)	121	28.2
Widowed	1	0.2	Bachelor's	82	19.1
N/A	9	2.1	Master Crafts(wo)man	6	1.4
Professional Status			Master's	113	26.3
Employee	353	82.3	PhD	15	3.5
Self-employed	47	11.0	**Managerial Responsibility**		
Civil Servant	15	3.4	Yes	92	21.4
Freelancer	14	3.3	No	337	78.6

---

1 The path modeling software SmartPLS 3 was used for the analysis (Ringle et al., 2015). The PLS-SEM algorithm settings are set as follows: the weighting scheme is set to path; the abort/stop criterion is 10^{-7}; and 300 maximum iterations.

Construct validation is reported in detail in the Appendix. The criteria evaluated refer to reflective measurement models. The bootstrapping procedure (full bootstrapping; 10,000 subsamples) is used to derive p-values and bias-corrected and accelerated confidence intervals, and to examine the significance and relevance of coefficients (Streukens & Leroi-Werelds, 2016). The quality of the measurement model evaluation results is satisfactory and the evaluation process continues with the structural model (Hair et al., 2013). The values presented show that the setup meets the quality criteria of the structural model, and that the results can therefore be evaluated with valid content. The statistical relevance and significance of the path coefficients is assessed with respect to the structural pathways. Table 1 reports on the demographic characteristics of the sample.

Results

The research model has seven path coefficients, five of which have a positive value, suggesting a positive relationship, and two a negative value and relation. The path between equipment and facilities and satisfaction has the strongest relationship ($b = 0.392^{***}$). The results show for all path coefficients significant coefficients on a 1% level except for the relationship between burnout and turnover intention (significant at 5%). According to the path coefficients and their significance, all hypotheses can be confirmed (see Figure 2).

Discussion and Conclusion

This study analyzes work and characteristics related to the home workplace from an HR perspective, and shows which factors influence turnover intention. The results confirm seven hypotheses. Equipment and facilities are identified as the most important resources with a significant positive influence on satisfaction ($b = 0.392^{***}$). Skill variety also has a significant positive influence on satisfaction ($b = 0.274^{***}$). On the side of job demands, family–work interference increases burnout through a significant positive influence ($b = 0.374^{***}$). Isolation also has a significant positive influence on burnout ($b = 0.298^{***}$). Burnout itself has a significant negative influence on satisfaction ($b = -0.352^{***}$) and increases turnover intention visibly ($b = 0.138^{***}$). Satisfaction, despite mitigation by burnout, reduces turnover intention significantly ($b = -0.281^{***}$). For a more detailed interpretation of the

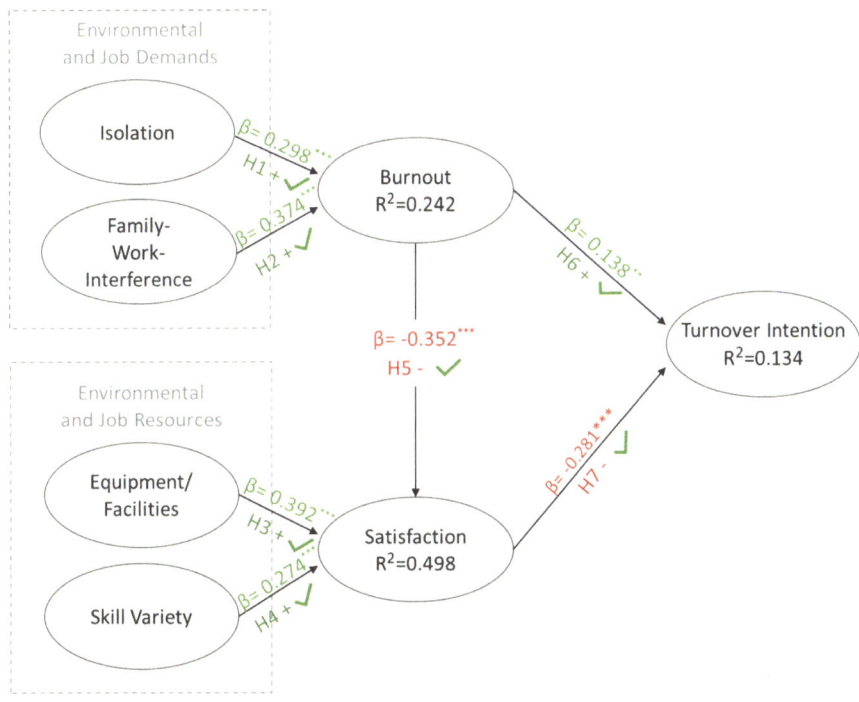

Note: ***Significant at 0.01 level (2-sided), **significant at 0.05 level (2-sided).

Figure 2 Research Model Including Hypothesis and Structural Model Results (own illustration, following Voll & Pfnür, 2022)

PLS-SEM results, the Importance Performance Map Analysis (IPMA) (see Appendix) provides more specific insights into the target variable turnover intention.

These findings are in line with previous literature dealing with the workplace and its mechanisms of action from a corporate real estate management (CREM) perspective (Voll et al., 2022). Overall, due to the confirmed negative effect of burnout on satisfaction (H5), the influence of all demands included must be reduced in order not to weaken the confirmed positive influence of the resources. This also helps to avoid increasing turnover intention (H6). In addition to a reduction in demands, an increase in resources, with their positive influence on satisfaction, should also be pursued in order to subsequently reduce turnover intention (H7).

The results of the analysis show that, irrespective of which personal or organizational outcome is regarded, workplace environment factors such as equipment and facilities (H3) highly influence outcome. These factors thus have an important influence on predicting satisfaction and turnover intention when working from home. While precisely these factors are difficult to configure for the individual because every home is different, HRM can nevertheless ensure that the employee is supported in obtaining suitable equipment, especially as responsibility for the physical work environment increasingly shifts to the working person (Stock-Homburg & Heitlinger, 2022). During the COVID-19 pandemic, the term "home office" was on everyone's lips; however, there is no doubt that knowledge workers did not have the same tools and facilities available to them at this time as would be legally required, for example, for telecommuting workstations (BMJV, 2020). While HRM may not be able to provide everyone with the same equipment because their activities are not standardized, there are other options. For example, the organization can provide a tax-free amount for employees to spend on equipment, or provide a pool of equipment from which employees can choose what they need to work effectively. The costs of doing so for companies, which may seem high in the short-term, should not be a deterrent because in the medium-term investment in the work materials of employees has a positive effect on satisfaction and turnover intention goes down. Employees are a company's most expensive asset and recruiting new ones is particularly costly (Jensen et al., 2017). With this in mind, investments in equipment and facilities can be deemed justified as far as they can offset other costs, especially since the empirical analysis of this study identifies equipment and facilities as the most important resource increasing satisfaction while working from home.

The second highest influence is that of family–work interference with a significant estimate at 1%, confirming H2. The positive factor-loading of family-work interference on burnout demonstrated in the analysis means an increase of the health impairment process, which is equivalent to a negative effect. Thus, measures to reduce family–work interference reduce employee burnout and, consequently, turnover intention. Employees seem to find it more difficult to work from home because of role conflicts. These have likely led to a greater mixing of work and home life, which in turn creates greater difficulty in decoupling from work demands (Chawla et al., 2020). Beyond the pandemic context, some researchers report an improvement in work-life balance (Grunau et al., 2019). What for some blurs the boundaries between work and private life opens up new opportunities for others to use free space, such as breaks, for private concerns. For these knowledge workers, working from home brings positive effects for job satisfaction, performance, turnover intention, and role stress (Gajendran/Harrison, 2007). Nevertheless, the closure of schools and childcare facilities during the COVID-19 pandemic presented parents with an enormous caregiving challenge. Demands on parents were increased and a lack of alternatives further blurred the spatial and mental boundaries between the work and family spheres for workers with children.

Since this study specifically addresses challenges to work-life balance, the following section presents HR measures that can reduce family-work interference when working from home during a pandemic in order to mitigate its impact on burnout. HR managers should develop strategies to address role conflicts effectively, such as work–life and boundary management concepts. Another way of accommodating different types of lifestyles within a company with differences in, for example, their company-related flexibility (the number of different activities or commitments to the company), can be to increase flexibility in working time and place (Stock-Homburg & Heitlinger, 2022). Flexible arrangements increase workers' perceived autonomy and facilitate coordination of the interface between work and personal life, thereby increasing satisfaction and reducing turnover intention (Gajendran & Harrison, 2007; Reinke, 2018). However, this is accompanied by a necessary cultural change in companies that supports the new work concepts through revised leadership models such as what is referred to as "self-leadership."

It is also important to expand childcare services in anticipation of a post-COVID-19 era: such an extended service would allow employees to focus more on their job roles because their personal lives would no longer conflict with working hours. An example of such within the office can be the establishment of parent–child offices, which can be used by employees on days when they are not working from home. Another approach is agile work, which has a significant positive effect on the success of working from home, partly mediated by HRM measures such as building relevant capabilities and aligning support and enablement (Heidt et al., 2022).

Besides these measures to define the boundaries between work and private life on the one hand and to let the positive aspects of a successful work–life balance prevail on the other, the boundaries between the home workplace and the office need to be broken down in order to counteract isolation in a post-COVID-19 era (H1). One strategy for HRM to counteract employee isolation during COVID-19 can be to organize virtual meetings on a regular basis. These events can take place individually, one-on-one, between HR and individual employees who perform only a small part of their tasks in teams, or formally and informally in larger groups. For example, after-work get-togethers can create new, otherwise rare opportunities to socialize. Another starting point could be the design and use of office space. In cooperation with CREM, HRM can make the office a place of encounter. If it is possible in the future to use the workplace for joint professional communication, collaboration, and social exchange, then these opportunities, which are lacking at home, can be compensated for (Gauger et al., 2022). This office use case can reduce employee loneliness and their feelings of isolation, thus reducing burnout and turnover intention according to the results of the analysis.

Finally, the analysis shows that skill variety can also increase satisfaction and reduce turnover intention due to a positive relation confirming H4. HR and management often work together to develop the skills required for a job position. If they succeed in creating a set of skills with variety without setting unrealistic requirements, then the employees who later perform these jobs will be able to pursue a broader range of activities. It is important to assign the right people to corresponding job requirements and not, for example, to assign highly qualified employees to boring tasks in order to achieve a high level of skill variety between the individual persons. Both measures will reduce employee boredom, increase meaningfulness in their jobs, and raise satisfaction. In addition, job insecurity caused by COVID-19 can encourage some people to develop their skills (Georgakis, 2021). HR can help employees by using job rotation as a means to develop more skills due to new departments or teams. Employees can also be encouraged to contribute independently. For example, HRM can encourage and coordinate the establishment of internal qualification workshops. Such workshops expand upon the skills of many employees, allowing them to take on more diverse tasks in the future and improve their skill-set. In connection with the work design, after the COVID-19 pandemic, time-spatial job crafting can be considered a future work skill that is related to positive work outcomes through the time/spatial-demands fit (Wessels et al., 2019). Irrespective of the job activity itself, there may be opportunities to work on a mobile basis from home, for example, by using training courses in the form of e-learning flexibly in terms of location and time (BMFSFJ, 2017). Being able to work with higher skill variety increases employee satisfaction and reduces their turnover intention.

The aim of the study was to examine, within one research model, factors influencing turnover intention when working from home during the COVID-19 pandemic. Derived from the ranking of the identified significant influences, HR measures are presented that address the identified demands and resources. In a follow-up study, the proposed measures themselves should be tested for their effects. This chapter addresses the conditions of the home workplace during the COVID-19 lockdown period, which only to a certain extent represents a typical workday. Moreover, only general factors are considered without taking specific industries or activities into account. A differentiated analysis of the introduction and establishment of the home workplace within individual industries could be of further interest for industry-specific HRM measures. In addition, the enormous influence of equipment and facilities makes it clear that further research is needed to measure the influence of the built environment in more detail. Nevertheless, this study contributes to a more differentiated empirical and theoretical understanding of influencing workplace characteristics for turnover intention when working from home.

Bibliography

Alarcon, G. M. (2011). A Meta-Analysis of Burnout with Job demands, Resources, and Attitudes. *Journal of Vocational Behavior*, 79(2), 549–562. https://doi.org/10.1016/j.jvb.2011.03.007

Bakker, A. B., & Demerouti, E. (2007). The Job Demands-Resources Model: State of the Art. *Journal of Managerial Psychology*, 22(3), 309–328. https://doi.org/10.1108/02683940710733115

Bakker, A. B., & Demerouti, E. (2017). Job Demands-Resources Theory: Taking Stock and Looking forward. *Journal of Occupational Health Psychology*, 22(3), 273–285. http://dx.doi.org/10.1037/ocp0000056

Bakker, A. B., Demerouti, E., & Verbeke, W. (2004). Using the Job Demands-Resources Model to Predict Burnout and Performance. *Human Resource Management*, 43(1), 83–104. https://doi.org/10.1002/hrm.20004

Barclay, D. W., Higgins, C. A., & Thompson, R. (1995). The Partial Least Squares Approach to Causal Modeling: Personal Computer Adoption and Use as Illustration. Technology Studies, Special Issue on Methodology, 2(2), 285–309

Bauer, S. C., & Silver, L. (2018). The Impact of Job Isolation on New Principals' Sense of Efficacy, Job Satisfaction, Burnout and Persistence. *Journal of Educational Administration*, 56(3), 315–331. https://doi.org/10.1108/JEA-07-2017-0078

Bloom, N., Liang, J., Roberts, J., & Ying, Z. J. (2015). Does Working from Home Work? Evidence from a Chinese Experiment. *The Quarterly Journal of Economics*, 130(1), 165–218. http://hdl.handle.net/10.1093/qje/qju032

BMJV (2020). Arbeitsstättenverordnung vom 12. August 2004 (BGBl. I S. 2179), die zuletzt durch Artikel 4 des Gesetzes vom 22. Dezember 2020 (BGBl. I S. 3334) geändert worden ist. Internet Source: URL: https://www.gesetze-im-internet.de/arbst_ttv_2004/BJNR217910004.html (Retrieved: 15.08.2022)

Bose, J. (2001). Nonresponse Bias Analyses at the National Center for Education Statistics. Proceedings of Statistics Canada International Symposium Series. Ottawa: Statistics Canada.

Boxall, P. (1996). The Strategic Hrm Debate and the Resource-Based View of the Firm. *Human Resource Management Journal*, 6(3), 59–75. https://doi.org/10.1111/j.1748-8583.1996.tb00412.x

Carnevale, J. B., & Hatak, I. (2020). Employee Adjustment and Well-Being in the Era of COVID-19: Implications for Human Resource Management. *Journal of Business Research*, 116, 183–187. https://doi.org/10.1016/j.jbusres.2020.05.037

Chawla, N., MacGowan, R. L., Gabriel, A. S., & Podsakoff, N. P. (2020). Unplugging or Staying Connected? Examining the Nature, Antecedents, and Consequences of Profiles of Daily Recovery Experiences. *Journal of Applied Psychology*, 105(1), 19–39. https://doi.org/10.1037/apl0000423

Chon, M.-G., Tam, L., &Kim, J.-N. (2021). Effects of organizational conflict history and employees' situational perceptions of COVID-19 on negative megaphoning and turnover intention. *Journal of Communication Management*, 25(3), 298–315. https://doi.org/10.1108/JCOM-10-2020-0114

Contreras, F., Baykal, E., & Abid, G. (2020). E-Leadership and Teleworking in Times of COVID-19 and Beyond: What we Know and Where do we go. *Frontiers in Psychology*, 11(590271), 1–11. https://doi.org/10.3389/fpsyg.2020.590271

Crawford, E. R., LePine, J. A., & Rich, B.L. (2010). Linking Job Demands and Resources to Employee Engagement and Burnout: A Theoretical Extension and Meta-Analytic Test. *Journal of Applied Psychology*, 95(5), 834–848. https://doi.org/10.1037/a0019364

Demerouti, E., & Bakker, A. B. (2011). The Job Demands-Resources Model: Challenges for Future Research. *SA Journal of Industrial Psychology*, 37(2), 1–9. https://doi.org/10.4102/sajip.v37i2.974

Demerouti, E., Bakker, A. B., Nachreiner, F., & Schaufeli, W. (2001). The Job Demands-Resources Model of Burnout. *Journal of Applied Psychology*, 86(3), 499–512. https://doi.org/10.1037/0021-9010.86.3.499

Fadinger, H., & Schymik, J. (2020). The Costs and Benefits of Home Office During the Covid-19 Pandemic: Evidence from Infections and an Input-Output Model for Germany. *Covid Economics,* 9(24), 107–134. https://doi.org/10.3886/E124902V2

Falatah, R. (2021). The Impact of the Coronavirus Disease (COVID-19) Pandemic on Nurses' Turnover Intention: An Integrative Review. *Nursing Rep*orts, 11(4), 787–810. https://doi.org/10.3390/nursrep11040075

Gajendran, R. S., & Harrison, D. A. (2007), The Good, the Bad, and the Unknown About Telecommuting: Meta-Analysis of Psychological Mediators and Individual Consequences, *Journal of Applied Psychology*, 92(6), 1524–1541. https://doi.org/10.1037/0021-9010.92.6.1524

Gajendran, R. S., Harrison, D. A. & Delaney-Klinger, K. (2015). Are Telecommuters Remotely Good Citizens? Unpacking Telecommuting's Effects on Performance via I-Deals and Job Resources. *Personnel Psychology*, 68(2), 353–393. https://doi.org/10.1111/peps.12082

Gauger, F., Voll, K., & Pfnür, A. (2022). Corporate Coworking Spaces – Determinants of Work Satisfaction in Future Workspaces. *Die Unternehmung*, 76(1), 64–87. https://doi.org/10.5771/0042-059X-2022-1-64

Georgakis, G. (2021). Job Rotation in Software and Network Engineering in the European and North American Markets – Focus During the COVID-19 Pandemic. Degree Project in Technology and Management, Second Cycle, KTH Stockholm

Gigauri, I. (2020). Effects of Covid-19 on Human Resource Management from the Perspective of Digitalization and Work-Life-Balance. *International Journal of Innovative Technologies in Economy*, 4(31), 1–10. https://doi.org/10.31435/rsglobal_ijite/30092020/7148

Golden, T. D., Veiga, J. F., & Dino, R. N. (2008). The impact of professional isolation on teleworker job performance and turnover intentions: Does time spent teleworking, interacting face-to-face, or having access to communication-enhancing technology matter? *Journal of Applied Psychology*, 93(6), 1412–1421. https://doi.org/10.1037/a0012722

Grunau, P., Ruf, K., Steffens, S. & Wolter, S. (2019). Mobile Arbeitsformen aus Sicht von Betrieben und Beschäftigten: Homeoffice bietet Vorteile, hat aber auch Tücken. IAB-Kurzbericht, 11. Nürnberg: Institut für Arbeitsmarkt- und Berufsforschung

Guimaraes, T., & Dallow, P. (1999). Empirically Testing the Benefits, Problems, and Success Factors for Telecommuting Programmes. *European Journal of Information Systems*, 8(1), 40–54. https://doi.org/10.1057/palgrave.ejis.3000317

Hair, J. F., Hult, G. T. M., Ringle, C. M., & Sarstedt, M. (2017). A Primer on Partial Least Squares Structural Equation Modeling (PLS-SEM) (2nd ed.). Sage

Hair, J. F., Ringle, C. M., & Sarstedt, M. (2013). Partial Least Squares Structural Equation Modeling: Rigorous Applications, Better Results and Higher Acceptance. *Long Range Planning*, 46(1/2), 1–12. https://doi.org/10.1016/j.lrp.2013.01.001

Hakanen, J. J., Bakker, A. B., & Schaufeli, W.B. (2006). Burnout and Work Engagement among Teachers. *Journal of School Psychology*, 43(6), 495–513. https://doi.org/10.1016/j.jsp.2005.11.001

Hakanen, J. J., Schaufeli, W. B., & Ahola, K. (2008). The Job Demands-Resources Model: A Three-Year Cross-Lagged Study of Burnout, Depression, Commitment, and Work Engagement. *Work & Stress*, 22(3), 224–241. https://doi.org/10.1080/02678370802379432

Heidt, L., Gauger, F., & Pfnür, A. (2022). Work from Home Success: Agile work characteristics and the Mediating Effect of supportive HRM. *Review of Managerial Science*. https://doi.org/10.1007/s11846-022-00545-5

Humphrey, S. E., Nahrgang, J. D., & Morgeson, F. P. (2007). Integrating Motivational, Social, and Contextual Work Design Features: A Meta-Analytic Summary and Theoretical Extension of the Work Design Literature. *Journal of Applied Psychology*, 92(5), 1332–1356. https://doi.org/10.1037/0021-9010.92.5.1332

Janke, I., Stamov-Roßnagel, C., & Scheibe, S. (2014). Verschwimmen die Grenzen? Auswirkungen von Vertrauensarbeitszeit auf die Schnittstelle von Arbeit und Privatleben. *Zeitschrift für Arbeitswissenschaft.*, 68(2), 97–104. https://doi.org/10.1007/BF03374430

Jensen, P. A., Van der Voordt, T. J. M., Brunia, S., & Appel-Meulenbroek, R. (Eds.) (2017). Facilities Management and Corporate Real Estate Management as Value Drivers. How to Manage and Measure added Value. Routledge/Taylor & Francis Group

Kröll, C., & Nüesch, S. (2019). The Effects of Flexible Work Practices on Employee Attitudes: Evidence from a Large-Scale Panel Study in Germany. *International Journal of Human Resource Management*, 30(9), 1505–1525. https://doi.org/10.1080/09585192.2017.1289548

Landes, M., Steiner, M., Utz, T., & Wittmann, R. (2021). Erfolgreich und gesund im Homeoffice arbeiten. Impulse für Mitarbeitende und Teams für eine gelungene Zusammenarbeit. Springer Fachmedien Wiesbaden GmbH

Lu, A. C. C., & Gursoy, D. (2016). Impact of Job Burnout on Satisfaction and Turnover Intention. *Journal of Hospitality and Tourism Research*, 40(2), 210–235. https://doi.org/10.1177/1096348013495696

Messenger, J. C., & Gschwind, L. (2016). Three Generations of Telework: New ICTs and the (R)evolution from Home Office to Virtual Office. New Technology, *Work and Employment*, 31(3), 195–208. https://doi.org/10.1111/ntwe.12073

Mobley, W. H. (1977). Intermediate Linkages in the Relationship Between Job Satisfaction and Employee Turnover. *Journal of Applied Psychology*, 62(2), 237–240. http://dx.doi.org/10.1037/0021-9010.62.2.237

Morgeson, F. P., & Humphrey, S.E. (2006). The Work Design Questionnaire (WDQ): Developing and Validating a Comprehensive Measure for Assessing Job Design and the Nature of Work. *Journal of Applied Psychology*, 91(6), 1321–1339. https://doi.org/10.1037/0021-9010.91.6.1321

Pfnür, A., Gauger, F., Bachtal, Y., Wagner, B. (2021). Homeoffice im Interessenkonflikt. Ergebnisbericht einer empirischen Studie. In: Andreas Pfnür (Ed.), Arbeitspapiere zur immobilienwirtschaftlichen Forschung und Praxis, 41. Technische Universität Darmstadt.

Porter, L. W., & Steers, R.M. (1973). Organizational, Work, and Personal Factors in Employee Turnover and Absenteeism. Psychological Bulletin, 80(2), 151–176. https://doi.org/10.1037/h0034829

Reinke, K. (2018). Always Online: Boundary Management and Well-being of Knowledge Workers in the Age of Information and Communication Technology Use. Dissertation, Technical University Darmstadt

Ringle, C. M., Sarstedt, M., Mitchell, R., & Gudergan, S. P. (2018). Partial Least Squares Structural Equation Modeling in HRM Research. *International Journal of Human Resource Management*, 31(12), 1617–1643. https://doi.org/10.1080/09585192.2017.1416655

Ringle, C. M., Wende, S., & Becker, J.-M. (2015). SmartPLS3, SmartPLS, Bönningstedt

Rousseau, D. (1995). Psychological Contracts in Organizations: Understanding Written and Unwritten Agreements. Sage

Sarstedt, M., & Mooi, E.A. (2011). A Concise Guide to Market Research: The Process, Data, and Methods Using IBM SPSS Statistics. Springer

Scanlan, J. N., & Still, M. (2019). Relationships between burnout, turnover intention, job satisfaction, job demands and job resources for mental health personnel in an Australian mental health service. *BMC Health Services Research*, 19(62), 1–11. https://doi.org/10.1186/s12913-018-3841-z

Schaufeli, W. B., & Bakker, A. B. (2004). Job Demands, Job Resources, and Their Relationship with Burnout and Engagement: A Multi-Sample Study. *Journal of Organizational Behavior*, 25(3), 293–315. https://doi.org/10.1002/job.248

Stock-Homburg, R., & Heitlinger, L. (2022). Zukunft der Büroarbeit: Ergebnisse der Darmstädter Zukunftsstudien. Pfnür, A., Eberhard, M., & Herr, T. (Eds.) Transformation der Immobilienwirtschaft – Geschäftsmodelle, Strukturen, Prozesse und Produkte im Wandel. Springer Gabler. https://doi.org/10.1007/978-3-658-35363-6

Streukens, S., & Leroi-Werelds, S. (2016). Bootstrapping and PLS-SEM: A Step-by-Step Guide to get More out of your Bootstrap Results. *European Management Journal*, 34(6), 618–632. https://doi.org/10.1016/j.emj.2016.06.003

Trevor, C. O., Gerhart, B., Boudreau, J. W. (1997). Voluntary Turnover and Job Performance: Curvilinearity and the Moderating Influences of Salary Growth and Promotions, *Journal of Applied Psychology*, 82(1), 44–61. https://doi.org/10.1037/0021-9010.82.1.44

Van der Voordt, T. J. M. (2004). Productivity and Employee Satisfaction in Flexible Workplaces. *Journal of Corporate Real Estate*, 6(2), 133–148. https://doi.org/10.1108/14630010410812306

Voll, K., Gauger, F., & Pfnür, A. (2022). CREM perspective on home office – a consideration of the workplace and its mechanisms of action. German Journal of Real Estate Research, (open access). https://doi.org/10.1365/s41056-022-00060-4

Voll, K., Pfnür, A. (2022). Comparing Home Office Determinants on Personal and Organisational Outcomes in Germany and the U.S. In: Chiara, Tagliaro, C., Migliore, A., Silvestri, R. (Eds.), Proceedings of the 3rd Transdisciplinary Workplace Research Conference, 442–459, Milan, Italy, 3rd Transdisciplinary Workplace Research Conference, Politecnico di Milano, Italy, 7–10 September 2022, ISBN 978-88-909641-8-3

Wang, B., Liu, Y., Qian, J., Parker, & S. K. (2020). Achieving Effective Remote Working During the COVID-19 Pandemic: A Work Design Perspective. *Applied Psychology*, 70(1), 16–59. https://doi.org/10.1111/apps.12290

Wessels, C., Schippers, M., Stegmann, S., Bakker, A., Van Baalen, P., & Proper, K. (2019). Fostering Flexibility in the New World of Work: A Model of Time-Spatial Job Crafting. *Frontiers in Psychology*, 10(505), 1–13. https://doi.org/10.3389/fpsyg.2019.00505

Winfield, J. D., & Paris, J. H. (2021). A Mixed Method Analysis of Burnout and Turnover Intentions Among Higher Education Professionals During COVID-19, (pre-print). https://doi.org/10.3138/jehr-2021-0048

Xiao, Y., Becerik-Gerber, B, Lucas, G, & Roll, S. C. (2021). Impacts of Working from Home During COVID-19 Pandemic on Physical and Mental Well-Being of Office Workstation Users. *Journal of Occupational and Environmental Medicine*, 63(3), 181–190. https://doi.org/10.1097/JOM.0000000000002097

Appendix

Operationalization (author's own illustration)

Item	Constructs	Sources
reflective	**Isolation**	
Iso_1	I feel lonely at my workplace at home.	(Bloom et al., 2015)
Iso_2	I feel isolated at my workplace at home.	(Bloom et al., 2015)
Iso_3	At my workplace at home, I lack opportunities to socialize at and after work.	(Bloom et al., 2015)
reflective	**Family-Work Interference (inverted)**	
FWI_1	In most ways, my work-life balance is close to my ideal.	(Diener et al., 1985)
FWI_2	So far, I have gotten the important things regarding my work-life balance.	(Diener et al., 1985; Grawitch et al., 2013)
FWI_3	If I could live my life over, I would change almost nothing about my work-life balance.	(Diener et al., 1985; Grawitch et al., 2013)
reflective	**Equipment / Facilities**	
EF_1	I have a full-fledged workplace in terms of furniture (including storage space).	(Maarleveld et al., 2009; BMFSFJ, 2017)
EF_2	The technological equipment of your home office. – I have full information and communication technology equipment (computers, printers, etc.).	(Møller-Jensen et al., 2008; Maarleveld et al., 2009; BMFSFJ, 2017)
EF_3	The available rooms (equipment, furniture) support the work optimally.	(Maarleveld et al., 2009; Gauger et al., 2020)
reflective	**Skill Variety**	
SV_1	The job requires a variety of skills.	(Hackman / Oldham, 1980; Stegmann et al., 2010)
SV_2	The job requires me to utilize a variety of different skills in order to complete the work.	(Hackman / Oldham, 1980; Stegmann et al., 2010)
SV_3	The job requires me to use a number of complex or high-level skills.	(Hackman / Oldham, 1980; Stegmann et al., 2010)
SV_4	The job requires the use of a number of skills.	(Hackman / Oldham, 1980; Stegmann et al., 2010)
reflective	**Burnout**	
Burn_1	I feel emotionally drained from my work.	(Maslach / Jackson, 1986; Moen et al., 2016)
Burn_2	I feel burned out by my work.	(Maslach / Jackson, 1986; Moen et al., 2016)
Burn_3	I feel drained at the end of the workday.	(Maslach / Jackson, 1986; Moen et al., 2016)
reflective	**Satisfaction**	

Satis_1	All in all, I am satisfied with my job.	(Cammann et al., 1979; Cammann et al., 1983; Bowling/Hammond, 2008; Allen, 2001)
Satis_2	I am satisfied with my home office.	Amérigo/Aragonés, 1990; Gauger et al., 2020)
Satis_3	Your satisfaction with your life overall.	(Diener et al., 1985; Bowling/Hammond, 2008)
Satis_4	Your satisfaction with your financial situation.	(Van Praag et al., 2003; Newman et al., 2008; Gray, 2014)
reflective	**Turnover Intention**	
TI_1	I intend to leave my job in the next 6 months.	(Cammann et al.,1979; Zhang et al. 2021)
TI_2	I will actively look for a new job in the next 6 months.	(Cammann et al.,1979; Zhang et al. 2021)
TI_3	I will probably be working for another organization in the next 6 months.	(Cammann et al.,1979; Zhang et al. 2021)

Construct Validation: Measurement Models

Indicator Loadings, Mean Values, and Standard Deviation (author's own illustration)

	Outer Loadings	Mean Values	Standard Deviation
Isolation			
Iso_1	0.915	2.669	0.930
Iso_2	0.910	2.513	0.950
Iso_3	0.858	2.809	0.959
Family–Work Interference			
FWI_1	0.927	3.573	1.378
FWI_2	0.950	3.508	1.402
FWI_3	0.854	3.909	1.645
Equipment / Facilities			
EF_1	0.803	4.550	1.738
EF_2	0.753	5.233	1.586
EF_3	0.819	4.946	1.435
Skill Variety			
SV_1	0.899	5.112	1.209
SV_2	0.892	5.145	1.243
SV_3	0.870	5.019	1.331
SV_4	0.838	4.881	1.351
Burnout			
Burn_1	0.902	2.669	0.930
Burn_2	0.920	2.513	0.950
Burn_3	0.883	2.809	0.959
Satisfaction			
Satis_1	0.769	5.023	1.392
Satis_2	0.671	5.414	1.408
Satis_3	0.734	5.110	1.317
Satis_4	0.727	4.557	1.411
Turnover Intention			
TI_1	0.925	2.450	1.783
TI_2	0.936	2.648	1.952
TI_3	0.935	2.459	1.815

Internal Consistency Reliability and Convergent Validity (author's own illustration)

	Internal Consistency			Convergent Validity
	Cronbach's α	ρ_A	Composite Reliability	AVE
Isolation	0.875	0.879	0.923	0.800
Family–Work Interference	0.899	0.938	0.936	0.830
Equipment/Facilities	0.708	0.723	0.835	0.628
Skill Variety	0.898	0.905	0.929	0.766
Burnout	0.885	0.890	0.929	0.813
Satisfaction	0.705	0.714	0.817	0.527
Turnover Intention	0.924	0.926	0.952	0.868

Heteortrait–monotrait (HTMT) Ratios (author's own illustration)

	Burnout	Equipment/ Facilities	Family–Work Inter-ference	Isolation	Satis-faction	Skill Variety	Turnover Intention
Burnout							
Equipment / Facilities	0.235 CI^{95}=0.352						
Family–Work Interference	0.426 CI^{95}=0.530	0.359 CI^{95}=0.470					
Isolation	0.362 CI^{95}=0.456	0.361 CI^{95}=0.479	0.093 CI^{95}=0.133				
Satisfaction	0.573 CI^{95}=0.663	0.748 CI^{95}=0.833	0.633 CI^{95}=0.711	0.455 CI^{95}=0.563			
Skill Variety	0.114 CI^{95}=0.259	0.384 CI^{95}=0.500	0.221 CI^{95}=0.325	0.108 CI^{95}=0.210	0.528 CI^{95}=0.633		
Turnover Intention	0.293 CI^{95}=0.392	0.264 CI^{95}=0.391	0.217 CI^{95}=0.320	0.165 CI^{95}=0.268	0.396 CI^{95}=0.503	0.284 CI^{95}=0.394	

Note: CI^{95} presents the upper bound of the 95 % bias-corrected and accelerated confidence interval

Construct Validation: Structural Model

VIF Values (author's own illustration)

	Burnout	Satisfaction	Turnover Intention
Burnout		1.044	1.272
Equipment/Facilities		1.133	
Family–Work Interference	1.003		
Isolation	1.003		
Satisfaction			1.272
Skill Variety		1.112	

R^2 Values (author's own illustration)

	R^2
Burnout	0.242
Satisfaction	0.498
Turnover Intention	0.134

PLSpredict (author's own illustration)

	PLS-SEM		LM	PLS-SEM – LM
	$Q^2_{predict}$	RMSE	RMSE	RMSE-Difference
Turnover Intention				
TI_1	0.080	1.714	1.739	−0.025
TI_2	0.069	1.875	1.909	−0.034
TI_3	0.080	1.754	1.785	−0.031

Path Coefficients (author's own illustration)

Hypothesis	Hypothesized Path	Path Coefficient	Confidence Intervals [2.5%, 97.5%]
Burnout			
H1	Isolation → Burnout	0.298***	[0.213; 0.379]
H2	Family–Work Interference → Burnout	0.374***	[0.283; 0.460]
Satisfaction			
H3	Equipment/Facilities → Satisfaction	0.393***	[0.315; 0.465]
H4	Skill Variety → Satisfaction	0.274***	[0.189; 0.350]
H5	Burnout → Satisfaction	−0.352***	[−0.421; −0.281]
Turnover Intention			
H6	Burnout → Turnover Intention	0.138**	[0.015; 0.265]
H7	Satisfaction → Turnover Intention	−0.281***	[−0.395; −0.154]

Note: ***Significant at 0.01 level (2-sided), **significant at 0.05 level (2-sided).

IPMA Turnover Intention (author's own illustration)

Importance and Performance Values (author's own illustration)

	Importance	Performance
Burnout	0.480	41.419
Equipment/Facilities	0.156	65.412
Family–Work Interference	0.116	43.685
Isolation	0.123	36.864
Satisfaction	0.450	67.840
Skill Variety	0.103	67.291
Average Value	0.238	53.800

IPMA Map (author's own illustration)

Zentrale Herausforderungen und der Einfluss von organisatorischer Unterstützung bei hybrider Arbeit

Lukas Heidt, Felix Gauger und Andreas Pfnür

English Abstract

The COVID-19 crisis has made it necessary to adopt work from home (WFH) as a full value component of work. Since many jobs have to be performed on site to a certain extent, it is assumed that the combination of remote work and work from office (WFO) will continue to be practiced in the future. To organize hybrid work (HW) in the best possible way, an awareness of its challenges is essential. The research goal of this study, therefore, is to give a comprehensive picture of the challenges for hybrid work.

A qualitative survey of experts reveals 36 challenges. A quantitative survey (N = 260) provides information about their importance, and is the basis for an empirical investigation to determine whether employee satisfaction has a significant influence on the perception of these challenges. The results contribute to the understanding of challenges in hybrid work and show that employee satisfaction is an important target for companies, especially in this context.

Einführung in Fragestellung und Thema

Die COVID-19-Krise hat die Art der Zusammenarbeit verändert. Unternehmen und Mitarbeiter*innen waren gezwungen, verstärkt *work from home* (WFH) zu nutzen. Dabei wurde der WFH-Anteil in Deutschland gesteigert (von 13% vor der Krise auf 25%; DESTATIS, 2022). Dies ist auch international der Fall (Herhold, 2020).

Neben den Vorteilen in der Krise haben sich noch andere Vorzüge offenbart. Mitarbeiter*innen schätzen reduzierten Stress, mehr Zeit für die Familie und eine bessere Work-Life-Balance. Unternehmen profitieren von einer besseren Bindung ihrer Mitarbeiter*innen, höherer Produktivität und weniger Fehltagen (Chimote & Srivastava, 2013). Dieser Trend wird von vielen als langfristig und nachhaltig angesehen (Aksoy et al., 2022). In welchem Ausmaß er sich durchsetzen wird, ist noch nicht abzusehen, da unterschiedliche Erwartungen zwischen Unternehmen und Be-

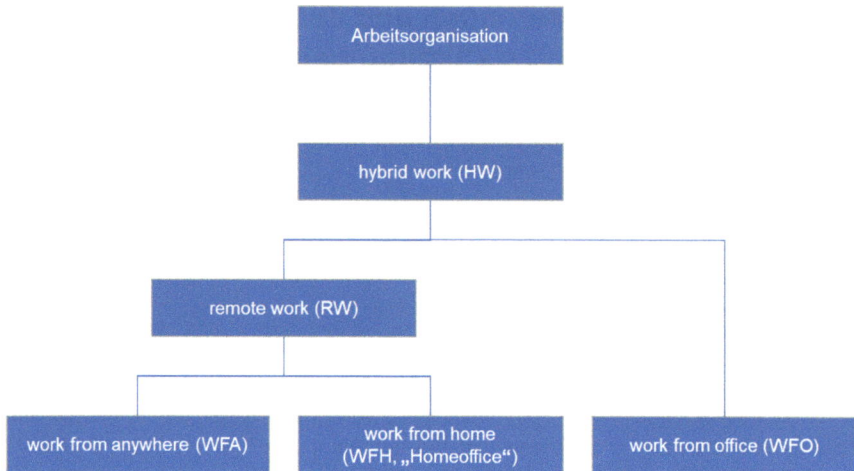

Abbildung 1 Arten der Arbeitsorganisation in Bezug auf den Ort der Arbeit (Darstellung durch den Autor)

schäftigten existieren, die Ausgestaltung der Arbeitsorganisation sehr individuell ist und berechtigte Gründe für die Arbeit vor Ort vorliegen (Heidt et al., 2023).

Für Unternehmen gilt es, WFH optimal in die Arbeitsorganisation zu integrieren und mit anderen Modellen zu kombinieren. Dabei existieren diverse Modelle für die Arbeitsorganisation an verschiedenen Orten (siehe Abbildung 1).

Die Arbeit in Räumlichkeiten des arbeitgebenden Unternehmens stellt nach wie vor einen großen Teil der Arbeitsorganisation dar. Bei *work from office* (WFO) arbeiten Beschäftigte zum Beispiel in Büros des Unternehmens. Dies ermöglicht gemeinsame Arbeit mit Kolleg*innen und Führungskräften vor Ort. Kurze Kommunikationswege und direkte, soziale Interaktion sind dabei beispielhafte Vorteile. Viele Unternehmen sind – auch historisch gewachsen – auf diese Form der Arbeit ausgelegt. In vielen Berufen, wie zum Beispiel im verarbeitenden Gewerbe, oder bei Tätigkeiten, die einen direkten Kontakt zu Menschen erfordern, ist WFO die dominierende Arbeitsart.

Die Zunahme von digitalen Technologien zur Arbeitserbringung begünstigt jedoch alternative Formen der Arbeit. *Remote work* (RW) bezeichnet dabei Arbeit außerhalb des Büros. RW kann unter anderem aus der eigenen Wohnung (WFH) oder an beliebigen Orten durchgeführt werden (*work from anywhere*, WFA). *Hybride Arbeit* (*hybrid work*, HW) bezeichnet die Kombination von WFO und RW und ist wohl eines der relevantesten Modelle (Masood et al., 2021), da viele Berufe einen gewissen Grad der Arbeit vor Ort erfordern.

Um hybride Arbeit optimal zu ermöglichen, müssen Herausforderungen und potenzielle Einflussfaktoren auf diese bekannt sein. Dies stellt die Grundlage für zielgerichtete Maßnahmen durch Unternehmen, Führungskräfte und Beschäftigte dar. In der aktuellen Literatur werden zwar vereinzelt Herausforderungen, wie arbeitsbezogene Voraussetzungen (Gratton, 2021b), Koordination (Gratton, 2021a) oder die Arbeitskultur (Hirsch, 2021), genannt. Eine detaillierte, übergreifende Bewertung möglicher Herausforderungen existiert jedoch nicht. Hier setzt die in diesem Beitrag vorgestellte Studie an, deren Ziel es ist, ein umfassendes Bild von den Herausforderungen für HW zu zeichnen. Des Weiteren wird in der Literatur beschrieben, dass Herausforderungen bei WFH, wie Distanz oder Isolation, durch die von den Mitarbeiter*innen empfundene Unterstützung seitens der Organisation positiv beeinflusst werden können (Deschênes, 2023; Heidt et al., 2022). Da dieser Aspekt auch Auswirkungen auf die Herausforderungen im Kontext von HW haben könnte, wird er als mögliche Einflussgröße in der Studie berücksichtigt.

Dieser Beitrag dient somit dem besseren Verständnis von Herausforderungen bei der Adaption von HW und bietet einen sowohl wichtigen als auch für die Praxis relevanten Einblick in deren optimale Umsetzung. Untersucht werden zwei Fragestellungen. Erstens: Was sind mögliche Herausforderungen bei der Umsetzung von HW? Und zweitens: Werden diese Herausforderungen positiv durch eine höhere Zufriedenheit der Mitarbeiter*innen beeinflusst?

Methode

Eine schematische Darstellung der Methode ist in Abbildung 2 zu sehen. Basierend auf einer Literaturanalyse wurde eine explorative, qualitative Untersuchung aus semistrukturierten Expert*innen-Interviews durchgeführt. In diesen Interviews wurden mögliche Herausforderungen in der Praxis diskutiert, gesammelt und kodiert, bis Konsens über die Benennung und Bedeutung herrschte (Gläser & Laudel, 2009). Dazu wurden, falls nötig, Expert*innen zum Teil auch im Nachhinein zur Einschätzung der Bedeutung und Abgrenzung der Herausforderungen konsultiert.

Die 15 Expert*innen für diese Arbeit setzen sich aus Mitarbeiter*innen verschiedener Branchen und Hierarchieebenen mit unterschiedlichen Erfahrungen zusammen. Die einzige Gemeinsamkeit ist, dass die Expert*innen HW praktizieren. Die Interviews (30 Minuten) wurden im Oktober 2021 durchgeführt.

Teilnehmer*innen der anschließenden quantitativen Befragung arbeiten hybrid und kommen aus Deutschland. Sie wurden über Clickworker ermittelt und beantworteten im Dezember 2021 einen Fragebogen. 263 Datensätze von Mitarbeiter*innen, die HW praktizieren, konnten generiert werden (Drop-out-Rate: 19,1 %). Durchschnittlich sind die Befragten zu 42,82 % in WFH beschäftigt, mit einer Standardabweichung von 25,8 %. Die verwendeten Variablen werden im Folgenden beschrieben.

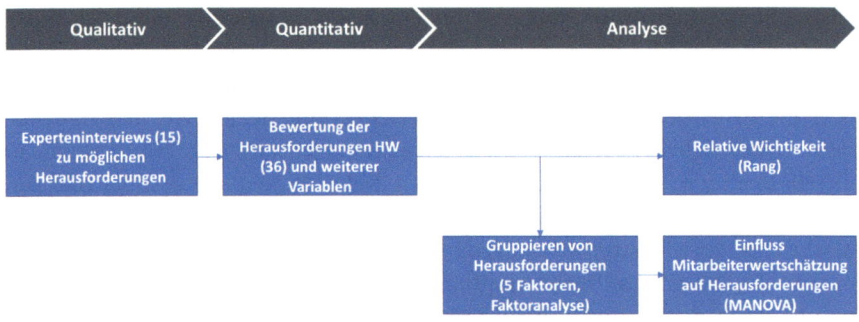

Abbildung 2 Methode (Darstellung durch den Autor)

Unabhängige Variable: Der positive Effekt von Mitarbeiterzufriedenheit bzw. -wertschätzung bei WFH ist bekannt (Deschênes, 2023; Heidt et al., 2022). Um einen möglichen Effekt bei HW und auf die Herausforderungen zu ermitteln, wurde das Konstrukt *Perceived Organizational Support (*POS) mit 8 Items erhoben (Eisenberger et al., 1986). Um eine Vergleichbarkeit zwischen zufriedenen und unzufriedenen Mitarbeiter*innen zu erreichen, wurden die Teilnehmer*innen in Gruppen eingeteilt: POS_{Hoch} ($N = 197$, Mittelwert ≤ 4) und $POS_{Niedrig}$ ($N = 63$, Mittelwert > 4).

Abhängige Variable: Zur Analyse eines möglichen Effekts der empfundenen Unterstützung und Wertschätzung durch die Organisation (POS) auf die wahrgenommenen Herausforderungen wurden diese zu Faktoren zusammengefasst, um aussagekräftige und interpretierbare Ergebnisse zu erhalten.

Mithilfe einer explorativen Faktoranalyse wurden 5 Faktoren gebildet. Alle Anforderungen an die Daten in Bezug auf die Analyse wurden untersucht und sind erfüllt (51,94 % der Varianz werden erklärt; Cortina, 1993). In Tabelle 1 sind die Faktoren dargestellt, die im Folgenden als abhängige Variablen untersucht werden.

In der Analyse wurden die Herausforderungen mit einem Rang versehen, der die durchschnittliche, relative Bewertung der Wichtigkeit durch die Teilnehmer*innen darstellt. Des Weiteren wurden Gruppenunterschiede hinsichtlich der Herausforderungen (Faktoren) in Bezug auf Mitarbeiter*innen mit hoher bzw. niedriger Zufriedenheit (POS) mittels einer einfaktoriellen MANOVA („multivariate analysis of variance") bewertet. Diese Methodik ist geeignet, um den Einfluss mehrerer abhängiger Variablen auf Gruppen einer abhängigen Variablen zu untersuchen. Dabei gelten für die multivariate Varianzanalyse jedoch einige Voraussetzungen (Mertler & Vannatta, 2016): Normalverteilung der Gruppen, keine Multikollinearität, keine multivariaten Ausreißer sowie Homogenität der Fehlervarianzen zwischen den Gruppen und der Kovarianz-Matrizen. Sind diese Voraussetzungen gegeben, kann mit der MANOVA ein Unterschied der Effekte von unabhängigen Variablen

Tabelle 1 Mittlere Ränge und Cronbachs Alpha der Faktoren (Darstellung durch den Autor)

Nr.	Beschreibung	Mittlerer Rang ($POS_{Niedrig}/POS_{Hoch}$)	CRA	Anzahl Items
1	Zusammenarbeit (Teamarbeit u. -struktur, Vertrauen, Unterstützung etc.)	127,62/132,10	0,89	8
2	Kommunikation (Mimik/Gestik, Meetings etc.)	137,66/128,84	0,85	6
3	Akzeptanz von HW (Führungskräfte, Akzeptanz im Team, Präferenzen etc.)	172,09/117,65	0,82	7
4	Prozessuale Voraussetzungen (digitale Arbeitsprozesse, flexible Wahl Arbeitsort etc.)	147,57/125,62	0,78	9
5	Organisationale Voraussetzungen (Kultur, Büroflächen, Tools etc.)	110,65/137,61	0,67	6

auf Gruppen nachgewiesen und mittels sogenannter Post-hoc-Untersuchungen detaillierter analysiert werden.

Erkenntnisse

Im Folgenden werden die Ergebnisse der empirischen Untersuchung dargestellt und einer Analyse unterzogen.

Relative Wichtigkeit der Herausforderungen

Die 36 ermittelten und bewerteten Herausforderungen sowie ihr Rang sind in Tabelle 2 abgebildet. Der Rang basiert auf der durchschnittlichen Bewertung (Wert > 4: mehrheitliche Zustimmung). Die meisten Items (28) wurden als relevant wahrgenommen. Auch die verbleibenden 8 Items wurden von mindestens einer teilnehmenden Person als sehr relevant bestätigt.

Einfluss von Zufriedenheit mit der Unterstützung durch die Organisation

Diverse Vorbedingungen für die MANOVA wurden überprüft. Normalverteilung der abhängigen Variable (Shapiro-Wilk-Test: $\alpha = 0{,}05$) und geringe Korrelationen

Tabelle 2 Herausforderungen und relative Wichtigkeit (Darstellung durch den Autor)

Rang	Herausforderung HW	Durchschnitt
1	Zu HW passende Firmenkultur	5,23
2	Fehlende bzw. unpassende Tools für Kommunikation u. Kollaboration	5,16
3	Voraussetzung unmittelbare Erreichbarkeit u. unterschiedliche Bewertung WFO/WFH	5,13
4	Ungeeignete Offices für HW (Sitzplätze, Meetingräume, Telefon-Bereiche)	5,11
5	Abwägung Aufwand fürs Pendeln	5,03
6	Wechselseitiges Verständnis zw. MitarbeiterInnen fehlt (z. B. individuelle Erreichbarkeit)	4,99
7	Inoffizielle Kommunikation, man erreicht manche MitarbeiterInnen schlecht	4,94
8	Erschwertes Onboarding in Team u. Beruf	4,84
9	Fehlende Digitalisierung	4,73
10	Fehlende Unterstützung durch Führungskraft	4,59
11	Fehlender Spaß bei der Arbeit durch Distanz	4,59
12	(Implizites) Lernen von KollegInnen ist erschwert	4,56
13	Unterschiedliches Equipment bei WFO/WFH	4,55
14	Eingeschränkte Flexibilität (Art der Arbeit)	4,54
15	Aufbau von Beziehungen ist herausfordernd	4,52
16	Zwischenmenschliche Kommunikation ist erschwert	4,51
17	Erhöhter Kommunikationsaufwand aufgrund von HW	4,47
18	Aufwendige Synchronisation mit KollegInnen für Arbeit vor Ort	4,42
19	Isolation von MitarbeiterInnen bei WFH	4,40
20	Technische Probleme	4,38
21	Erschwerte Zusammenarbeit (z. B. unterschiedliche Arbeitszeiten)	4,32
22	Durchführung Workshops und Meetings erschwert (Nachteile für MitarbeiterInnen in WFH)	4,25
23	Erschwerter Kontakt zur Führungskraft (Distanz u. fehlender persönlicher Austausch)	4,25
24	Variierende/ungleiche Erwartungshaltung bzgl. Produktivität bei HW	4,24
25	Notwendigkeit angepasster Kommunikation	4,18
26	Fehlende Wertschätzung der geleisteten Arbeit (mangelnde Transparenz bei WFH)	4,16
27	Vertrauen in MitarbeiterInnen und Arbeitserbringung variiert zwischen WFH u. WFO	4,11
28	Gruppenbildungstendenz im Team wegen verschiedener Präferenzen für WFO/WFH	4,03
29	Mangelnde Akzeptanz von WFH durch KollegInnen/Führungskraft	3,99
30	Unterschiedliche Eignung von Meetings für WFH	3,84
31	Transparenz des Arbeitsfortschritts ist bei WFH gemindert	3,81
32	Eingeschränkte Flexibilität (private Gründe)	3,77
33	Führungskraft nutzt HW selbst nicht und hat daher keine Vorbildfunktion	3,75
34	HW kann Konflikte zwischen MitarbeiterInnen verursachen	3,72
35	Wahl des optimalen Arbeitsortes für MitarbeiterInnen herausfordernd	3,62
36	MitarbeiterInnen müssen sich für den gewählten Ort der Arbeit rechtfertigen	3,46

zwischen den abhängigen Variablen ($r < 0{,}90$; keine Multikollinearität) sind gegeben. Drei multivariate Ausreißer wurden identifiziert und entfernt (Mahalanobis-Distanz: $p > 0{,}001$). Die Homogenität der Fehlervarianzen zwischen den Gruppen (Levene-Test: $p > 0{,}05$) und die Homogenität der Kovarianz-Matrizen (Box-Test: $p > 0{,}001$) sind gegeben.

Die Durchführung der MANOVA bestätigt einen signifikant unterschiedlichen Effekt zwischen den Gruppen ($N_{POS,\,Niedrig}$ und $N_{POS,\,Hoch}$) für die 5 Faktoren ($F(5, 254) = 7{,}842$; $p < 0{,}001$; partielles $\eta^2 = 0{,}134$; Wilks $\Lambda = 0{,}866$).

Eine Post-hoc-Untersuchung ergibt signifikante Unterschiede für die Faktoren F3, F4 und F5. Für F1 und F2 konnten keine signifikanten Unterschiede bestimmt werden. Die Ergebnisse sind in Tabelle 3 dargestellt.

Tabelle 3 Ergebnisse der Post-hoc-Untersuchung (Darstellung durch den Autor)

Abhängige Variable	F	p	η^2
Zusammenarbeit (F1)	0,003	0,959	0,000
Kommunikation (F2)	0,492	0,484	0,002
Akzeptanz von HW (F3)	25,200	0,001***	0,089
Prozessuale Voraussetzungen (F4)	4,167	0,042*	0,016
Organisationale Voraussetzungen (F5)	8,194	0,005**	0,031

$N = 260$; *, **, ***: Signifikanz in Bezug auf 0,1 %, 1 % und 5 % Niveau; Freiheitsgrade Zähler (df1): 1; Freiheitsgrade Nenner (df2): 258.

Analyse der Ergebnisse

Die Bewertung der 36 Herausforderungen durch die Probanden erbrachte mehrere Ergebnisse. 28 Items wurden mehrheitlich als herausfordernd beschrieben (Mittelwert > 4), 8 Items mehrheitlich nicht (≤ 4) (siehe Tabelle 2). Grundsätzlich scheinen jedoch alle Items relevant zu sein, auch wenn die Wahrnehmung sehr individuell sein kann. Es ist anzumerken, dass die ranghöchsten Herausforderungen verschiedenen Faktoren und Themen zugeordnet werden können. Sowohl in Bezug auf Voraussetzungen als auch in Bezug auf Kultur, Verständnis und Kommunikation liegen hohe Bewertungen vor. Auffallend ist jedoch, dass Items, die sich auf organisationale Voraussetzungen beziehen, hoch bewertet wurden. Dies scheint darauf hinzudeuten, dass vor allem die von den Unternehmen beeinflussbaren Voraussetzungen besonders wichtig sind.

Die MANOVA (siehe Abbildung 3) ergab drei zentrale Ergebnisse:

Erstens: F1 und F2 weisen keine statistisch signifikanten Unterschiede in der Wahrnehmung der Herausforderungen zwischen den POS-Gruppen auf. Diese

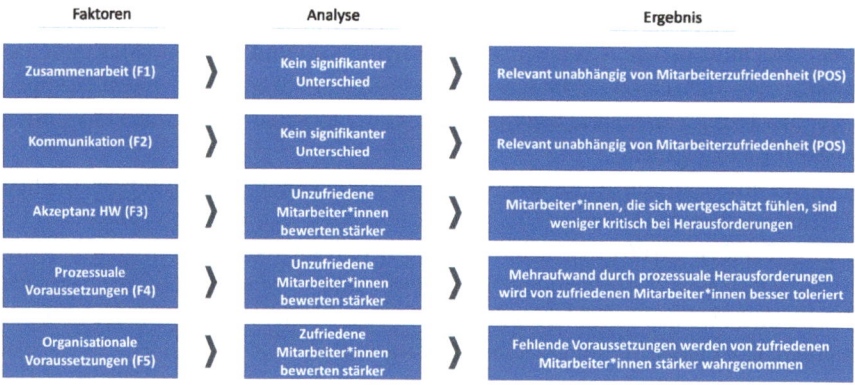

Abbildung 3 Ergebnisse der MANOVA (Darstellung durch den Autor)

Faktoren scheinen also unabhängig von der Wertschätzung relevant zu sein. Eingeschränkter nonverbaler Austausch oder eine erschwerte Durchführung von Meetings und Workshops sind zentral für die Arbeit bei HW und betreffen jede der Teilgruppen gleichermaßen.

Zweitens: F3 und F4 werden je nach empfunderer Wertschätzung signifikant unterschiedlich wahrgenommen. Fehlende Akzeptanz betrifft sowohl Kolleg*innen als auch Führungskräfte. Fehlender Kontakt und Vertrauen, mangelnde Transparenz bezüglich der Arbeit und fehlende Unterstützung werden von Mitarbeiter*innen, die sich nicht wertgeschätzt fühlen, kritischer bewertet. Dies passt zu Erkenntnissen aus der Literatur, die POS als Einflussfaktor auf wahrgenommene Distanz bzw. Isolation beschreiben (Deschênes, 2023). Mitarbeiter*innen, die mit der Unterstützung zufrieden sind, können sich grundsätzlich des Vertrauens und der Wertschätzung sicher sein, was Herausforderungen abmildern kann. Wenn die Art der Arbeit nicht zu HW passt (prozessuale Voraussetzungen), wird dies von unzufriedenen Mitarbeiter*innen stärker wahrgenommen. Es ist anzunehmen, dass das Ausführen der Arbeit angesichts dieser Hindernisse aufwendiger oder herausfordernder ist. Personen, die eine hohe Wertschätzung genießen, können davon ausgehen, dass dieser Mehraufwand honoriert wird, und sind daher weniger kritisch.

Drittens: Bei Wertschätzung wird F5 höher bewertet. Motivierte, zufriedene Mitarbeiter*innen könnten die fehlende Bereitstellung von grundlegenden Voraussetzungen wie Arbeitsausstattung durch das Unternehmen somit als fehlende Wertschätzung verstehen und darauf kritischer reagieren als bereits unzufriedene Beschäftigte.

Fazit / Ausblick

Die vorliegende Arbeit hat gezeigt, dass es eine große Anzahl von relevanten Herausforderungen bei HW gibt (36). Diese lassen sich verschiedenen Themen zuordnen (5 Faktoren). Sie werden unterschiedlich bewertet, jedoch scheinen alle eine gewisse Relevanz zu haben. Auch bei den als besonders relevant bewerteten Items ist keine klare Tendenz erkennbar, vielmehr gibt es hohe Bewertungen in allen Bereichen. Unternehmen sollten sich folglich nicht nur auf einige wenige Problemfelder konzentrieren. Insbesondere, wenn HW auch in Zukunft höchst relevant bleibt, ist die Kenntnis aller bestehenden Herausforderungen von großer Bedeutung.

Die quantitative Untersuchung unterstreicht den Stellenwert von Unterstützung insbesondere bei HW. Herausfordernde Umstände werden durch Personen mit unterschiedlicher Zufriedenheit teils auch deutlich unterschiedlich wahrgenommen. Für Unternehmen ist es daher umso relevanter, Unterstützung anzubieten und sich der möglichen Auswirkungen auf den Erfolg von HW bewusst zu werden.

POS als Prädiktor stellt einen neuen Einblick in die Zusammenhänge von HW dar. Dieses Konstrukt zeigt auch in diesem Kontext wichtige Auswirkungen. Darüber hinaus gibt es weitere denkbare Prädiktoren, die nicht Teil dieser Untersuchung waren, aber lohnenswert für zukünftige Analysen erscheinen. So könnte beispielsweise *Erfahrung mit HW* ein weiterer relevanter Prädiktor für Probleme bei HW sein.

Der vorliegende Beitrag zeigt die Herausforderungen bei HW in der Praxis, deren Bewertung sowie neue Erkenntnisse über Wirkzusammenhänge von POS zur aktuellen Forschung. Die 36 identifizierten Items geben einen sehr umfassenden und aktuellen Überblick über mögliche Herausforderungen bei HW und sind dabei verschiedenen Bereichen zuzuordnen. Die Bewertung angesichts einer recht großen Stichprobe liefert erstmalig Einblicke in den Stellenwert verschiedener Herausforderungen. Letztlich kann der Beitrag durch die Untersuchung von POS bestehende Erkenntnisse im Bereich WFH bestätigen, diese auf HW übertragen und quantitativ untersuchen.

In der Zukunft wird die optimale Integration von WFH in die Arbeitsorganisation immer bedeutsamer werden. Eine der wichtigsten Aufgaben wird es daher sein, HW bestmöglich zu etablieren, unabhängig davon, welche Anteile WFH und WFO dabei jeweils einnehmen. Damit dies erfolgreich gelingt und die Vorteile von HW auch perspektivisch genutzt werden können, ist es unabdingbar, der Unterstützung der Mitarbeiter*innen einen angemessenen Stellenwert einzuräumen.

Literatur

Aksoy, C. G., Barrero, J. M., Bloom, N., Davis, S., Dolls, M. & Zarate, P. (2022). *Working from Home Around the World.* Cambridge, MA. https://doi.org/10.3386/w30446

Chimote, N. K. & Srivastava, V. N. (2013). Work-Life Balance Benefits: From the Perspective of Organizations and Employees. *IUP Journal of Management Research, 12*(1).

Cortina, J. M. (1993). What is coefficient alpha? An examination of theory and applications. *Journal of Applied Psychology, 78*(1), 98–104. https://doi.org/10.1037/0021-9010.78.1.98

Deschênes, A.-A. (2023). Professional isolation and pandemic teleworkers satisfaction and commitment: The role of perceived organizational and supervisor support. *European Review of Applied Psychology = Revue Europeenne De Psychologie Appliquee, 73*(2), 100823. https://doi.org/10.1016/j.erap.2022.100823

DESTATIS (2022). *Ein Viertel aller Erwerbstätigen arbeitete 2021 im Homeoffice.* https://www.destatis.de/DE/Presse/Pressemitteilungen/Zahl-der-Woche/2022/PD22_24_p002.html

Eisenberger, R., Huntington, R., Hutchison, S. & Sowa, D. (1986). Perceived organizational support. *Journal of Applied Psychology, 71*(3), S. 500.

Gläser, J., & Laudel, G. (2009). *Experteninterviews und qualitative Inhaltsanalyse: Lehrbuch.* VS Verlag.

Gratton, L. (2021a). Four Principles to Ensure Hybrid Work Is Productive Work. *MIT Sloan Management Review, 62*(2), 11A–16A.

Gratton, L. (2021b). How to do Hybrid right. *Harvard Business Review.*

Heidt, L., Gauger, F. & Pfnür, A. (2022). Work from Home Success: Agile work characteristics and the Mediating Effect of supportive HRM. *Review of Managerial Science*, 1–26. https://doi.org/10.1007/s11846-022-00545-5

Heidt, L., Gauger, F. & Pfnür, A. (2023). Work from Anywhere organisieren: Richtlinien für hybride und flexible Arbeitsmodelle. *Zeitschrift Führung + Organisation (Zfo), 92*(1), 28–33.

Herhold, K. (2020). *The State of Remote Work during COVID.* https://clutch.co/real-estate/resources/state-of-remote-work-during-coronavirus-pandemic

Hirsch, P. B. (2021). Sustaining corporate culture in a world of hybrid work. *Journal of Business Strategy, 42*(5), 358–361. https://doi.org/10.1108/JBS-06-2021-0100

Masood, Z., Damian, D. & Blincoe, K. (2021). How New Zealand Software Companies Are Adapting Work Settings with Changing Times. *IEEE Software*, 0. https://doi.org/10.1109/MS.2021.3129066

Mertler, C. A. & Vannatta, R. A. (2016). *Advanced and Multivariate Statistical Methods: Practical Application and Interpretation.* Taylor & Francis.

Von Euphorie und Ernüchterung
Journalistisches Arbeiten aus dem Homeoffice während der COVID-19-Pandemie

Daniel Nölleke, Phoebe Maares und Sandra Banjac

English Abstract

The forced switch to remote work is one of the most serious consequences of the COVID-19 pandemic for journalism. Journalists could no longer rely on familiar workflow structures in the newsroom and no longer had direct contact with colleagues. At the very time when society needed journalism most, its performance was put to an enormous test. With a content analysis of the metajournalistic discourse on the portrayal of the remote office at home in media coverage and on journalists' Instagram accounts, this study shows that, while Austrian journalism publicly claims an undamaged performance, interviews with 20 journalists reveal ambivalent attitudes toward the home office. Respondents report greater efficiency and personal autonomy as advantages; on the downside, they perceive a lack of collegial support and ill-defined coordination structures in virtual newsrooms as major disadvantages.

Einführung in Fragestellung und Thema

Gesellschaftliche Krisensituationen können Sternstunden des Journalismus sein: In Zeiten großer Unsicherheit und komplexer Entwicklungen mit enormer Brisanz für alle gesellschaftlichen Bereiche braucht es eine Instanz, die Informationen prüft, priorisiert, vermittelt und einordnet (van der Meer et al., 2016). Journalismus kann genau diese Thematisierungs- und Orientierungsfunktion übernehmen (Esser & Neuberger, 2019). Gerade während der COVID-19-Pandemie war und ist es von essenzieller Bedeutung, dass Journalismus diese Leistungen zuverlässig erfüllt. Konkret zeigte sich der Bedarf nach qualitativ hochwertigen Informationen etwa darin, dass das Publikum vor allem auf etablierte journalistische Angebote vertraute (Lebernegg et al., 2020).

Allerdings ist es nicht selbstverständlich, dass Journalismus den hohen Ansprüchen, die an ihn gestellt wurden, auch gerecht werden kann. Die COVID-19-Krise hat eine ohnehin angeschlagene Medienbranche hart getroffen und ihre Sorgen potenziert (Šimunjak, 2022). So ist journalistisches Arbeiten schon seit geraumer Zeit mit großer ökonomischer Unsicherheit verbunden – angefangen beim unsicheren Berufszugang über ständige Angst um den Arbeitsplatz bis hin zu prekären Anstellungsverhältnissen (Örnebring & Conill, 2016). Die Arbeit in immer stärker umkämpften Medienmärkten, die von 24/7-Nachrichtenzyklen und digitalen Produktionsweisen geprägt sind, ist enorm belastend (Seethaler, 2017). Dazu kommt eine wachsende Medienskepsis in Teilen der Bevölkerung (Blöbaum et al., 2020), die zunehmend in offenen Anfeindungen und sogar tätlichen Angriffen gegen Journalist*innen mündet (Post & Kepplinger, 2019). Die Pandemie hat all dies forciert: Fehlende Anzeigenerlöse haben die ökonomische Krise verschärft, veränderte Arbeitsbedingungen mit neuen technologischen Anforderungen führten zu immer stärkerer Belastung und hohe Ansprüche des Publikums bei unsicherer Nachrichtenlage und politischer Polarisierung rund um COVID-19-Maßnahmen brachten einen weiter wachsenden Legitimationsdruck sowie Medienskepsis mit sich. Der von der Pandemie forcierte Wandel im Journalismus ist demnach nur dann angemessen zu verstehen, wenn man ihn vor dem Hintergrund längerfristiger ökonomischer, politischer und technologischer Entwicklungen betrachtet (Hanusch, 2022).

In diesem Zusammenhang ist das journalistische Arbeiten aus dem Homeoffice von besonderer Brisanz. Quasi über Nacht war es für den überwiegenden Teil der Journalist*innen weltweit aufgrund von Lockdowns und Social Distancing nicht mehr möglich, aus den Redaktionsräumen zu arbeiten. Diese physischen Redaktionsräume, die als effiziente Nachrichtenmaschinen tagesaktuelles Arbeiten ermöglichen und Journalist*innen durch die Kontakte zu Kolleg*innen Inspiration und emotionalen Halt bieten (Šimunjak, 2022), blieben plötzlich verwaist. Es stellt sich die dringende Frage, inwiefern ein Beruf, der in so hohem Maße auf Koordinationsarbeit angewiesen ist wie der Journalismus, aus dem Homeoffice funktioniert – und inwiefern seine Leistungsfähigkeit, auf die die Gesellschaft gerade während der Krise angewiesen ist, unter widrigen Umständen aufrechterhalten werden kann.

Dennoch ist das Homeoffice im Journalismus ein durchaus bewährtes und erprobtes Arbeitsmodell. Für freie Journalist*innen ist das Arbeiten von Zuhause gängige Praxis; und einige Redaktionen haben durch (oft ökonomisch motivierte) Umstrukturierungen von Arbeitsprozessen bereits seit einiger Zeit mit virtuellen Redaktionsräumen experimentiert. Vorteile der virtuellen Zusammenarbeit liegen darin, räumliche und zeitliche Grenzen zu überwinden, Wissen in der Redaktion zu teilen und die Effizienz des Arbeitens zu erhöhen. Allerdings zeigte sich selbst in organisiert entstandenen Projekten, dass Fernarbeit eine Bedrohung für die Kreativität und die mentale Gesundheit von Journalist*innen sein kann (Bunce et al., 2018). Auch zum journalistischen Homeoffice während der COVID-19-Pandemie liegen erste Befunde vor, die darauf hindeuten, dass das Arbeitsmodell für Journalist*innen eine große emotionale Belastung darstellt (Šimunjak, 2022) und Motivation sowie Identifikation mit dem arbeitgebenden Unternehmen leiden können (Beck,

2021). Allerdings weiß man bislang noch wenig dazu, welche Sorgen und Hoffnungen Journalist*innen *konkret* mit dem Homeoffice verbinden, wie sie Vor- und Nachteile abwägen und unter welchen Bedingungen Homeoffice-Modelle funktionieren können. Nur aus diesem Wissen lässt sich schlussfolgern, inwiefern virtuelle Redaktionen ein Arbeitsmodell für die Zukunft sein können. Dabei ist es besonders wichtig, den Fokus auf die Redakteur*innen zu richten, da sie es sind, von denen der Erfolg solcher Innovationen entscheidend abhängt (Ferrucci & Perreault, 2021). Wir stellen daher folgende Forschungsfrage:

*FF1: Welche Vor- und Nachteile verbinden Journalist*innen während der Pandemie mit dem Arbeiten aus dem Homeoffice?*

Die Studie reichert die Selbstauskünfte der Journalist*innen um eine weitere Perspektive an: Um die Rolle als legitimer Vermittler von Informationen in Krisenzeiten zu übernehmen, ist Journalismus auf die Akzeptanz des Publikums angewiesen. Diese kann durch Transparenzmaßnahmen gestärkt werden, also dadurch, dass nach außen dokumentiert wird, wie bzw. dass Journalismus auch aus dem Homeoffice funktioniert. Diese Prozesstransparenz kann beispielsweise in der Berichterstattung im entsprechenden Medienangebot geschaffen werden; sie erfolgt aber zunehmend auch durch Journalist*innen selbst auf ihren Social-Media-Kanälen (Hedman, 2016). Um die Konsequenzen der Umstellung journalistischen Arbeitens auf das Homeoffice für Journalismus generell einschätzen zu können, ist es daher sinnvoll, nicht nur Journalist*innen nach ihren Bewertungen zu fragen (FF1), sondern auch zu analysieren, wie sie ihre Erfahrungen mit der neuen Arbeitssituation öffentlich an ihr Publikum kommunizieren. Wir stellen daher folgende zweite Forschungsfrage:

*FF2: Wie thematisieren Redaktionen und Journalist*innen das Arbeiten aus dem Homeoffice in ihrer Berichterstattung und auf ihren Social-Media-Kanälen?*

Methode

Um diese Fragen zu beantworten, wurde in der Studie ein qualitatives Forschungsdesign eingesetzt. Es ist aufgrund seines explorativen Charakters einerseits in der Lage, das bislang kaum erschlossene Forschungsfeld zu bearbeiten (Flick et al., 2004, S. 27); andererseits erlaubt es, den Gegenstand in seiner Tiefe zu verstehen und nachzuvollziehen, welche Gedankenprozesse zum Homeoffice existieren, wie Erfahrungen konkret abgewogen werden und wie sich deren Bewertung im Laufe der Zeit entwickelt hat. Dafür haben wir in der Studie Leitfadeninterviews mit österreichischen Journalist*innen (1) zur Beantwortung von FF1 mit einer Inhaltsanalyse der Berichterstattung österreichischer Medien (2) sowie der Social-Media-

Accounts österreichischer Journalist*innen (3) zur Beantwortung von FF2 kombiniert.[1]

(1) In zwei Erhebungswellen wurden insgesamt 20 Journalist*innen zu ihren Erfahrungen im Homeoffice befragt. Bei der Auswahl der Teilnehmer*innen nutzten wir persönliche Kontakte und baten mittels Schneeballverfahren weitere Journalist*innen um Unterstützung; außerdem schrieben wir Journalist*innen aufgrund ihrer in der Social-Media-Analyse identifizierten Aktivitäten gezielt an. Die Stichprobenziehung war insofern bewusst, als es uns wichtig war, Journalist*innen verschiedener Mediengattungen (Print, TV, Radio, Online), unterschiedlicher Ausrichtung (regional/national, Qualität/Boulevard), mit verschiedenen Anstellungsverhältnissen (frei und fest angestellt) sowie unterschiedlichen Geschlechts und Alters zu berücksichtigen. Um eine solche Heterogenität zu erreichen, arbeiteten wir mit einem Quotenplan, aus dem eine Mindestzahl an zu führenden Interviews resultierte. Die finale Stichprobengröße ergab sich anhand der in den Interviews gegebenen Hinweise auf Kolleg*innen mit untersuchungsrelevanten Erfahrungen und Kriterien, die hinsichtlich unserer Forschungsfrage von Bedeutung sein könnten, im Studienverlauf. So entschieden wir uns nach den ersten Interviews im Sommer 2021 auch dazu, im Sommer 2022 weitere Interviews zu führen, um zu prüfen, inwiefern sich das Homeoffice (nicht) als das „neue Normal" in den Redaktionen etabliert hat.

Beispielhaft wurden in den Leitfadeninterviews folgende Fragen gestellt: „Können Sie sich erinnern, was Sie zu Beginn empfunden haben, als klar war, dass die Arbeit nun von zuhause aus erfolgen muss?"; „Können Sie uns bitte einmal einen typischen Arbeitstag im Homeoffice schildern?"; „Was war für Sie denn während der Zeit im Homeoffice die bemerkenswerteste Erfahrung, die Sie gemacht haben?"; „Inwiefern haben Sie während der Pandemie das Arbeiten in der Redaktion vermisst?"; „Wenn Sie die lange Zeit im Homeoffice rückblickend bewerten: Ist Arbeiten von zuhause für Sie ein Arbeitsmodell für die Zukunft?"

17 der Gespräche wurden via Zoom geführt, sie dauerten durchschnittlich 54 Minuten. Die Interviews wurden mit Einverständnis der Befragten aufgezeichnet, transkribiert und mittels einer inhaltlich-strukturierenden qualitativen Inhaltsanalyse untersucht. Dabei wurden entsprechend unseren Forschungsfragen Kategorien deduktiv abgeleitet und neue Kategorien induktiv gebildet (Kuckartz, 2016).

---

1 Der Leitfaden für die Interviews sowie eine Übersicht mit anonymisierten Informationen zu den Interviewpartner*innen (Geschlecht, Alter, Medientyp, Anstellungsverhältnis, Erfahrung im Journalismus) können ebenso wie die analysierten Medienbeiträge auf Anfrage bei den Autor*innen eingesehen werden.

(2) Über die APA-OnlineManager Library wurden mit Verwendung von Suchstrings Beiträge österreichischer Medien identifiziert, die das journalistische Arbeiten im Homeoffice reflektieren. Dabei berücksichtigten wir das erste Jahr der Pandemie (März 2020 – März 2021) und analysierten insgesamt 62 Beiträge qualitativ. Die Kategorien für die inhaltlich-strukturierende qualitative Inhaltsanalyse wurden induktiv am Material entwickelt.

(3) Hinsichtlich der Social-Media-Kanäle fokussieren wir in diesem Beitrag auf Instagram. Wir identifizierten anhand einer APA-Liste[2] österreichische Journalist*innen, die auf Twitter besonders aktiv sind, und prüften darauf aufbauend, inwiefern sie auch öffentliche Instagram-Profile pflegen. Für diesen Beitrag berücksichtigen wir die Profile von 22 österreichischen Journalist*innen und sammelten manuell alle Postings, in denen Bilder vom / aus dem Homeoffice gezeigt werden oder deren Captions (Bildunterschriften) das Homeoffice thematisieren. Das Sample von 70 Instagram-Beiträgen (Bilder plus Captions) wurde einer (qualitativen) Bildtypen-Analyse unterzogen.

Erkenntnisse

Vor- und Nachteile des Homeoffice aus Perspektive der Journalist*innen

Die Interviews deuten auf ein ambivalentes Verhältnis der befragten österreichischen Journalist*innen zum Homeoffice hin. Verschiedene Journalist*innen kommen bei ihrer abschließenden Bewertung von Sinn und Unsinn des Homeoffice zu konträren Urteilen; einige sehen hier den Sargnagel des Journalismus, andere dessen große Chance. Die meisten bewegen sich jedoch zwischen diesen Polen und stehen dem Arbeitsmodell selbst zwiespältig gegenüber. Das zeigt sich sowohl in den Emotionen, die sie mit dem Homeoffice verbinden, als auch in der eher rationalen Abwägung von Vor- und Nachteilen und letztlich ihren Einschätzungen zu einem Arbeitsmodell für die journalistische Zukunft.

Die ersten Wochen im Homeoffice waren für viele der befragen Journalist*innen von einer Gemengelage aus Abenteuerlust und Unsicherheit geprägt. Die Befragten schildern, wie sie die neue Arbeitssituation als spannenden Ausbruch aus dem Alltag erlebten und es als Auftrag empfanden, durch Improvisation dem plötzlich so besonderen Stellenwert in der Gesellschaft gerecht zu werden. Sie fühlten sich

---

2 https://twitterlist.ots.at/journalistinnen-und-journalisten/

gebraucht und waren bereit, in dieser Situation gewohnte Routinen über Bord zu werfen. Einige berichten gar von anfänglicher Euphorie. Ein Redakteur bei einer Tageszeitung erinnert sich: „Das war ja am Anfang so, dass alle in dieser Euphorie waren. Wir tun was Besonderes, wir sind in einer Wahnsinnssituation… Also, ich habe den Anfang eigentlich in sehr positiver Erinnerung" (ID04). Allerdings mischte sich bei vielen in diese aufgeregte Aufbruchstimmung auch schnell Unsicherheit, ob man diesem Anspruch gerecht werden könne. Die Journalist*innen konnten nicht einschätzen, was die plötzliche Umstellung de facto für die *Qualität* ihrer journalistischen Arbeit bedeutet. Hier überwogen zunächst die Sorgen hinsichtlich notwendiger technischer Infrastruktur – wie dieses Zitat eines TV-Journalisten zeigt: „Wenn ich ganz ehrlich bin, war es ein bisschen Unsicherheit auf jeden Fall. Das hat … damit zu tun, [dass] ich gewusst habe, dass wir die technischen Voraussetzungen nicht dazu haben" (ID02). Ein Großteil der Befragten betont, dass insbesondere die Dauer der Ausnahmesituation zu Ernüchterung beigetragen habe. So hatten einige von ihnen das Gefühl, dauerhaft im Zustand der Improvisation zu arbeiten. Was zunächst noch aufregend erschien, stellte sich auf Dauer als unbefriedigend heraus. Einige der befragten Journalist*innen berichten folglich, dass nicht mit einer längeren Zeit im Homeoffice gerechnet wurde – und dass sie sich deshalb weder hinsichtlich der Infrastruktur noch hinsichtlich ihrer mentalen Einstellung mit der neuen Arbeitssituation arrangiert hätten. Bei ihnen wuchs die Unzufriedenheit im Zeitverlauf. Andere versuchten dagegen, das Beste aus der Situation herauszuholen, indem sie ihren Arbeitsplatz zuhause besser ausstatteten oder Strukturen für die Trennung von Arbeit und Freizeit entwickelten.

Während sich die emotionale Ablehnung bzw. Annahme der Situation zwischen den Journalist*innen stark unterschied, nannten alle ähnliche Vor- und Nachteile des Arbeitens im Homeoffice; allerdings mit unterschiedlicher Gewichtung. Dabei ist es grundsätzlich durchaus bemerkenswert, dass in der Darstellung nicht die negativen Facetten per se überwogen – wie man angesichts der Diskussionen zum Homeoffice in anderen Branchen und der Krisensymptome im Journalismus hätte erwarten können. Einen zentralen Vorteil sehen die Befragten in der größeren Effizienz journalistischen Arbeitens im Homeoffice: Das Homeoffice bietet demnach bessere Möglichkeiten, sich zu konzentrieren, da insbesondere die Geräuschkulisse deutlich niedriger ist als in den Redaktionsräumen. So sagte uns eine Zeitungsjournalistin: „Ich muss ehrlich sagen – der erste Monat, da habe ich den Kontakt gar nicht vermisst. Weil mir erst bewusst wurde, wie angenehm es sein kann, Ruhe zu haben" (ID03). Auch die zur Verfügung stehende Zeit könne effizienter genutzt werden, wenn das Pendeln wegfalle. Dieser Wegfall von Arbeitswegen wurde von allen (selbst skeptischen) Befragten als zentraler Vorteil der Arbeit von Zuhause beurteilt. Viele der Befragten sehen es zudem als Vorteil, das Homeoffice an persönliche Bedürfnisse anpassen zu können. Im Gegensatz zum Arbeiten in der Redaktion könne man hier mit seiner Zeit „eigenverantwortlich umgehen" (ID07), wie eine von uns befragte Journalistin bei einer Tageszeitung betont. Wertgeschätzt wurde zudem, dass diese Freiheit auch gewährt wurde und dass die Befragten das Gefühl hatten, dass ihnen vertraut wurde. Als positiv im Homeoffice empfanden sie also insbesondere die größere Effizienz sowie das große Maß an (Vertrauen in die) Eigenverantwortlichkeit.

Dennoch wurden von allen auch zentrale Nachteile angesprochen: Der gravierendste ist eindeutig der fehlende Austausch mit Kolleg*innen. Insbesondere die spontanen, ungeplanten Gespräche in der Kaffeeküche oder auf dem Flur können Inspiration für Geschichten sein oder dabei helfen, mit herausfordernden Situationen umzugehen. Stellvertretend dafür steht die Aussage eines Tageszeitungsredakteurs: „In der Redaktion bespricht man sich. Wenn ich mit Kolleginnen, Kollegen rede – dann hat jemand eine Idee oder hat was gehört oder ist auch an der Geschichte dran – und das fehlt" (ID04). Moniert werden auch die verschwimmenden Grenzen von Beruf und Privatleben. Was die einen als Eigenverantwortlichkeit wertschätzen, führt laut anderen dazu, dass man sich zu sehr in der Arbeit verliere und zu wenig auf das eigene Wohlbefinden achte. Außerdem schildern einige, wie sich auch Vorgesetzte dazu verleiten lassen, spätabends anzurufen, und damit Grenzen überschreiten, die durch An- und Abwesenheit in der Redaktion sonst klar(er) gezogen sind. Als negativ wird von einigen auch die Angewiesenheit auf eine gute digitale Infrastruktur angesehen: Hier fehlt es teilweise an der notwendigen Hardware – und nicht alle werden von Arbeitgeberseite entsprechend unterstützt. Kritisiert wird von vielen auch die Umsetzung von virtuellen Newsrooms, die nicht organisch entstanden seien und bei denen daher klare Strukturen und Kommunikationsregeln fehlten, was die notwendige Koordinationsarbeit oft eher erschwere denn erleichtere.

Als Konsequenz aus den Erfahrungen im Homeoffice während der Pandemie befürwortet der Großteil der Befragten ein hybrides Arbeitsmodell. Gerne möchte man das Beste aus beiden Welten vereinen und die Freiheit haben, in Ruhe und eigenverantwortlich zuhause zu arbeiten, ohne Zeit fürs Pendeln oder unnötige Meetings zu verlieren. Gleichzeitig halten es die Befragten aber für wichtig, dass regelmäßig *alle* Redakteur*innen in der Redaktion zusammenkommen, allein um die Möglichkeit für persönliche Gespräche zu haben. Aus Perspektive fast aller Befragten ist das Homeoffice ein Zukunftsmodell für das journalistische Arbeiten – aber eben nicht als ausschließlicher Arbeitskontext.

Thematisierung des Homeoffice in Berichterstattung und Social Media

Als Antwort auf FF1 wurde in den Interviews die grundsätzlich ambivalente Haltung zum Homeoffice offensichtlich, die auch die Sorge umfasst, dass unter der Situation die Qualität journalistischer Arbeit leidet. In der Analyse der Berichterstattung sowie der Instagram-Postings, mit der wir FF2 beantworten, zeigt sich, dass dieser Facettenreichtum der Emotionen und Situationen im Homeoffice kaum öffentlich thematisiert wurde. In vielen Berichten, die Medien über Journalismus im Homeoffice veröffentlichen, schildern sie die neue Arbeitssituation und erklären, wie sich Journalist*innen in virtuellen Umgebungen koordinieren: „Es hat sich einiges verändert in Vorarlberg, aber auch in der Redaktion der Vorarlberger Nachrichten. ... Aus Sicherheitsgründen arbeiten die Redakteurinnen und Redakteure zu 100 Prozent im Homeoffice, wir arbeiten dezentral." (Vorarlberger Nachrichten, 20.03.2020) Hier wird ein Beleg für die intakte Leistungsfähigkeit des Medienangebots geliefert. Betont wird auch immer wieder die Größe der Aufgabe, vor der der Journalismus in der Pandemie steht – das erscheint mitunter zwar demütig, kann vor dem Hintergrund wachsender Konkurrenz in digitalen Medienumgebungen aber auch als Selbstvergewisserung der eigenen Legitimität verstanden werden:

> Gerade in Krisenzeiten, wie wir sie jetzt gemeinsam durchleben, ist Qualitätsjournalismus mit Verantwortung noch wichtiger als ohnehin. Denn gerade in solchen Zeiten haben Panikmacher wie Verharmloser Hochkonjunktur. Beiden gilt es, mit sachorientierter, unabhängiger und kritisch überprüfter Information und kritischer Einordnung entgegenzutreten. Dieser Aufgabe ist die Tageszeitung verpflichtet – und in Ausnahmezeiten umso mehr. (Wiener Zeitung, 14.03.2020)

Das Betonen der eigenen Bedeutung kann also dazu dienen, sich gegenüber anderen Informationsangeboten in der Krise abzugrenzen. Auch auf die negativen Aspekte des Homeoffice wird eingegangen – aber das weniger (selbst-)kritisch, sondern fast ausschließlich humoristisch, indem anekdotisch leidliche Erfahrungen im Homeoffice geschildert werden:

> Steffis Kater Fridolin hüpft durchs Bild und entscheidet sich dann, seinen roten Schweif bei uns in der Video-Teamtelefonie zu lassen. Die kleine Anna sitzt bei der Mama und hat sich extra hübsch gemacht mit Glitzer-T-Shirt. Meine Shiva bellt rein, ja, nervig. (Der Standard, 25.03.2020)

Dergleichen dient weniger der Transparenz, sondern schafft Identifikationspotenzial und signalisiert, dass man sich im Journalismus mit ähnlichen Tücken auseinandersetzen muss wie in anderen Bereichen. Das erhöht Authentizität und damit möglicherweise auch Akzeptanz.

Von Euphorie und Ernüchterung 203

Abbildung 1 Beispiel des Bildtypus „Ablenkung durch Kinder und Tiere"
Anmerkung. Es handelt sich um eine künstlerische Abstraktion des Original-Bildes (eigene Anfertigung).

Abbildung 2 Beispiel des Bildtypus „Set-up im Homeoffice"
Anmerkung. Es handelt sich um eine künstlerische Abstraktion des Original-Bildes (eigene Anfertigung).

Ähnliches lässt sich für die Postings der Journalist*innen auf Instagram konstatieren: Auch hier wird zwar die Ungewöhnlichkeit des Homeoffice thematisiert; vor allem mit Fokus auf Kinder oder Katzen am Arbeitsplatz (siehe Abbildung 1). Eine ernste Auseinandersetzung mit den Herausforderungen des Homeoffice findet kaum statt; es wird eher dokumentiert, wie man sich durch Improvisation mit der Situation arrangiert bzw. wie man im Homeoffice eine angenehme Arbeitsatmosphäre geschaffen hat (siehe Abbildung 2). Auch in den Social Media finden wir also Transparenz vor allem in der Form, dass Journalist*innen signalisieren, dass sie trotz der ungewohnten Situation guten Journalismus machen können.

Fazit und Ausblick

Die Studie belegt, dass österreichische Journalist*innen die Arbeit im Homeoffice als gravierenden Einschnitt in ihre etablierten Arbeitsroutinen wahrnehmen. Sie reflektieren die neuen Arbeitsbedingungen intensiv in öffentlichen Kanälen und sie schildern in den Interviews eindrucksvoll, als wie ambivalent sie die neue Arbeitswelt erleben. Bemerkenswert ist die Diskrepanz zwischen öffentlicher Selbstdarstellung und den im Interview angesprochenen Erfahrungen. So kommen die Inhaltsanalysen zu dem Ergebnis, dass Medienangebote und Journalist*innen nach außen vor allem die intakte Leistungsfähigkeit des Journalismus betonen sowie mit Augenzwinkern Identifikationspotenzial für das Publikum schaffen. Während in anderen Ländern die Pandemie zum Anlass genommen wurde, die größere Krise des Journalismus zu thematisieren (Finneman & Thomas, 2021), lag in Österreich der Fokus darauf, Legitimität für die eigenen Angebote zu beanspruchen. Allerdings zeigen die Interviews – wie auch andere Studien (Šimunjak, 2022) –, dass viele Journalist*innen das Homeoffice als Belastung erlebt haben, die gutes journalistisches Arbeiten behindert. Erstaunlicherweise wurde es aber kaum als Symptom der Krise oder als Spitze des Eisbergs ökonomischer oder politischer Veränderungen kritisiert. Sorgen machen sich die Journalist*innen insbesondere *im Hier und Jetzt* um die Qualität von Journalismus, da diese in weiten Teilen auf das Miteinander in der Redaktion sowie strukturierte, akribisch geplante Koordinationsprozesse angewiesen sei. Viele Journalist*innen sehen aber auch die Vorteile von Fernarbeit und glauben, im Homeoffice ihr Potenzial besser nutzen zu können als in der Redaktion.

Die Interviewstudie zeigt, dass die abschließenden Beurteilungen der Tauglichkeit des Homeoffice enorm divergieren – auch wenn die Argumente, die zu der Beurteilung führen, ähnliche sind. Für die Redaktionsorganisation ergibt sich daraus die Herausforderung, die verschiedenen Prioritäten zu vereinen und ein hybrides Arbeitsmodell zu schaffen, das einerseits praktikabel ist und in dem andererseits die

Redakteur*innen Verständnis für die Arbeitsmodelle der Kolleg*innen haben. Wie für andere Phänomene im Journalismus zeigt sich auch beim Homeoffice deutlich, dass die Pandemie ein Wendepunkt ist, hinter dem es kein Zurück mehr geben wird (Quandt & Wahl-Jorgensen, 2021). Das Homeoffice hat sich letztlich als praktikable Antwort auf längerfristige ökonomische und technologische Herausforderungen erwiesen. Angesichts der eskalierenden Energiekrise wird die Frage sicher noch drängender, inwiefern das Pendeln nachhaltig oder die Aufrechterhaltung des Bürobetriebs ökonomisch leistbar ist.

Die Studie zeigt aber auch, dass solche Prozessinnovationen kaum über Nacht forciert werden können, sondern dass sie harmonisch wachsen und in enger Abstimmung mit dem Personal erfolgen müssen. Es scheint plausibel, dass diese Erkenntnisse aus dem Journalismus auf andere Branchen übertragbar sind – insbesondere auf solche, die in ähnlichem Maße auf Koordinationshandeln basieren und in denen ungeplante Gespräche regelmäßig wichtige Denkanstöße für konkrete Tätigkeiten und Projekte / Projektideen liefern. Die Notwendigkeit eines harmonischen Wachstums gilt in besonderem Maße für Koordinationsstrukturen in virtuellen Arbeitswelten. Hier berichteten viele Befragte, dass dies in der Pandemie nicht sorgfältig geplant werden konnte und sich Fehler, Unordnung und auch negative Diskussionskulturen eingeschlichen haben, die dringend aufgeräumt werden müssen.

Journalismus kann in hybriden Arbeitsmodellen funktionieren. Für die Redaktionsorganisation sind sie aber mit noch größeren Herausforderungen verbunden als rein virtuelle Lösungen: Redaktionsräume müssen so geplant werden, dass alle anwesend sein könnten, aber niemals müssten, und Entscheidungsstrukturen müssen derart gestaltet sein, dass für alle klar ist, an welchen Orten welche Verbindlichkeiten gelten. Es wird spannend sein zu sehen, inwiefern journalistische Redaktionen – aber auch Organisationen in anderen professionellen Kontexten – auf den Lösungen während der Pandemie aufbauen können oder ob sie nicht zurück auf Anfang müssten, um diese Arbeitswelt der Zukunft harmonisch wachsen zu lassen.

Literatur

Beck, C. (2021). *Es ist die Verbindung vom Besten zweier Welten.* https://www.persoenlich.com/medien/es-ist-die-verbindung-vom-besten-zweier-welten

Blöbaum, B., Hanitzsch, T. & Badura, L. (2020). *Medienskepsis in Deutschland: Ursachen, Ausprägungen und Konsequenzen.* Springer.

Bunce, M., Wright, K. & Scott, M. (2018). „Our newsroom in the cloud": Slack, virtual newsrooms and journalistic practice. *New Media & Society, 20*(9), 3381–3399.

Esser, F. & Neuberger, C. (2019). Realizing the democratic functions of journalism in the digital age: New alliances and a return to old values. *Journalism, 20*(1), 194–197.

Ferrucci, P. & Perreault, G. (2021). The Liability of Newness: Journalism, Innovation and the Issue of Core Competencies. *Journalism Studies, 22*(11), 1436–1449.

Finneman, T. & Thomas, R. J. (2021). „Our Company is in Survival Mode": Metajournalistic Discourse on COVID-19's Impact on U.S. Community Newspapers. *Journalism Practice*, 1–19.

Flick, U., von Kardorff, E. & Steinke, I. (2004). What is Qualitative Research? In U. Flick, E. von Kardorff & Ines Steinke (Hrsg.) *A Companion to Qualitative Research* (18–29). Sage.

Hanusch, F. (2022). Change and Continuity in Digital Journalism: The Covid-19 Pandemic as Situational Context for Broader Arguments about the Field. *Digital Journalism, 10*(6), 1135–1140.

Hedman, U. (2016). When Journalists Tweet: Disclosure, Participatory, and Personal Transparency. *Social Media + Society, 2*(1), 205630511562452.

Kuckartz, U. (2016). *Qualitative Inhaltsanalyse: Methoden, Praxis, Computerunterstützung* (3., überarbeitete Auflage). Beltz Juventa.

Lebernegg, N. S., Eberl, J.-M., Boomgarden, H. G. & Partheymüller, J. (2020). *Alte und neue Medien. Informationsverhalten in Zeiten der Corona-Krise.* https://viecer.univie.ac.at/corona-blog/corona-blog-beitraege/blog04/

Örnebring H. & Conill R. F. (2016). Outsourcing newswork. In T. Witschge, C. W. Anderson. D. Domingo & A. Hermid (Hrsg.) *The SAGE Handbook of Digital Journalism* (207–221). Sage.

Post, S. & Kepplinger, H. M. (2019). Coping with Audience Hostility. How Journalists' Experiences of Audience Hostility Influence Their Editorial Decisions. *Journalism Studies, 20*(16), 2422–2442.

Quandt, T. & Wahl-Jorgensen, K. (2021). The Coronavirus Pandemic as a Critical Moment for Digital Journalism. *Digital Journalism, 9*(9), 1199–1207.

Seethaler, J. (2017) The new worlds of journalism. How Austrian, German and Swiss journalists perceive innovation and change. In A. Kaltenbrunner, M. Karmasin & D. Kraus (Hrsg.) *Journalism Report V. Innovation and Transition* (53–67). facultas.

Šimunjak, M. (2022). Pride and Anxiety: British Journalists' Emotional Labour in the Covid-19 Pandemic. *Journalism Studies, 23*(3), 320–337.

van der Meer, T. G., Verhoeven, P., Beentjes, J. W. & Vliegenthart, R. (2017). Disrupting gatekeeping practices: Journalists' source selection in times of crisis. *Journalism, 18*(9), 1107–1124.

Sociospatial Implications of Rural Coworking
Evidence from Austria

Elisabeth Gruber

Executive Summary (German)

Die Entstehung neuer Formen von Büroarbeitsorten für Selbständige – „Coworking Spaces" – wird seit den 2000er Jahren beobachtet. In den letzten Jahren finden sich diese Arbeitsorte zunehmend auch in ländlichen Räumen („Rural Coworking Spaces"). Im Beitrag werden sozialräumliche Implikationen von Coworking Spaces für ländliche Regionen und Orte ebenso wie für Bewohner*innen ländlicher Räume, die Coworking Spaces nutzen, erörtert. Im Rahmen des Forschungsprojektes „Digitale Transformation als Chance für ländliche Räume? Sozialräumliche Effekte von Coworking Spaces" wurden diese zusammengetragen. Der Beitrag gibt Einblick in die angewandten Methoden (Kartierung, qualitative Interviews) sowie Ergebnisse. Rural Coworking Spaces ermöglichen Selbständigen eine Anlaufstelle sowohl für berufliche als auch private Angelegenheiten. Wohnortnahe Coworking Spaces verkürzen Pendelzeiten und können somit positive Effekte haben, indem es zu neuen Rhythmen und Routinen bei der Verteilung von Erwerbs- und Familienarbeit kommt.

Introduction

The COVID-19 pandemic has led to intensified reflections on how and where we work. Digital solutions and social distancing measures have had an immediate impact on our daily working routines, and a great number of people worldwide, especially in the European context, have been cast into new work arrangements. These have often meant working from home, and the "home office" has thus created a working environment in places we usually associate with our private lives. For many people this has led to changed work-life-routines, blurred roles and overlaps of paid work and care responsibilities, as well as variation in locations where work can be fulfilled and thus a reduction in commuting time.

While for many of us it was the COVID-19 pandemic that brought these reflections on daily work routines to the table, ideas and innovations regarding work environments have been developing for longer. Under the term "new work" we find multiple (re-)considerations of how, why, and where we work, where office environments are placed and arranged, and how new types and forms of jobs are emerging (Philips & Donhauser, 2023). New work emphasizes the importance of intrinsic factors of paid occupation, including satisfaction, personal growth, sensemaking, and enjoyment (Helmod, 2021). Not only the work itself but also the circumstances of how it can be conducted play a role (work-life balance, flexibility, office space, location). The idea of new work originates in the ideas of Bergmann, who has also emphasized the importance of globalization and digitalization and their implications for our working lives (Bergmann, 2019). This framework can help us to understand why more and more (especially young) people are no longer searching for jobs in corporate workplaces, but want to be able to work independently. In this context, debates have arisen around concepts such as digital nomadism, multilocality, work-life blending, and so on. Discussions on these new types of working have also included considerations of new types of work environments. Since the early 2000s, "coworking spaces" (hereafter: CWS) have emerged as new types of office spaces that host various kinds of self-employed workers (freelancers, start-ups, and innovators as well as employed knowledge and white-collar workers.

While CWS were originally a feature of urban agglomerations, in recent years coworking opportunities have also emerged outside the urban metropolises and even in peripheral locations (Akhavan et al., 2021; Werther, 2021). The emergence of "rural coworking spaces" and the spread of new work beyond the city centers thus has implications for spatial development as it holds potential to reshuffle the functions of centers and peripheries, shifting new places onto the map of economic productivity and innovation. At least, this is the hope of many political stakeholders and what they see as one major potential of digitalization for regional development. Furthermore, the potential to work outside the urban centers has implications on the spatial arrangement and the organization of work, care, and social lives of rural inhabitants.

While the emergence of CWS in peripheries with their implications for regional economies has been followed closely by researchers, the changed sociocultural and individual implications of rural CWS have so far received less attention (Vogl & Akhavan, 2021) and authors have called for further research (Avdikos & Merkel, 2020; Jamal, 2018). The research project "Digital Transformation as an Opportunity for Rural Areas? Socio-spatial Effects of Coworking Spaces[1]" addresses the potential of digitalization and more explicitly of CWS for rural areas and rural

---

1 For further information on the research project conducted at the Austrian Academy of Sciences, Department for Urban and Regional Research by Stephanie Döringer and Elisabeth Gruber, see: https://www.oeaw.ac.at/en/isr/forschung/innovation-und-urbane-oekonomie/digitale-transformation-als-chance-fuer-laendliche-raeume-sozialraeumliche-effekte-von-coworking-spaces (last accessed October 5, 2022).

coworkers, analyzing the significance of these new workspaces for peripheries and the sociospatial implications of CWS locations in the case of Austria. This chapter presents the results, focusing on the characteristics of rural CWS in Austria as well as their significance for workers. It will also provide an overview of the emergence of rural coworking in Austria and the development of rural CWS during the COVID-19 pandemic.

Methods

The outcomes are primarily based on qualitative interviews with rural coworkers in Austria and desk research on CWS, also in Austria. Characteristics of urban and rural CWS in Austria were mapped in the desk research, collecting all locations of coworking in Austria as well as characteristics of each CWS such as size (number of workplaces), year of implementation, type, funding, facilities, and other information. A descriptive analysis of the data supports the overview of the characteristics of rural CWS in Austria presented below. During the research project, three case studies were conducted, which allowed for better insight into actors involved in the implementation of rural CWS and the impact of COVID-19 on rural coworking.

For the research on the sociospatial implications of rural CWS, qualitative interviews were conducted. Four interviews took place during the case study visits in October and November 2021 and 11 interviews in the context of a virtual university field trip together with students from the University of Vienna between May and June 2021. In the interviews we wanted to learn more about what motivated people to choose to work in a CWS and the potential changes that occurred when moving from another office or from a home workspace to the CWS. Outcomes included professional as well as personal experiences, described below. Students used their personal networks (snowballing) to find coworkers for the interviews or contacted participants directly via rural CWS (or their operators). Interview guidelines and informed consent were provided by the author. Most of the interviews, the students conducted virtually via teleconferencing tools or via phone, and they lasted for 30 to 40 minutes. The four interviews conducted during case study visits in the context of the research project took place face-to-face. Interviews were analyzed by the author using content analysis via inductive and deductive coding.

The characteristics of rural coworking spaces in Austria will be presented here, including some challenges for CWS due to the COVID-19 pandemic with insight into the (changed) work-life realities of rural coworkers and the importance of rural coworking for new space-time arrangements for work, family, and leisure time. The results of the study are discussed with a view to the potential of digitalization and new work for rural areas moving forward.

Rural Coworking

CWS are office spaces intended to bring together the self-employed, freelancers, and entrepreneurs to work 'alone together' in the same office space. Primarily it attracts people from the creative sector or the digital industry, with web designers, graphic artists, bloggers, software developers, or IT-technicians as prototypes for coworkers. However, other professions, such as knowledge workers, are also increasingly finding favor with these new working environments. While the emergence of CWS was primarily observed in urban areas around the globe, the last few years have seen them spread beyond the city. Typically, high-amenity areas and tourist hot spots have emerged as preferred workplaces for "digital nomads," with coworking, coworkation or retreats offering the necessary office environment (Werther et al., 2021; Voll et al., 2022). Recently, the rise and implementation of CWS in less-densely populated areas (small towns, rural areas, etc.) has been observed in many countries (Hölzel & de Vries, 2021; Knapp & Sawy, 2021; Werther, 2021; Kojonen & Nenonen, 2016). Rural CWS are characterized somewhat differently than CWS in urban areas (Mariotti et al., 2021). A main aspect is that they are often initiated in the context of regional development activities and with public funding involved (Werther, 2021; Knapp & Sawy, 2021). Further, rural CWS often host different user groups, with a higher variety of workers (e.g., besides creative workers, craftsman and entrepreneurs from non-creative branches).

Rural Coworking Spaces in Austria

As of December 2021 over 500 CWS existed in Austria, with the majority to be found in urban areas[2], and 115 CWS in rural areas. The rural CWS were located primarily in rural areas in the environs of urban centres or in central rural areas. Only 5% of all Austrian CWS were to be found in peripheral rural areas. The majority of CWS – in rural areas too – are located centrally (in town centers, for example). An increase in CWS in rural areas was particularly evident in 2018 and 2019, and thus just before the COVID-19 pandemic. The spatial distribution of CWS over Austria is displayed in Map 1.

---

2 The "Urban-Rural Typology" developed by the Austrian Office of Statistics (Statistik Austria) was applied to define rural coworking locations. It defines the status of a municipality primarily in terms of population size, but also using further criteria (commuting connections, population density, functional areas). Different categories of rural areas exist in the typology, as shown in Map 1. Further information on the Rural-Urban Typology can be found here: https://www.statistik.at/en/services/tools/services/regional-information/regional-divisions (last accessed October 5, 2022).

Sociospatial Implications of Rural Coworking

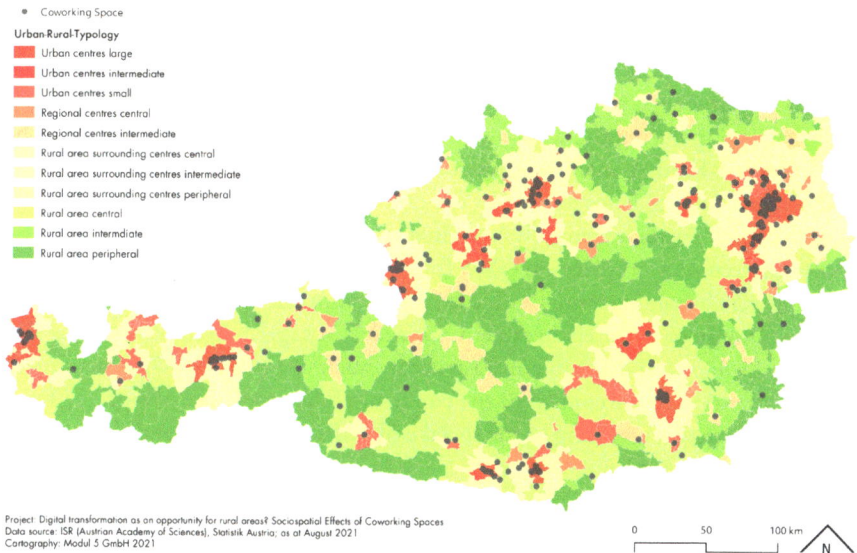

Map 1 Coworking Locations in Austria by type of municipality (Urban to rural), Datasource: ISR; Copyright: Modul 5 (2021)

We also found differences between urban and rural CWS in Austria. A large number of CWS in rural areas have been implemented with the support of public actors or with public funding, having been initiated by private business owners, regional development agencies, and very often partnerships between private and public stakeholders (see Gruber 2022). Still, even private entrepreneurs (individual businesspersons, groups of companies or sponsors) involved in the implementation of rural coworking often follow not only a pure business logic, but also have an interest in local and regional economic development with a view to reviving towns and regions in which they are economically active (ibid.). Rural CWS are often initiated on the motivation of specific stakeholders and on the needs of specific population subgroups, e.g. families or females entrepreneurs. Rural CWS in Austria also differ from urban initiatives in that they offer a smaller number of workplaces and incur lower costs per workplace. In interviews with providers of rural coworking, it was often reported to be difficult to find potential coworkers due to the smaller number of people available and the concept of coworking not yet being well-known.

Rural Coworking during the Pandemic

During the year 2020, only a few CWS were newly founded and in many cases these had already been planned before the pandemic. During our interviews with coworking providers, we learned that, on the one hand, the operation of a CWS was challenging during the lockdowns as safety measures and plans needed to be implemented. Further, many coworkers decided to terminate their CWS contracts and resume working from home. On the other hand, we also learned from our interviews about entrepreneurs who terminated their contracts for their usual office spaces and rented workplaces in CWS for their workers. The rules around remote working were becoming more flexible in many companies and the concept of working from home or remotely became more widely accepted. Many companies also invested in digital and flexible infrastructure such as laptops. CWS thus gained further attention in the context of the pandemic. The experience of working from home also incited a revaluing of the social embeddedness of work and the need for professional office space.

Sociospatial Implications of Rural CWS

From a user's perspective, CWS primarily offer operational advantages. CWS can be a point of contact from which to take the step of self-employment or offer support through exchange with other entrepreneurs – whether people in general or those in a related sector. This networking advantage is essential for many entrepreneurs and is often brought forward as a special benefit for young professionals as well as for newcomers or founders who have recently started up their businesses. Especially in rural areas, contacts might be widespread and a CWS can represent a central knot. Further, a CWS offers an optimal working environment for founders since costs are usually low and contracts are flexible, thus minimizing operational risk. These advantages, which are described in the academic literature (e.g. Heinzel & Engstler, 2021; Manzini Ceinar & Mariotti, 2021), were also confirmed during our interviews. We also addressed the sociospatial implications for rural CWS beyond the professional advantages. Rural CWS are typically geared toward three different user groups: commuters, newcomers to rural areas, and returners. For the self-employed or employees in the creative sector living in rural areas, CWS can be an alternative to commuting to urban agglomerations. For returners and newcomers, rural CWS can represent not only a networking opportunity but also a place of belonging. In the following, we will discuss the changed work-life realities due to working in a rural CWS close to home, and the meaning of rural CWS as places of belonging and identity in rural areas.

Changed Work-life Realities of Rural Coworkers

For the rural coworkers, CWS in rural areas often represent professional work opportunities near their homes. Most coworkers we spoke to told us in their interviews that they actually prefer working in the CWS despite having an office in their homes. This has various professional as well as privacy-related reasons, such as care responsibilities that have to be fulfilled at home, with overlapping roles and the wish for a clear cut between professional and private life, or to combat loneliness and social isolation during working hours, which we also find described in the literature (Hölz & de Vries, 2021; Mariotti et al., 2021). What has been less discussed so far in contemporary research is the connex between coworking and life course phases. Many of the coworkers we met decided to enroll in the CWS around the time they started a family, the desire for distance between the parental role associated with the home and the professional working environment increasing with one or more children at home. Especially women we interviewed particularly underlined this need for an office away from home due to care responsibilities. Coworkers without care responsibilities, however, also reported preferences to work in an office away from home. Networking and exchange, but also clear cuts between work and leisure were named as important factors in the transition from employed to self-employed or from studying to working.

> It is sometimes enjoyable to exchange experiences with other adults in the office and just have a cup of coffee. (Interview 13)
> I wanted to have social contacts and wanted to talk with other people. Here in my basement, relatively little is happening. (Interview 8)

Another important aspect of changed work-life realities was reported by coworkers who had moved from an office to a rural CWS closer to their homes. For these interviewees, working in the rural CWS saved them time and resources they would otherwise have to invest in commuting. Coworkers reported how their commuting times had changed from one hour or up to one and a half hours (one way) to around 15 minutes. Saved commuting times and the switch to emission-free mobility (cycling or walking) were described to have an impact on their personal well-being and to have also changed personal routines. Literature has already underlined how rural CWS are doing their part to reduce carbon emissions and sustainable traffic as well as saving time (Hölzl & de Vries, 2021; Mariotti et al., 2021; Vogl & Akhavan, 2022). In the context of the qualitative interviews, examples were given of how this time-saving is leading to changed responsibilities and re-negotiations of care duties between couples, for instance, or how reduced travel time and more ecological modes of transport are bringing about an increase in well-being and stress reduction.

> I don't have to drive through a big city anymore [...] The only challenge is sometimes a tractor. (Interview 12)

> When there is good weather, I can go by bike and this is ideal for me. (Interview 10)
>
> If I had to commute, it would obviously be impossible right now, as I wouldn't be able to leave the house until 8 o'clock [when kindergarten opens]. This is a change due to coworking. (Interview 7)

Not only daily commuting but also circular mobility between rural and urban areas has shifted to a more stable location due to the possibility of working in the CWS, as reported by one coworker. CWS can therefore eventually ease return migration when work-related activities can also be conducted close by and not only within an urban area:

> It [working at the CWS] has made it easier for me to give notice on my flat lease in [the urban area], as I didn't need it anymore. (Interview 11)

CWS as Places of Belonging and Identification

The importance of rural CWS for the creation of professional networks and knowledge hubs has been underlined by several authors (Avdikos & Merkel, 2020; Vogl & Akhavan, 2021). These networks can increase economic activities and innovation, especially in peripheral areas or small towns (Mariotti et al., 2021; Jamal, 2018). In our research, we found that CWS further represent an important meeting place in regional areas, where not only job-related topics but also aspects of local and regional importance are discussed. CWS are therefore places for not only professional but also private exchange and contact, which can be especially important for newcomers or returners to rural areas. Some interviewees underlined that the atmosphere, with like-minded coworkers, played an important role in which CWS to choose (or whether to opt for a CWS at all). CWS can therefore represent important places for a sense of belonging and finding a community in rural areas, especially for innovators, founders, and the self-employed, who traditionally have few professional anchor points within peripheries or rural areas.

> I moved here, and with the coworking space there is somehow a feeling of belonging. [...] I also think that this is different for coworking in urban and rural areas. I have been in contact with some urban coworkers and there you are actually anonymous. (Interview 7)

In our research, we also wanted to ascertain whether and how the implementation of a CWS changes rural life on the local level. It has been observed that CWS can bring back a critical mass to inner cities and peripheries, bundling economic activity and thus creating secondary economic effects (Avdikos & Pettas, 2021; Jamal, 2018). During our research, which was mainly conducted in 2021, it was difficult to measure the effects of CWS on places as COVID-19 restrictions (e.g. on gastronomy) were still widely in place. Classic secondary effects were reported, such as how nearby restaurants profit from workers in the nearby CWS. Nevertheless, many CWS in rural areas are rather small and were often not fully booked during the pandemic, which is why major effects were not perceptible in some places. From the perspective of the coworkers, we nevertheless observed how a CWS can represent a central place in their daily lives and thus associate certain functions with a specific place (e.g. a town center). One coworker told us how the CWS is central to her daily routines and how she uses infrastructures and services in its surroundings. CWS therefore contribute to the centrality of places by channeling local activities, which can further lead to increased local belonging.

> "Everything else is also here. There is the post office, the municipal office, the bakery. When I am here [in the CWS] I can also take care of other things" (Interview 13)
> "[My life] became more regional, because before I was in the city and I would buy something there. And now I do things here." (Interview 7)

From existing literature and also our research there is evidence that CWS can successfully lend new functions to vacant buildings in rural towns. While this counteracts vacancy and can lead to the revitalization of the built environment, there are further aspects of the regeneration of old buildings for CWS. In our research, we visited a CWS in a building that used to be a school, located centrally and renovated into a coworking space. One coworker reported that this renovation not only lends value to the place and the building but also revives a personal emotional attachment, as it used to be the school he once attended himself as a student. The re-use of this vacant building and the implementation of a new function, therefore, has the potential to increase identification with as well as personal attachment and belonging to rural areas.

Outlook: The Potential of CWS for Rural Areas

The digitization and the flexibilization of work offer people and companies the chance to also operate outside of metropolises. Rural CWS have emerged in recent years, offering office spaces in closer proximity to entrepreneurs and workers living in rural areas. Our research has focused on the sociospatial implications of the emergence of rural CWS. We have learned that rural CWS provide not only professional advantages, but also influence daily work-life routines as well as the perception of and attachment to the places in which coworkers live.

When rural CWS represent a working opportunity closer to home, this can lead to a decrease in daily or weekly travel time and thus more time for social activities, care work, or relaxation. In our interviews, reduced commuting times and changed modes of commuting, as well as different routes (rural to rural instead of rural to urban) were reported, which in turn increased their well-being. While working from home might have a similar effect, we found that our interview partners often chose to work in the CWS, even when a home office was available. Social isolation and loneliness when working from home, as well as role conflicts between private and business life, were the main reasons for these preferences. Further, CWS were reported to be rewarding from a professional perspective, offering exchange and networking opportunities for example. Rural CWS can thus have a positive economic effect in rural areas and further improve the working situations and living conditions of entrepreneurs. Our interviewees also reported how a CWS can support personal connection, especially for newcomers and returners. The implementation of CWS, especially when it involves the revitalization of the built environment, can further increase aspects of identification and place attachment.

The main advantage that CWS offer, especially in rural areas, is that they can reduce distances. For creatives, knowledge workers, and the self-employed, working in a shared space, especially in rural areas, can be essential as it leads to a concentration of knowledge and contacts. Having a contact point where the exchange takes place is an operational advantage. The reduction of distances further applies to private networks, which can be essential for returners or newcomers to rural areas.

However, it must not be forgotten that this new form of work also has certain requirements that cannot be met everywhere. These include infrastructural requirements such as the availability of broadband Internet. Further, (financial and social) resources and specific actors or cooperation between actors are needed to initiate and establish a CWS (see Gruber, 2022, Werther, 2021). In addition to financial resources and know-how, intensive networking is needed to activate potential users and actors who know the needs of the local community. So, while the founding of a CWS is not a panacea for the development of rural areas, it will nevertheless be necessary for the latter to invest in digital infrastructure in order to reach out to different target groups (young people, different lifestyles, employees in new working environments), necessary to develop regions sustainably in the long term. A CWS is a vivid example of how digitalization is changing our working and living environments and how this trend was channeled by the COVID-19 pandemic, which gave us a crash course in remote and digital working.

Although in the short term the pandemic challenged CWS providers and harmed this business model, in the long run – due to new regulations for remote work as well as new ideologies of companies and the increased use of digital office solutions – the pandemic might have paved the way for an increased interest in coworking and other flexible working solutions, especially in rural areas. Parallel to the pandemic, other crises are influencing our daily lives and making us reconsider how and where we live and work, such as the urban housing crisis and the increased trends of counter-urban migration, the energy crisis, the increased costs of daily mobility with the potential replacement with virtual mobility, as well as the climate crisis and the necessity for carbon-neutral means of transport. Although further research is needed to ascertain to what extent digital transformation can play a part in overcoming these crises, our results have shown that rural CWS have the potential to improve the living conditions of rural populations.

Acknowledgements

The research project on which this publication is based was made possible by funding from the Kaiserschild Foundation. Research results were gathered together with Stefanie Döringer, Carina Wagner, and with the support of the students attending the course "Digitalization in Rural Areas" at the University of Vienna. The author would like to thank everyone who supported the realization of this research and its results.

Literature

Akhavan, M., Mariotti, I., Rossi, F., (2021). The rise of coworking spaces in peripheral and rural areas in Italy. Territorio – Sezione Open Access (97-Supplemento). https://doi.org/10.3280/tr2021-097-Supplementooa12925.

Avdikos, V. and Pettas, D. (2021), "The new topologies of collaborative workspace assemblages between the market and the commons", Geoforum, Elsevier, Vol. 121, pp. 44–52.

Avdikos, V. and Merkel, J. (2020), "Supporting open, shared and collaborative workspaces and hubs: recent transformations and policy implications", Urban Research and Practice, Routledge, Vol. 13 No. 3, pp. 348–357.

Bergmann, F. (2019). *New work new culture. Work we want and culture that strengthens us.* Hampshire: Zero Books.

Gruber, E. (2022). Rural Coworking Spaces: Wie kollaborative Arbeitsorte in ländlichen Räumen entstehen. In: Franz, Y. & Heintel, M. Kooperative Stadt- und Regionalentwicklung. UTB, Wien, pp. 403-412.

Helmold, M. (2021). New Office Concepts in the Post COVID-19 Times. In: New Work, Transformational and Virtual Leadership. Management for Professionals. Springer, Cham. https://doi.org/10.1007/978-3-030-63315-8_7

Heinzel, V., & Engstler, M. (2021). SWOT-Analyse zum Vergleich der Potenziale und Herausforderungen vielfältiger Varianten. In: Werther, S. (Ed.). *Coworking als Revolution der Arbeitswelt: von Corporate Coworking bis zu Workation* (1st 2021. ed.). Berlin Heidelberg: Springer, pp. 18–38.

Hölzel, M., & de Vries, W. T. (2021). Digitization as a Driver fur Rural Development – An Indicative Description of German Coworking Space Users. *Land (Basel), 10.* doi:10.3390/land10030326

Jamal, A. C. (2018). Coworking spaces in mid-sized cities: A partner in downtown economic development. *Environment and Planning A: Economy and Space, 50*(4), 773–788. https://doi.org/10.1177/0308518X18760857.

Knapp, M. T. & Sawy, A. (2021). Coworking Spaces in Small Cities and Rural Areas: A Qualitative Study from an Operator and User Perspective. In: Ore et al. (Ed.) *The Flexible Workplace.* Springer, pp. 113–130

Kojo, I., & Nenonen, S. (2016). Typologies for co-working spaces in Finland – what and how? *Facilities (Bradford, West Yorkshire, England), 34*, 313. doi:10.1108/F-08-2014-0066

Manzini Ceinar, I. & Mariotti, I. (2021). Teleworking in post-pandemic times: may local coworking spaces be the future trend? *Romanian Journal of Regional Science,* 15 (1) pp. 52–76.

Mariotti, I., Akhavan, M., & Rossi, F. (2021a). The preferred location of coworking spaces in Italy: an empirical investigation in urban and peripheral areas. *European planning studies,* 23. doi:10.1080/09654313.2021.1895080

Phillips, M. N., & Donhauser, A. (2023). Coworking: Creative Spaces After the Pandemic Home Office. In *Awakening the Management of Coworking Spaces* (pp. 3–11). Emerald Publishing Limited.

Tomaz, E. Moriset, B. & Teller, J. (2021). Rural coworking spaces in the Covid-19 era. A window of opportunity? *halshs-03235464,* https://halshs.archives-ouvertes.fr/halshs-03235464

Werther, S. (ed.). *Coworking als Revolution der Arbeitswelt: von Corporate Coworking bis zu Workation* (1st 2021. ed.). Berlin Heidelberg: Springer, pp. 18–38.

Werther, S., Lietzau, J., Puhe, O., Engel, V., Scharting, J. (2021). Coworking, Workation und Coworkation. In: Werther, S. (Ed.) Coworking als Revolution der Arbeitswelt . Springer, Berlin, Heidelberg. https://doi.org/10.1007/978-3-662-62657-3_3

Vogl, T. and Akhavan, M. (2022), "A systematic literature review of the effects of coworking spaces on the socio-cultural and economic conditions in peripheral and rural areas", Journal of Property Investment & Finance, Vol. 40, No. 5, pp. 465–478. https://doi.org/10.1108/JPIF-12-2021-0108

Voll, K., Gauger, F. & Pfnür, A. (2022) Work from anywhere: traditional workation, coworkation and workation retreats: a conceptual review, *World Leisure Journal,* DOI: 10.1080/16078055.2022.2134199

Autor*innenverzeichnis

Sandra Banjac, Dr., ist Assistant Professor of Journalism Studies an der Universität Groningen. Im Dezember 2021 hat sie am Institut für Publizistik- und Kommunikationswissenschaft der Universität Wien ihre Dissertation zum Thema „Changing relationship between audiences and journalists" verteidigt.

Johannes Dahlke, MSc, ist Wissenschaftler in der Forschungsgruppe für empirische Innovationsökonomik an der Konjunkturforschungsstelle der ETH Zürich. Seine Forschungsinteressen liegen in den Bereichen von digitalen Transformationsprozessen, der verantwortungsvollen Anwendung von Künstlicher Intelligenz und verschiedenen Fragestellungen zu ökonomischer Komplexität.

Martin Ebers hat sich nach seinem Studium der Sozialwissenschaften an der Otto-von-Guericke-Universität Magdeburg auf die qualitativ-empirische Sozialforschung spezialisiert. In seiner Dissertation beschäftigt er sich mit Berufsbiographien von aktuellen und ehemaligen Leistungssportler*innen. Hauptberuflich arbeitet er als Dozent im tertiären Bildungsbereich.

Petra Eggenhofer-Rehart, Dr., lehrt und forscht an der Wirtschaftsuniversität Wien, wo sie ihre Dissertation zu Karriereaspirationen und -erfolg verfasst hat. Sie ist Mitglied des globalen Forschungsnetzwerkes 5C, das international vergleichend aktuelle Karrieremanagement-Themen untersucht.

Annika Endres, Dr., ist Sonderpädagogin und Fachkraft für UK. Sie untersucht die vorsymbolische Kommunikationsentwicklung und -förderung von Kindern.

André Ernst ist Postdoktorand bei GESIS-Leibniz Institut für Sozialwissenschaften. Er hat zuvor an der Universität zu Köln gearbeitet und promoviert. In seiner Forschung nutzt er soziologische und kriminologische Handlungstheorien für die Erklärung und Untersuchung von Regelverstößen. Hierbei fokussiert er insbesondere auf Kontexteinflüsse und Fragen der Kausalität.

Jakob Fraisse hat Kulturwissenschaft und Wirtschaftswissenschaft studiert. Derzeit ist er als Bereichsleiter Bildung & Forschung bei der Deutschen Jazzunion tätig. Für die Fachkonferenz jazzahead! betreut er das Partnerlandprogramm. Er forscht und schreibt zur Prekarisierung von Kulturakteur*innen und zur Kulturökonomie in Zeiten der Krise.

Christina Fuchs ist Doktorandin und Mitglied der HRM Group an der Universität Salzburg. Zuvor arbeitete sie als Personalverantwortliche eines österreichischen Medienunternehmens. Ihr Studium der Wirtschaftswissenschaften und der Psychologie schloss sie an der Universität Innsbruck ab.

Felix Gauger, Dr., ist Post-Doc am Lehrstuhl für Immobilien- und Baumanagement, Fachbereich Rechts- und Wirtschaftswissenschaften, Technische Universität Darmstadt. In seiner Dissertation beschäftigte er sich mit neuen Arbeitsformen.

Silja Graupe, Prof. Dr., ist Präsidentin der Hochschule für Gesellschaftsgestaltung (HfGG) (ehemals Cusanus Hochschule für Gesellschaftsgestaltung) sowie Professorin für Ökonomie und Philosophie. Sie forscht, publiziert und lehrt u. a. über interkulturelle Philosophie, Ökonomisierung, ökonomische Bildung sowie Narrative und Bilder des Wirtschaftens.

Elisabeth Gruber, Dr., ist Humangeographin mit Schwerpunkt Regionalentwicklung und Bevölkerungsgeographie. Nach Promotion an der Universität Wien und Post-Doc Tätigkeit an der Österreichischen Akademie der Wissenschaften (ISR), und der Universität Erlangen-Nürnberg (FAU), lehrt und forscht sie aktuell an der Universität Innsbruck.

Robert Gruber is a Ph.D. candidate at the University of the Arts Berlin, research associate in social psychology at the University of Kaiserslautern-Landau and visiting scholar at Columbia University. His research focuses on the social psychological underpinnings of human clothing behaviour. For his doctoral work, he holds an excellence scholarship at the German Academic Scholarship Foundation.

Friederike Haiser ist Diplom-Psychologin und wissenschaftliche Mitarbeiterin am Institut für Soziologie der Universität Leipzig. Ihre Forschungsinteressen liegen an der Schnittstelle zwischen Soziologie und Psychologie, insbesondere interessiert sie sich dabei für Themen wie Begrenzte Rationalität, Dual Process Theorie, Intuition und Prosoziales Verhalten.

Fabian Hasselhorn, M.Sc., ist wissenschaftlicher Mitarbeiter an der Fakultät für Soziologie der Universität Bielefeld. Seine Forschungsinteressen umfassen Handlungstheorien, Kriminologie und quantitative Methoden.

Veronica Hector, M.A., ist wissenschaftliche Mitarbeiterin und Doktorandin an der Universität Hohenheim sowie Research Fellow an der Hochschule für Gesellschaftsgestaltung (HfGG). Sie lehrt und forscht zur sozial-ökologischen Transformation mit Fokus auf Klimagerechtigkeit und sozialen Bewegungen.

Lukas Heidt, M.Sc., ist seit 2020 wissenschaftlicher Mitarbeiter und Doktorand am Fachgebiet Immobilienwirtschaft und Baubetriebswirtschaftslehre an der Technischen Universität Darmstadt. Er arbeitet als Manager bei einer IT-Unternehmensberatung.

Ingeborg Henzler, Prof., ist Volkswirtin und Unternehmerin. Sie ist nach langjähriger Tätigkeit als Hochschullehrerin und Präsidentin der Hochschule Koblenz seit vielen Jahren als Vorstandsmitglied der Dr. Hans Riegel-Stiftung sowie als Beiratsmitglied der Gemeinnützigen Privatstiftung Kaiserschild tätig.

Annette Hilt, Dr., ist Research Associate an der Hochschule für Gesellschaftsgestaltung (HfGG) in Koblenz. Ihre Forschungsschwerpunkte liegen in der Sozialphilosophie und den anthropologischen Grundlagen des sense-making und der Selbstreflexivität sowie in der Verantwortungsethik.

Lars Hochmann, Prof. Dr., ist inter- und transdisziplinär arbeitender Wirtschaftswissenschaftler. Er lehrt und forscht als Professor für Transformation und Unternehmung zu einer reflexiven Theorie der Unternehmung und nachhaltigen Unternehmensstrategien im Kontext großer Herausforderungen der Gesellschaft.

Henning Hues, Prof. Dr., ist Erziehungswissenschaftler und Ethnologe. Nach langjähriger Tätigkeit als Projektleiter bei der Dr. Hans Riegel-Stiftung ist er als Professor für Pädagogik an der Europäischen Fernhochschule Hamburg tätig.

Sven Kachel, Dr., is a research associate in social psychology at the University of Kaiserslautern-Landau since 2013 and currently a scholar of the Kone Foundation. His research focuses on gender-related issues (e.g., masculinity/femininity, sexual orientation, gender threat) and communication of social identities (e.g., voice/speech, role of stereotypes, perception).

Georg Kessler, Dr., is a research assistant at GESIS-Leibniz Institute for the Social Sciences. He earned his doctoral degree at the Bielefeld University, Germany. His research interests lie in the study of deviant and delinquent behavior, survey methodology, and statistical analysis.

Ivar Krumpal, PD Dr., ist Inhaber einer Heisenberg-Stelle der DFG am Institut für Soziologie der Universität Leipzig. Er erforscht das Verhalten und die öffentliche Meinung der Bevölkerung mittels Befragungsstudien und interessiert sich insbesondere für die Erklärung und Messung sozialer Normen.

Christoph Küffner, Dr., is a postdoctoral associate and research group leader at the Chair of Supply Chain Management at the Friedrich-Alexander-Universität Erlangen-Nürnberg, Germany. He earned a Diploma in Business Administration at the Otto-Friedrich University of Bamberg and graduated from a Supply Chain MBA program at the Ludwigshafen University. His research areas include human capital in supply chain management and logistics, supply chain collaboration, supply ecosystems, sustainable supply chain management, and strategic foresight.

Miriam Kunz, Prof. Dr., ist Lehrstuhlinhaberin für Medizinische Psychologie und Soziologie an der Medizinischen Fakultät der Universität Augsburg. Ihr Forschungsschwerpunkt liegt im Bereich von Schmerz und Demenz, mit einem Fokus auf den biopsychologischen Grundlagen der mimischen Schmerzkommunikation.

Phoebe Maares, Dr., ist als Postdoktorandin im vom FWF geförderten Projekt „Vom Kern zur Peripherie. Grenzen des Journalismus." am Institut für Publizistik- und Kommunikationswissenschaft der Universität Wien beschäftigt. Im Juni 2022 hat sie dort am Journalism Studies Center ihre Dissertation zum Thema „Arbeitsbedingungen von Freien Journalist*innen in Europa" verteidigt.

Christopher Münch, Dr., is a postdoctoral associate and research group leader at the Chair of Supply Chain Management at the Friedrich-Alexander-Universität Erlangen-Nürnberg, Germany. He earned his doctoral degree in Management at the Friedrich-Alexander-Universität Erlangen-Nürnberg. His primary research areas include human capital in supply chain management and logistics, supply chain collaboration, supply ecosystems, sustainable supply chain management, and strategic foresight.

Daniel Nölleke, Dr., ist Juniorprofessor für „Sportjournalismus und Öffentlichkeitsarbeit" an der Deutschen Sporthochschule in Köln. Er forscht und lehrt zu Entwicklungen im digitalen Journalismus, zu Wissenschaftskommunikation sowie zur Medialisierung gesellschaftlicher Teilbereiche.

Luis Peters ist studentischer Mitarbeiter an der Hochschule für Gesellschaftsgestaltung (HfGG) und studiert im Master Ökonomie – Nachhaltigkeit – Gesellschaftsgestaltung. Zuvor studierte er Philosophie und Physik an der Universität Göttingen. Er ist Trainer für Bildung für nachhaltige Entwicklung und arbeitet als freier Bildungsreferent.

Andreas Pfnür, Prof. Dr., ist Lehrstuhlinhaber und Leiter des Fachgebiets Immobilienwirtschaft und Baubetriebswirtschaftslehre an der Technischen Universität Darmstadt. Seine Tätigkeitsschwerpunkte liegen in den Bereichen Wohnungswirtschaft, betrieblichem Immobilienmanagement und Immobilieninvestments.

Philipp Reicherts, Dr., forscht am Lehrstuhl für Medizinische Psychologie und Soziologie an der Medizinischen Fakultät der Universität Augsburg zur Modulation von Schmerz durch psychologische Faktoren. Insbesondere widmet er sich der Untersuchung von Placeboeffekten bei Schmerz und vermittelnder Variablen.

Sebastian Sattler, Dr., ist Post Doc in der Arbeitsgruppe Sozialstrukturanalyse sozialer Ungleichheiten an der Fakultät für Soziologie der Universität Bielefeld und Associate Member bei der Pragmatic Health Ethics Research Unit am Institut de Recherches Cliniques de Montréal (Canada). Zu seinen Forschungsinteressen gehören soziologische Theorien, Entscheidungsforschung, Stigmatisierungsforschung, Gesundheitssoziologie, Kriminologie, Technikakzeptanzforschung und quantitative Methoden.

Michael P. Schlaile, Dr., ist Postdoc am Leibniz-Zentrum für Agrarlandschaftsforschung (ZALF), Research Fellow an der Hochschule für Gesellschaftsgestaltung (HfGG), Visiting Professor an der University of Insubria, Mitglied der Flying Faculty der Türkisch-Deutschen Universität und externer Habilitand an der Universität Hohenheim. Seine Forschungsschwerpunkte sind Complexity & Evolution, Innovation & Transformation sowie Sustainability & Responsibility.

Sandra Sonnleitner, Dr., hat Politik-, Kommunikations- und Sprachwissenschaft in Wien studiert, war in Forschung und Lehre tätig und ist heute Geschäftsführerin der Gemeinnützigen Privatstiftung Kaiserschild.

Shannon Taflinger, M.A., ist wissenschaftliche Mitarbeiterin am Institut für Soziologie und Sozialpsychologie an der Universität zu Köln. Ihre Forschungsschwerepunkte umfassen Gesundheitsverhalten, soziale Ungleichheit und Familiensoziologie.

Andreas Tutić, Prof. Dr., ist Associate Professor am Institut für Soziologie der Universität Bergen.

Kyra Voll, M.Sc., ist seit 2021 wissenschaftliche Mitarbeiterin und Doktorandin am Fachgebiet Immobilienwirtschaft und Baubetriebswirtschaftslehre an der Technischen Universität Darmstadt. Ihre Forschungsschwerpunkte liegen auf den Arbeitsräumen der Zukunft (Büros, Work from Home, Workation, etc.) und sie hinterfragt, wie Wissensarbeitende dort erfolgreich arbeiten können.

Florian Wagner, M.A., hat ökologische Landwirtschaft studiert, gelernt und praktiziert, um zu erfahren, dass, was nicht ökologisch ist, auch nicht ökonomisch sein kann. An der Hochschule für Gesellschaftsgestaltung hat er sich nicht nur fundierte theoretische Kritik aneignet – er engagiert sich auch für eine Economy for Future.

Uta Wilkens, Prof. Dr., ist Inhaberin des Lehrstuhls Arbeit, Personal und Führung an der Ruhr-Universität Bochum, Sprecherin des Kompetenzzentrums HUMAINE und Beiratsmitglied der Dr. Hans Riegel-Stiftung. Die Arbeitswissenschaftlerin forscht und lehrt zum Wandel der Arbeitswelt und diesbezüglichen Bewältigungsstrategien von Individuen, Teams und Organisationen.

Giulia Zerbini, Dr., ist Post Doc am Lehrstuhl für Medizinische Psychologie an der Medizinischen Fakultät der Universität Augsburg. Sie erforscht den Einfluss von Schlaf auf Schmerz, Gesundheit und Leistungsfähigkeit. Sie verfügt über langjährige Erfahrungen in der Bewertung von Schlaf mit verschiedenen Methoden.